ERCJ選書

創意

事実と道理に即して
刑事弁護六〇年余

石川元也 著
●インタビュアー 岩田研二郎・斉藤豊治

日本評論社

はしがき

二〇一七年春頃、特定非営利活動法人刑事司法及び少年司法に関する教育・学術研究推進センター（ＥＲＣＪ）副理事長（当時）の斉藤豊治さんから、同センターの叢書（ＥＲＣＪ選書）として、私の弁護活動の取組みなどを執筆しないかとの推薦をいただいた。関西では、石松竹雄著『気骨――ある刑事裁判官の足跡』に続く第二冊目の刊行とのことであった。

このＥＲＣＪ選書では弁護士として初めてということでもあり、大変光栄なことと受け止め、構想を練ってみたが、どうにも二の足を踏む思いで逡巡して、だいぶ時間が経ってしまった。それは、前著『ともに世界を頒かつ――たたかう刑事弁護』（日本評論社、二〇〇一年）で取り上げた事件・活動とほとんどダブってしまい、二番煎じになりはしないかという思いが強かったからである。

しかし、前著は絶版となって久しいし、今の時点でみれば、違う角度からの検証もあるだろう。戦後刑事司法の流れの中で位置付けて論じたらどうか。それに、日本弁護士連合会（日弁連）の刑法「改正」阻止運動、弁護人抜き裁判法反対の運動の経過やその成果・教訓なども、刑事司法のあり方の問題として紹介したらどうかという示唆をいただいて、研究者の斉藤さんと盟友である弁護士の岩田研二郎さんのお二人によるインタビューという形式でお受けすることにした。

『ともに世界を頒かつ
——たたかう刑事弁護』

戦後刑事司法の流れと私の弁護活動

この本で素材とした事件（後掲の無罪判決等一覧表〔二六四〜二六七頁〕を参照）の多くが、いわゆる公安・労働事件であり、その頂点ともいうべき一連の最高裁判所の大法廷判決がある。これを次の三項目に挙げてみた。それらの形成過程に私がどれだけ関与できたか、それらが刑事裁判全体に及ぼした影響なども、検証してみたいと思う。

Ⅰ　松川事件大法廷判決（一九六三年八月一〇日）

諏訪メモの提出問題を加えて、徹底した事実誤認の主張を認めた大法廷判決である。

Ⅱ　全逓中郵事件大法廷判決（一九六六年一〇月二六日）と都教組事件大法廷判決（一九六九年四月二日）

官公労働者の労働基本権の憲法上の保障を尊重しつつ、争議行為禁止・罰則規定の限定解釈と実質的違法性、可罰的違法性論を取り入れ、刑事罰からの解放を明言した画期的な判決である。

Ⅲ　全農林警職法事件大法廷判決（一九七三年四月二五日）および全逓名古屋中郵事件大法廷判決（一九七七年五月四日）

Ⅲは、Ⅱの最高裁判決に対して、その後の自民党政府の意図的・政治的な最高裁裁判官の入替え人事の結果、メンバーの入れ代わった大法廷が、上記Ⅱの判決を逆転させ、処罰規定は憲法に違反しないとし、可罰的違法性論を否定ないし大幅に制限した。

これらⅠ、Ⅱに象徴される大法廷判決は、公安労働事件関係だけでなく、一般刑事事件にも大きな影響を与え、事実認定の厳密化、可罰的違法性論などによって個別・具体的事件への柔軟な対応、そして証拠開示の前進など適正手続の深化と相まって、刑事裁判全体の改革を推し進めていったということができよう（同期の友人で多くの暴力団関係の事件の弁護を担当していた弁護士から、「石川君らががんばってくれたおかげで、われわれの事件もずいぶんよくなったよ」と言われたこともある）。

この時期の刑事裁判官には、旧刑訴法（刑事訴訟法）的思考と新刑訴法的思考との相克を経て、新刑訴法の定着へと進むかとみえたものであろう。後掲の無罪判決等一覧表のうち、一ないし二〇の判決等は、こうした流れの推進に寄与したものといえよう。ここでの特徴として、裁判長のリードの下、戦後の司法修習を受けた裁判官が積極的役割も果たしたこと、そして、毛利与一弁護士・佐伯千仭弁護士らをはじめとする多くの弁護活動の成果であったことを指摘できる。

しかし、Ⅱの大法廷以降の刑事裁判は、最高裁裁判官の意図的な入替え、特に一九六九年一月、最高裁長官に就任した石田和外氏の青年法律家協会（青法協）攻撃、同年九月の飯守書翰問題にみられる下級審裁判所の違憲判断抑制論、さらに、一九七一年四月の宮本康昭裁判官の再任拒否、青法協会員七人の新任拒否などにみられる官僚司法体制の強化とともに、Ⅲの判例変更を行って、それまでの新刑訴法の定着への流れとは大きく逆流し、いわゆる冬の時代といわれる時期が永く続き、「我が国の刑事司法はかなり絶望的である」（平野龍一、一九八五年）とまでいわれる状況となった。

そうした全国的な状況下、それでも無罪判決等一覧表の二一ないし三〇の無罪判決を得ることができたが、その中には、三件の大阪高裁での逆転無罪判決もある。この時期には、東京から大阪地裁裁判長クラスへの転入も多かった。

一九九〇年代からは、日弁連あげての当番弁護士制度の実施が取り組まれ、被疑者国選制度の実現、取調べの可視化など、捜査段階の弁護活動が強化されてきた。こうして、新たな刑事司法の構築を目指す動きが展開され、被告人・弁護人の防御権・弁護権の憲法上の保障を再構築する努力が始まって、今日までに相当の前進を勝ち取ってきているといえよう。この時期の私の弁護活動は、次に挙げる日野町事件再審請求に終始した。

日野町事件再審開始決定を受けて

二〇一八年七月一一日、大津地方裁判所で日野町事件（強盗殺人・無期懲役）の再審開始決定を受けることができた。ここに至るまで、再審事件は日本の刑事司法の縮図ともいうべき苦難の道を歩んできたことも実感させられた。

この開始決定の内容は、第1章で述べるが、ここでは証拠開示との関係を述べておきたい。

私の担当した無罪判決等一覧表の三の大阪中郵事件で、西尾貢一裁判長の証拠開示命令が最高裁で取り消されて、苦節一〇年の後、ようやく一九六九年の最高裁決定で、訴訟指揮による開示命令が認められたが、現実の裁判では十分に機能したとはいえない。二〇〇四年の刑訴法改正により証拠開示の一定の立法措置は実現したが、再審における証拠開示は置き去りにされてきた。

そういう厳しい再審手続の中で、日野町事件では、第一次請求審（二〇〇一年一一月一四日請求）で、確定審未提出証拠（警察から検察への送致書類全部）の一覧表（立証趣旨・要旨付き）の開示が実現し、さらに、第二次請求審（二〇一二年三月三〇日請求）での実況見分調書の添付写真のネガが開示された。これにより捜査の不公正も明らかにすることができ、確定審未提出証拠の提出と相俟って、再審開始決定に結び付けることが可能となった。

本書の意義

本書では、私の一九五七年以来の六二年間にわたる弁護活動の特徴的な事件、刑事司法問題への取組みやそこでの問題点を述べたつもりである。これが、刑事司法の現状にどう立ち向かうか、論議の一素材となれば幸いである。

本書の題名は「創意」とした。大変おこがましい題名であるが、もともとは「継承発展」ともすべきかとも考えた。毛利与一、佐伯千仭両先生の驥尾に付しての弁護活動から自分なりの創意工夫をこらしたつもりもあり、本シリーズでは、いずれも題名が二文字とされてきたことから、あえて

「創意」とさせていただいた。そして「事実と道理に即して——刑事弁護六〇年余」という副題をつけた。「事実と道理に即して」とは松川裁判以降の大衆的裁判闘争の重要なたたかい方を表す言葉であるからだ。

また、二年余にわたるインタビューで漸次、問題意識も深められたが、当初の記述にも遡っての手直しの及ばなかったところもあることもご了解いただきたい。

なお、私の弁護活動は、労働民事事件や一般民事事件（各種の新しい損害賠償請求など）にも取り組み、新判例もかなりあるが、本シリーズの趣旨により刑事事件に限定した。ただ、部落解放同盟関係の事件では、同一事件で刑事・民事・行政訴訟も重なったので、それらの判断の対比にも力点を置いて紹介している。

第1章　今もなお、現役の弁護団員として
――日野町事件再審開始決定

1　日野町事件との関わり

――日野町事件は、昨年（二〇一八年）七月一一日に、大津地方裁判所で再審開始決定が出されました。石川さんはこの事件で第一次再審請求の弁護団の団長を務められ、第二次再審請求でも、弁護団の一員として弁護活動に携わっておられます。そこで、石川さんの現役弁護団としての取組みからお聞きしていきます。

――まず、石川先生とこの事件の関わりについてお話しください。

石川　最高裁への上告中、伊賀興一さん（大阪弁護士会）から「被告人の阪原弘さんが病気で勾留の執行停止となって入院しているので一緒に面会に行きませんか」と誘われて、大阪市都島区の病院で面会したことがあります。その後、最高裁で上告棄却（一九九九年九月二七日）され、無期懲役の判決が確定して服役しました。できるだけ早く再審請求したいと話があって、七人の弁護団で準備することになり、弁護団長に要請されました。

二〇〇一年一一月一四日、大津地裁に再審請求をしました。主任弁護人は、地元大津の玉木昌美

さんです。その再審請求は大津地裁で棄却され、大阪高等裁判所に即時抗告中の二〇一一年三月一八日に阪原さんが亡くなられ、いったん事件が終了しました。これを第一次再審請求と今は呼んでいます。

その後、遺族の方全員が請求人になって、二〇一二年三月三〇日、大津地裁に再審請求をしました。これに対する開始決定が今回出たわけです。この第二次再審請求では、伊賀さんが弁護団長になり、私は弁護団の一員です。

――では、日野町事件の概要を説明していただけますか。

石川　事件は一九八四年（昭和五九年）一二月二八日夜、滋賀県蒲生郡日野町大字豊田二〇九番地の酒類小売店主の池元はつさん（当時六八歳）が所在不明になり、翌八五年一月一八日、同町大字村井野団地造成地で遺体で発見されました。解剖の結果、扼頸による窒息死と判断され、さらに同年四月二八日、同町大字石原の山林内ではつさん方にあった金庫が発見されました。強盗殺人事件として、滋賀県警捜査本部が日野警察署に置かれて捜査に入ったという事件です。

この金庫発見の場所とか遺体発見の場所とかは、自白やその引当捜査などで重要な論点となるものです。

――その後の捜査や裁判の確定までの経過はどんな進行でしたか。

石川　捜査は難航し迷宮入りかともいわれていましたが、三年三カ月後の一九八八年三月九日、酒店の常連の呑み客（地元では「壺入り客」といわれた）の阪原弘さんが、任意出頭で呼び出され、長時間の取調べの結果、三月一一日に自白させられ、翌日逮捕され、同店舗内での殺人強盗事件（はつさんの殺人と店舗内にあった現金五万円在中の金庫の強取）として、四月二日に起訴されます。

大津地裁の公判冒頭から阪原さんは否認しますが、一九九三年六月三〇日の判決は有罪、無期懲役を言い渡しました。大阪高裁も一九九七年五月三〇日、控訴棄却でした。ただ、この二つの判決とも、金庫内には五万円があったとは認められないとしています。カネ目当ての強盗殺人事件で現金がなかったということになれば、五万円あったという自白の信用性が大きく揺らぐはずですが、その常識が通らない判決だったと思います。最高裁も二〇〇〇年九月二七日、上告棄却しました。阪原さんは服役します。

そして翌年二〇〇一年一一月一四日、阪原さんが請求人となって、大津地裁に第一次再審請求を申し立てたのです。

その請求に先立って、二つの証拠保全を申し立て、押収決定を得ています。一つは、被害品の金庫などが被害者遺族に還付されるという情報があり、再審請求のために保全を求めました。もう一つは、滋賀医科大学での解剖時の舌骨など遺体の解剖資料の保全です。

——再審請求の焦点はどういうものでしたか。

石川　何といっても、確定審の判決が、一審と控訴審ではその証拠構造が異なる極めて脆弱なものだったことです。この事件は、自白のほかには直接証拠がない。その自白について、一審判決は、「自白によって事実認定ができるほどの信用性はない」とし、いくつかの間接事実に基づいて有罪認定したのですが、「その殺害場所は店舗・死体発見場所を含む日野町内もしくは周辺地域」と拡大し、「どこかわからない」としたのです。これは、一審の論告求刑の直前に、陪席裁判官が検察官に与えた不当なアドバイスによるもので、検察官がこれを受けて予備的訴因を追加し、犯行日時、犯行場所、被害品を曖昧にした、その予備的訴因を裁判所が認定したのです。

有罪認定した間接事実というのは、①阪原さんが犯行時刻とされている午後八時少し前頃、近くの交差点で目撃されている、八時過ぎに店舗で、はつさんと話している声を店舗前の家人が聞いている、②店舗内机の引出しの中の丸鏡から阪原さんの指紋が検出された、③阪原さんが引当捜査で金庫発見現場と遺体発見現場を正確に指示したこと、④阪原さんが被害者失踪後に被害者の捜索活動や葬儀に参加しなかった、⑤阪原さんが虚偽のアリバイの主張に固執している、などであるとされています。

これに対し、控訴審判決は、「これらの間接事実はそれだけで有罪認定できるほどの証明力はない。自白の根幹部分は信用できるから、その信用性が認められる自白とこれら間接事実とを合わせて有罪認定ができる」という判断でした。

しかし、控訴審判決でも、五万円の奪取という強盗殺人事件の重要な財物奪取の点は認められなかったのですから、自白の根幹部分は信用できるとは言い難いものです。

このように、自白はずっと争われてきたのですが、再審請求審では、改めて新証拠によってこの自白が信用できず、重大な疑いがあることを明らかにしていくことが課題であったのです。

2　第一次再審請求審

――それではその第一次再審請求審の経過について、簡潔に説明してください。

石川　まず、冒頭段階での証拠開示です。第一回の三者協議（裁判所は進行の「打合せ」と呼んでいましたが）で、弁護団から確定審裁判に提出されていなかった証拠の開示を求めたところ、安

表1　開示証拠時系列一覧表（一部抜粋）

	文書の標目	作成年月日	作成者	供述者	丁数	要旨（数字は証拠カード番号）
1	電話等受発信書	S 59.12.29	古島八州治		11	Vの捜索願の電話を受理したこと
2	犯罪捜査復命書	S 59.12.30	渕上　修		13	V失踪時の状況等
3	犯罪捜査復命書	S 60.1.5	大塚三郎		212	V失踪に対する初動捜査経過
4	犯罪捜査復命書	S 60.1.6	宮内保弘		217	V方の鑑識活動経過
5	犯罪捜査復命書	S 60.1.6	山田幸光		221	V方の鑑識活動経過
6	犯罪捜査復命書	S 60.1.6	藤森　稔		228	V方の鑑識活動経過
7	犯罪捜査復命書	S 60.1.6	小林広憲		258	失踪の日から実況見分時までの現場への人の出入りについて
8	犯罪捜査復命書	S 60.1.6	藤田　耕		261	ＩＨの事情聴取の結果等

出所：弁護人提出証拠より

原浩裁判長が、検察官に開示を勧告し、白髭検事がそれに応じて、証拠書類五一六点の一覧表とそれを裏付ける警察から検察庁への事件送致書、追送書、合計三五通が開示されました。この一覧表には、確定審で証拠請求した一三三点（うち不同意書面四三点、乙号証二一点）が入っていましたから未提出記録は三八三点ということになります。この一覧表には、書類の標目が書かれていましたが、たとえば犯罪捜査復命書などでは、何の捜査かわからない、その内容というか、立証趣旨というか、要旨を書いてくれと求めたところ、簡潔な要旨（表1の要旨欄）が出てきました。さらには検察官からデータを借りて、弁護団で事件発生時からの日時順に一覧表を作成しました。この時系列一覧表は、捜査の進行過程と証拠の作成経過を明らかにするものでした。この一覧表は、その後の証拠開示の土台となったものです。その一覧表の最初の数行だけでも、ここに掲載しておきます（表1）。

――それはすごいことですね。再審における証拠開示は難しいと聞いていますが、日野町事件ではよくそこまで開示されたものですね。

石川　そうです。当時（二〇〇二年三月頃）も、その後も、こうした全一覧表の開示という例はないようですね。裁判長と検察官の良識、弁護団の熱意の反映とでもいいましょうか。

この一覧表開示は、その後の証拠開示の手がかりになっただけでなく、その後の法改正により、公判前整理手続における検察官保管証拠一覧表の開示制度（刑訴法三一六条の一四第二項）にもつながっています。

再審と証拠開示の問題は、あとにでも論議しましょう。

——その後の進行はどうなりましたか。

石川　先ほど、自白と客観的事実との矛盾を明らかにして、自白の信用性や任意性に重大な疑いがあることを裏付けることが最大の課題であると言いましたが、そのために、殺害方法についての裁判所による法医学鑑定、金庫の傷の自主鑑定（弁護団の委嘱による）、指紋に関する自主鑑定や、阪原さんの知的能力などについての心理学的鑑定など、自白と客観的事実との矛盾を明確にする多数の新証拠を提出しました。弁護団は、なお新証拠の提出を検討していたのです。

ところが、二〇〇五年秋、長井秀典裁判長に代わって、すぐに審理終結の方針が示されます。弁護団は詳細な最終意見書を提出しましたが、翌二〇〇六年三月二七日の決定は再審請求棄却という不当なものでした。

——どういう理由付けがなされていましたか。

石川　殺害方法や金庫の傷など、多くの点について、弁護団の主張する自白と客観的事実との矛盾を認めながら、「自白は事件から三年以上経過後にされたもので、阪原さんの知的能力が低く、記憶違いもある」、「自白の信用性に大きな影響を及ぼすものではない」と、論点ごとに、各個撃破的なやり方で自白の信用性を結論的に認めてしまったのです。それは、新証拠だけで、無実を証明することができなければ、確定判決を揺るがすものではないという立場に立つものでした。

なぜ、こんなことになるのか、それは、確定審判決もそうでしたが、捜査の初め頃の三月二一日に行われた金庫発見現場への引当実況見分において、「阪原さんが任意にその現場まで案内できた。真犯人でなければ知らない場所に案内できた。真犯人に違いない」という心証が根強く裁判官にあったからだと思います。

白鳥事件や財田川事件の判例が示している「もし当の証拠が確定判決を下した裁判所の審理中に提出されていたとするならば、はたしてその確定判決においてなされたような事実認定に到達したであろうかどうかという観点から、当の証拠と他の全証拠とを総合的に評価して判断すべきであり」とか、「再審においても『疑わしいときは被告人の利益に』という刑事裁判における鉄則が適用される」とする原則から遠く離れたものでした。

今回の大津地裁の決定では、ほぼ同様に自白と客観的事実の矛盾を認定した上で自白の信用性に重大な疑問があると判断しており、これと対比すると長井決定の不当さは際立っていると、私は思います。

――その長井抗弁決定に抗告したのですね。

石川　大阪高裁に即時抗告を申し立てました。即時抗告というのは、三日以内に理由を付して出さないといけないものですから大変でした。自白と客観的事実とが矛盾する多くの事実を認めているにもかかわらず、おかしな理屈で、結論として自白の信用性には影響しないと判断していたので、その判断部分の不当性を強調しました。

大阪高裁では、さらに、自白に基づく夜間の犯行再現実験、金庫の投棄実験や金庫内物品の散乱状況に関する実験、死体搬出実験などの各結果、そして自白の評価に関する「供述心理学の知見に基づいた鑑定意見書」（浜田寿美男 奈良女子大学名誉教授）などを提出しましたが、なかなか実質審理に入らず、そうこうしているうちに阪原さんが亡くなられるという事態になりました。結局、二〇一一年三月三〇日、請求人死亡により事件終了という決定で、第一次再審請求審は終わったのです。ここまで一〇年近くもかかっています。阪原さん七〇歳での無念の死でした。

3　第二次再審請求審

――そうして、第二次再審請求が行われたのですね。

石川　はい。阪原さんの奥さんと三人の子どもさんたちが、阪原さんの無念を晴らすためにと請求人になって、二〇一二年三月三〇日、再び大津地裁に再審請求をしました。

その際には、第一次再審請求審では、死亡による終了で、裁判所の最終判断を経ていないから、その大津地裁と大阪高裁で取り調べたすべての証拠も、この請求の新証拠として提出しています。そして、さらに新証拠の提出を続けたのです。

ところが、当初の飯島健太郎裁判長は、同年九月四日、事実上の検証（というのは、記録をとらない前提で、金庫発見現場などを見る）のあと、その現場で、「もうこれで終了して最終意見書を出してもらいましょう」という意向を示したのです。

弁護団は、そんな進行はできないと反論し、まずこの実況見分調書の添付写真のネガの提出を求めたのです。
この検察官によるネガの開示が、事件の進行を転換させる大きな役割を果たしました。それは劇的といってもいいと思います。

――そのネガでどういうことがわかりましたか。

石川　金庫発見現場への引当捜査は、落合主任検察官の指導の下に行われました。その際のネガ、二四枚撮りと三六枚撮りの二本が開示されました。二人の警察官が別のカメラで別々の角度から撮影しているのですが、どちらも、ネガの前半で、公道上から金庫発見現場までの経路と金庫現場を撮影し、それから後半に、元の公道に戻るまでの経路を撮影しているのですね。これを往路、帰路といいますが、帰路に阪原さんに身体の向きを変えさせて撮影し、その写真を往路のものとして順番を変えて実況見分調書に貼り付けて、いかにもこの順に阪原さんが案内して進んで行ったと写真説明を書いていたことがわかりました。最も重要な金庫発見場所への降り口の写真も、実はがけ下の現場から上がってきてからの撮影であることがわかりました。

現場の地理関係の説明の前に、この点に関する自白内容を紹介しますと、店舗で金庫をとったが鍵がかかっていて開かない。店内で壊せば大きな音がするからと夜明けまで待って、明け方に店舗を出て石原山へ向かい、山中で金庫をこじ開けて中の現金五万円をとったというものです。その自白の裏付けとしての引当捜査でした。

その経路は、①石原山の近くの道路に車を停めて降りる、②田んぼの畦道を通って池の堤防の上に出る、③山林内の道なきところをかき分けて高圧線の鉄塔にまで上がる、④鉄塔からの工事道（鉄塔建設のときに丘の稜線に造られた工事道）を約五七メートル進む、⑤その道から崖下の金庫発見現場に降りる、⑥そこで、金庫を破壊して中の現金五万円を奪ったということになっている。引当捜査でも自白の通り、阪原さんが現場まで案内したというのです。実況見分調書も、この順に案内したとして写真が貼られていたのです。

——それでどう主張したのですか。

石川　このネガの分析の中心になったのは谷田豊一弁護士です。「ネガ現像写真の撮影及び調査結果報告書」「(再弁Ｄ７号註)」を新証拠として提出し、虚偽公文書作成の疑いもあるとの意見書も出しました。確定判決が心証の最大のよりどころとしていたのは、阪原さんが金庫発見現場まで任意に案内しており、真犯人しか知らない知識を持っていたとの判断でしたが、これが大きく崩れることを明らかにしたものでした。引当実況見分調書の証拠能力がないことの上に、任意に金庫発見現場に案内できたという事実の証明がまったくできないことになったのです。

そのネガに基づく写真の実況見分調書への使い方を説明した検討表（再弁Ｄ７の別紙１）をここに添付しておきます。

この写真ネガの開示から、再審審理の方向も大きく変わります。ほかの実況見分調書、すべての添付写真のネガの開示を求めたのです。

——どんな実況見分が実施されていたのですか。

石川　大きく分けると三種類になります。

まず一番目が、事件発生二〇日後の遺体発見時の実況見分、そして約四ヵ月後の金庫発見時の実況見分です。この金庫発見時の写真ネガには、見分調書の添付図に書かれた散乱物の写真ネガがなかったり、現場は土中に金庫がめり込んでいたというのに、敷板の上に金庫を置いた写真ネガが

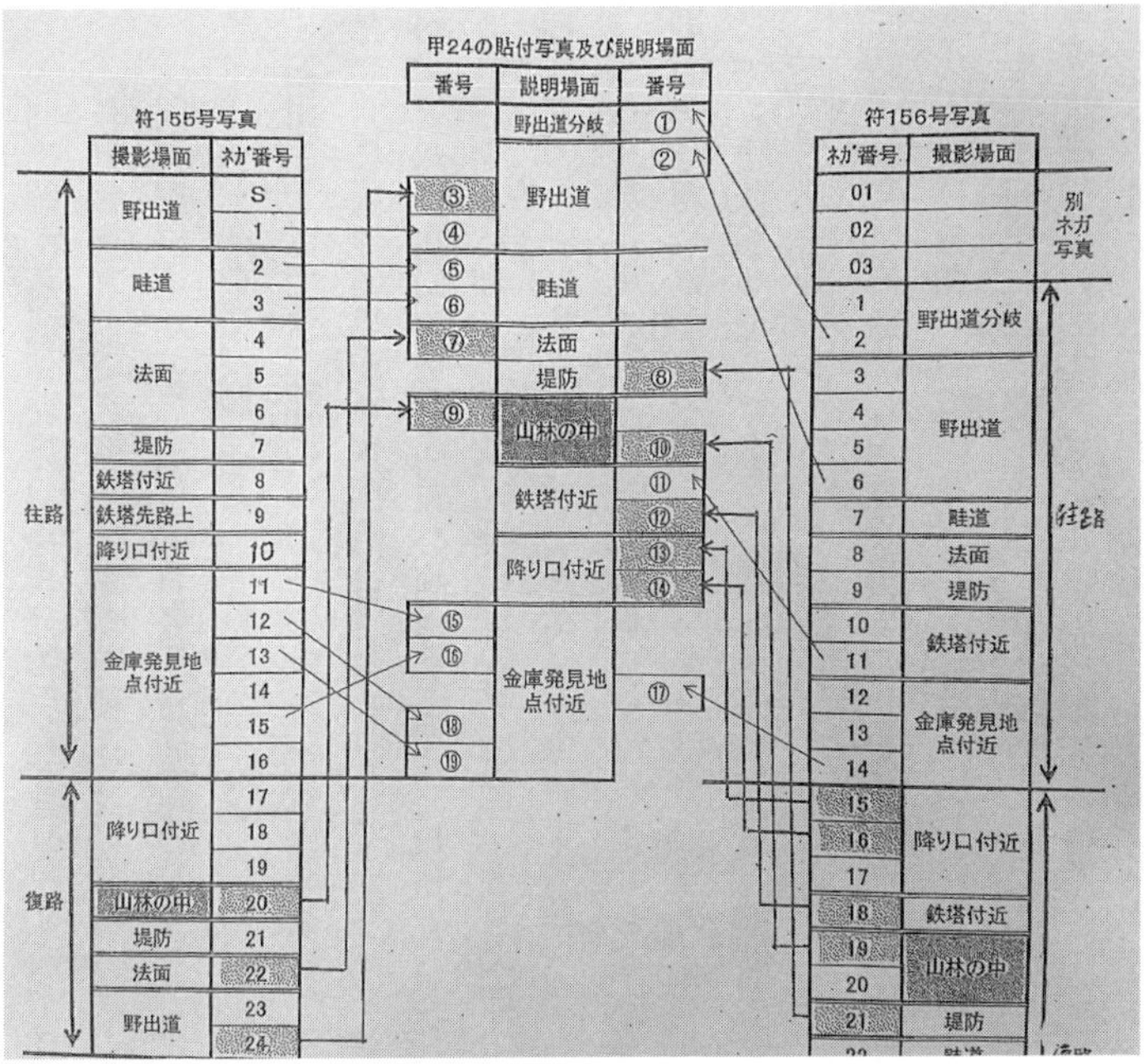

写真ネガと見分調書写真検討表（弁護人提出証拠の別紙より）

あったりしました。われわれは実況見分調書の金庫の写真は警察署に持ち帰ってからの写真を、あたかも現場で撮影した写真のように貼り付けたとみています。これらは、現場保存という捜査の根本に関わることが、いかにずさんに扱われていたかを示しています。

二番目が、①勾留後の金庫発見現場への引当実況見分（一九八八年三月二一日）です。これは落合主任検察官のリードの下に行われ、ずっと随行しています。ここの問題点は、すでに説明した通りです。

三番目が、勾留理由開示公判の前日の三月二九日、次のような一連の引当て・犯行再現の実況見分も、すべて落合検察官の立会いの下で行われています。

②犯行現場とされる酒店店舗内
③同店舗から遺体発見現場までの引当て、車から遺体遺棄場所までの引当てと再現
④日野警察署前で、遺体を車への積込む行為の再現
⑤同警察署道場での遺体の首と手首の紐のくくり方の再現

——ずいぶん多いのですね。一日にそんなにやったのですか。

石川　そうです。朝の一〇時頃から午後五時頃まで実況見分をしています。その後、落合検察官はさらに阪原さんから検面調書二通もとっています。実は、三月二三日に初めてついた私選弁護人が、二八日に勾留理由開示公判を請求し、裁判官が同日、「三〇日午後三時に開示公判を開く」と指定していたのです。二九日の実況見分は、翌日の開示公判で阪原さんの自白を維持させるための捜査側の「刷り込み」だったと私はみています。

遺体発見現場の引当てと犯行再現では、車から遺体発見現場まで阪原さんに四回往復させている場面の写真ネガがあること、警察署道場での紐のくくり方の再現では、六回（検察官も三回は認めた）も練習させた上で本番の実況見分調書用の撮影がなされたことも判明します。これらも調査報告書にして提出しました。

いずれも、任意にしたとの引当てや犯行再現が、捜査側の意向に従ってなされたものではないかという疑いを強めるものでした。

私が弁護士になった当初は、実況見分といえば、上の一番目に当たる現場保存関係だけだったように記憶していますが、いつ頃からか、引当てとか犯行再現とかが実況見分の名前で数多く実施されるようになりましたが、それらの証拠能力や証明力については特別な注意が必要です。これらに

ついて、制限的な最高裁判例が出てくるのは、ここ一〇年あまり前からのことですね。日野町事件当時の実況見分についても、これら新判例に基づいての検討が必要でしょう。

——そのほかの証拠開示は進みましたか。

石川　事件発生から九カ月後に逮捕状が出され、九月一七日の任意出頭で、阪原さんの全指紋がとられ、丸鏡の指紋との合致も確認されますが、逮捕状が執行されなかったことも開示された書証で明らかになりました。犯行の日、東澤方で酔いつぶれたというアリバイ主張もなされます。そのアリバイ問題について、警察が「アリバイつぶし」工作をしていたこともわかりました。このアリバイ主張は、確定審判決ではアリバイが認められなかっただけではなく、「虚偽アリバイ」に固執して主張することがかえって犯人性を示す間接事実だとされてしまいました。開示証拠一覧表に「阪原のアリバイ工作」と書かれていた捜査復命書がありました。これが開示されると、このアリバイ主張をつぶそうと警察官が親戚の人たちに工作したが、失敗した、と報告していたものでした。これも、捜査の不公正を示すものですね。

また、このアリバイ主張を否定する証人の供述の裏付け捜査が全くされていないことも新たにわかりました。

——開示証拠以外の新しい立証としてはどのようにされたのですか。

石川　もう一度、殺害方法や死因の究明として、弁護団の委嘱で、吉田謙一東京医科大学教授に死因究明鑑定書をお願いし、鑑定書を出しました。

——証人調べも行われたのですね。

石川　二〇一七年四月、今井輝幸裁判長に代わりました。そこで、実況見分調書作成者である森田一男警察官（金庫引当関係）、谷口正警察官（遺体引当関係）および落合俊和検察官の証人尋問、吉田謙一教授の証人尋問が実施されます。森田証人は、「一審の証人に出たときはすでに五年も経っていて記憶がなく、見分調書の記載にそって証言したが、ネガが出された今からみるとその証言は正しくなかった、調書の写真は現像した全部の写真を並べてその中からいいものを使った」という趣旨でした。谷口証言もほぼ同様でした。落合証人も、帰路に向きを変えて写真を撮ったという場面の記憶はないというものでした。いずれも確定判決等の根拠となった証言の信用性が大きく崩れたのです。

吉田証人は、殺害方法は、床に仰向けになった被害者に馬乗りになって両手で頸部を扼殺したという鑑定書の内容を具体的に説明したものです。

これで証拠調べが終わり、弁護団の最終意見書も出して決定を待つばかりになりました。

4　再審開始決定

――それでは、再審開始決定の概要を説明してください。

石川　二〇一八年七月一一日、大津地裁（裁判長：今井輝幸、裁判官：湯浅徳恵、加藤靖之）は、再審開始決定を出しました。ご遺族の請求による再審開始決定は希有のことで、この開始決定は大きな意義のあることですね。ご遺族はもちろん、私たち弁護団も、ようやく事実を正面から受け止めてくれたという思いです。まず、理由の骨子を紹介します。

「阪原の根幹部分が十分信用できるとした控訴審判決の判断は、新旧証拠を総合すれば、①殺害態様の点、②金庫発見場所の知情性を中心とする金庫強取の点、③被害者の死体の遺棄の点、④被害者方における物色という、いずれも重要な部分において大きく動揺した。阪原の自白に、事実認定の基礎とし得る信用性を認めることはできない。

長時間の取調べの中で、暴行や、娘の嫁ぎ先や親戚のところに行ってガタガタにするという脅迫などの結果、自白をした合理的な疑いが生じた。自白の任意性は認められない。

また、一審判決が認定した間接事実のうち、ア、金庫投棄場所、イ、遺体遺棄場所への引当捜査、ウ、丸鏡に指紋の付着、エ、手首の紐の結束方法、オ、アリバイ主張の虚偽性について、当該事実の認定自体が動揺するか、あるいは、当該間接事実が阪原の犯人性を推認する力が減退された。各間接事実から、阪原が犯人であると推認することはできないし、各間接事実中に阪原が犯人でないとしたならば合理的に説明することができない（あるいは、少なくとも説明が極めて困難である）事実関係は含まれていない（最高裁平成二二〔二〇一〇〕年四月二七日判決引用）。

このように、間接事実から犯人と推認した一審判決の判断も、間接事実、自白、アリバイ主張の虚偽性を合わせて犯人性を認定した控訴審判決の判断も、大いに疑わしくなった。新証拠が確定審の審理中に提出されていたならば、阪原を有罪と認定するには合理的疑いが生じたものと認められ、無罪を言い渡すべき明らかな証拠を新たに発見したとき（刑訴法四三五条六号）に該当する。」

——これらの理由の中で、特徴点や弁護団としての受け止め方などもお話しください。

石川　これまで説明してきた第一次再審請求審、第二次再審請求審の審理経過と合わせれば、この開始決定の骨子で十分ご理解いただけると思いますが、順次補充して説明します。

ただ、この決定については、検察官が即時抗告を申し立て、現在、大阪高裁に係属中ですから、それを含んでおいていただきたいと思います（この即時抗告は棄却されるべきだと、弁護団は奮闘しているところです）。

まず、この決定は、白鳥、財田川事件最高裁判例に忠実に、新旧証拠の総合的評価に徹していることです。証拠の新規性、明白性の判断も的確です。この総合評価の具体的手法については、新証拠がその立証命題と関連する旧証拠の証明力を減殺するか否かを検討し、減殺するとされた場合、新旧証拠を総合的に評価して、確定判決の有罪認定に合理的な疑いが生じたとする。いわゆる二段階評価説に立つものであると解説（判例時報二三八九号、二〇一九年）されています。

判決骨子には出ていませんが、阪原さんの知的能力の綿密な検討も注目すべきだと思います。確定審段階でも、「境界線級の精神発達障害がある」との鑑定が出ていましたが、確定判決は自白の不自然さを知的能力の低さによるとしていましたが、その後の鑑定なども踏まえて、今回の決定は、「記憶能力の制約はあるが、虚偽話の作話能力は低く、人間関係では、対話の内容より相手方との関係を優先し、その場をやり過ごす特性がある」と認定しています。これらは、自白の出方や捜査側に協力していく経過につながっているとしているわけです。

――ネガの問題はこの決定にどう反映していますか。

石川　それは大きく関係しています。金庫の問題に、決定書の五分の一にわたる分量を割いていますが、この点については、「引当実況見分調書などはその経過をそのまま正確に記録すべきであるのに、復路の写真を往路の説明として使用するなど、判断を誤らせる危険性が多く不適切であった、引当ての任意性確保や証拠保全が不十分で厳しく非難されるべきだ」としています。

金庫発見場所への案内については、落合検察官から誘導を禁止されていたので直裁的な誘導は考えにくいが、警察官が断片的な情報を提供することは想定できるし、阪原さんも警察官の言動に注意を払い、それに反応したとしても不自然ではない。落合検察官も、復路での写真撮影なども防止していない。

結局、断片的な情報の提供、無意識的な情報提供、阪原さんの協調的反応や警察官との相互作用によって死体発見場所に案内できた可能性がないとはいえない。発見場所に案内できたことが犯人と推認させる力は大きく減殺された、と結論付けています。

なお、金庫の開扉の際の金庫の傷などについても、自白では丸いホイルレンチで隙間をこじ開けたというのに、金庫に残された傷跡が平面であって整合しない、金庫のダイヤルなどが外れているのにこの現場から発見されていない、他の場所で開けた金庫を工事道路からがけ下に投棄したとみるほうが自然だという指摘もあります。

また、金庫の中には古銭や記念メダルなどがあっただけで、自白の「五万円」はなかったと、一審判決も控訴審判決も認定しながらそれに疑問を呈しなかったことについても、決定では、金銭目当ての強盗殺人なのに、金庫の中身が期待はずれであったならば、それについての供述があるはずだ、それが全くないことは不自然だとしています。

死体発見場所への案内の問題も同様に判断されています。

——死体の鑑定の問題はどう扱われていますか。

石川　殺害態様の問題ですね。両手で首を前後から締めたという自白の方法では扼頸できない、ただ、床面に押さえ付けなくとも、胸・腹で被害者を固定して扼頸ということもある。いずれにしても殺害の態様は犯人の印象に強く残るもので、三年の経過や知的能力あるいは犯行時の興奮などの制約があっても記憶を違えることはない、としています。この点は、第一次再審請求審の長井棄却決定との大きな違いです。

――自白の任意性も否定されたのですね。

石川　そうです。自白の信用性だけでなく、任意性にも大きな疑いがあるとしたのが、この決定の特徴です。

この任意性の判断過程は、まず、自白の根幹部分に大きな疑いが生じたことを詳しく認定しています。

このような自白がどういう状況の下でとられたのか、決定は二〇頁近い詳細な検討をしています。最初の自白に至るまでの暴行や、「白状せんのだったら、娘の嫁ぎ先をガタガタにしてきたろうか」との脅迫などにより自白に至ったこと、その後の自白維持のための捜査側の行為などを挙げ、起訴の日四月二日の弁護人接見時の阪原さんの説明でも「嘘でもやったと言った限りは、話を合わせていかないといかん」「ひっくり返したら、一年ですむものが、三年、四年もかかる」などと述べている（阪原さんは、強盗殺人だと死刑か無期懲役しかないということはまったく知らず、一年ぐらいで出られるものと思って自白していた）ことなどの捜査・取調べの経過を挙げて、決定は次のようにいいます。

「こうした暴行、脅迫と警察官との融和的、協調的関係の形成、相互作用の可能性がある。勾留理由開示公判での発言や自白の維持は、かえって、暴行、脅迫の存在を裏付ける事情となる。警察官の暴行、脅迫はないとの証言は信用できない。阪原さんの公判での供述には誇大な部分もあるが、当初の言い分は信用できる」（要約）として、自白の任意性に疑いがあるとしたのです。

——間接事実についてはどうですか。

石川　いくつかの間接事実のうち、ここではアリバイの問題について説明します。

アリバイについては、酔いつぶれて泊まったという家の主婦東澤光子が、アリバイを否定したとされる証言について、「光子は相手によって供述内容を変え、期待する供述をする傾向がある、そもそも証言はアリバイを明確に否定した趣旨とは評価できない、質問者に迎合的な返答をしている可能性がある。光子証言の信用性は大きく動揺しており、依拠できない疑いがある」。

そして、酒の席に同席したという日永、東澤栄吉という二人の証言についても「光子の供述が動揺した以上、日永、栄吉の供述の信用性も大きく動揺した」。

結論として、アリバイを虚偽とした確定判決等の認定は大きく動揺した、犯人性の根拠は相当に疑わしい、としています。

5　再審における証拠開示の問題

——ところで、再審における証拠開示の問題についてうかがいます。日野町事件における証拠開示は、先ほど挙げられたもの以外にもありましたか。

石川　先に、第一次再審請求審冒頭での一覧表開示、第二次再審請求審での実況見分調書添付写真のネガの開示、警察によるアリバイつぶし工作について述べましたが、そのほかの裁判所の開示勧告や見解を紹介します。いずれも弁護団の請求にかかるものです。

①　アリバイに関する供述調書捜査報告書、捜査メモ等のうちまだ提出されていないものについ

ての一覧表を作成・提出するようにとの指示（二〇一五年七月一日）。

② 検察庁に保管されている未送致記録（これは第二次再審請求審の進行の中で検察官が警察から取り寄せて保管していると言明されていた）の中のネガ・写真を含む証拠物について、一覧表を作成、提出されたい。それ以外に警察で残っている証拠物があれば、それらも付け加えていただきたいとの勧告（二〇一六年一一月八日）。

③ この勧告に対し、検察官が一度は未開示証拠は存在しないとの回答を行ったのち、新たに指掌紋を採取したゼラチン紙や現場指紋検出結果報告書等の未開示証拠を開示するに至ったことについて、裁判所は「検察官が不存在と回答した証拠物が後に発見された経過について、本来あってはならない事態であって遺憾である。本件事案の重大性や裁判所が開示を求める証拠物の重要性に鑑み、未開示の証拠が思わぬ保管場所に存在するのではないかとの疑念が生じた。検察官は、今一度、少なくとも被害者の爪を含む証拠物等漏れのない綿密な確認を行った上、報告書を提出されたい」と職権発動を行った（二〇一七年一〇月一九日）。

この被害者の爪というのは、一九九五年一月五日の酒店舗における実況見分の際、採取された多くの微物などとともに鑑識依頼に対する検査結果報告書に、透明なビニール袋に在中の「資料16ない し21」として「右手　示指、中指、環指、小指。左手　中指、環指の爪」について顕微鏡検査をしたと記載されていたが、確定審で現物の証拠調べはされておらず、いつ所在不明になったかわからないという報告書が、第二次再審請求審で出された。弁護団は、被害者の爪のＤＮＡ鑑定をすれば、抵抗防御創にかかる犯人のＤＮＡが判明できる重要な証拠物として、その提出を再三求めてきたのです。

これに対し、検察官は、「再捜索」を実施したが存在しないことが確認されたとの「県警本部、再審公判対応係」作成の報告書を提出した。

以上は、第二次再審請求審の終わりに近い時期で、裁判所の特に証拠物の開示、提出についての積極的な対応が示されたものと思います。

——日野町事件の証拠開示に比べ、他の再審請求事件ではどうでしたか。

石川　再審請求審の審理において未提出証拠の開示によって再審開始決定につながったケースが多く出てきています。布川事件、足利事件、東住吉事件、東電女性社員殺害事件、大阪母子殺害事件などの再審無罪確定事件など、再審請求段階での証拠開示のもたらす影響力の大きさを示しています。

しかし、現実に証拠開示が行われるかどうかは、担当する裁判所の訴訟指揮に委ねられているのが実態ですね。日野町事件でも最終的には、弁護団の請求のうちどれだけ開示されたかその比率まではいっていませんが、裁判所の姿勢、ことに何度も交代した裁判長の態度いかんによって、検察官に開示を促すかどうか、その違いがありました。

一般に、裁判所の訴訟指揮といっても裁量、いわば「さじ加減」にまかされているといってもいいのですね。検察官に対する勧告が出れば、検察官も大概応じますから、命令まで出された例は非常に少ないでしょう。勧告すらしない裁判所も結構あるところから「再審格差」ともいわれています。弁護団の創意工夫も求められているところです。

——再審に関する法制面は。

石川　刑訴法には、再審段階での証拠開示に関する手続規定が全くないのですね。通常の刑事事件では、一九六九年の最高裁決定で裁判所の訴訟指揮に基づく証拠開示命令が認められていましたが、裁判員裁判の導入に伴う二〇〇四年の刑訴法の改正で、公判前整理手続である程度の証拠が開示されるようにはなりました。さらに、二〇一六年の刑訴法改正で、証拠の一覧表交付の制度が新設されましたが、その際でも、再審請求審における証拠開示については、論議はされたものの立法化は見送られたのですね。ただ、このときの附則に「政府は、必要に応じ、速やかに、再審請求審における証拠の開示等について検討を行うものとする」と規定されたところから、現在さまざまな議論がされ始めているということでしょう。

その中では、日弁連人権擁護委員会再審部会の取組みが最も具体的に提起されているのではないかと思います。

——どのような再審法改正案でしょうか。

石川　私の理解するところでは、まず、再審請求審における証拠開示の義務付けですね。そして再審開始決定に対する検察官の不服申立て（即時抗告や異議申立て）の禁止です。再審が、誤った判決を是正し、無実の者を冤罪から救い出すという制度本来の趣旨を徹底させることだと思います。

——実況見分のあり方について議論がありますか。

石川　引当実況見分とか犯行再現実況見分とか、名前は実況見分ですが、そもそもこれらは、自白や被害などの供述を行為態様で示すもので、「やらせ」の危険の多いものだと思いますし、裁判官の心証に大きな影響を与えかねないものでしょう。もともと実況見分というのは、「物の形状、位置関係などというそれ自体としては中立的な対象に関することで、見分者の主観的意図によって内容がゆがめられる恐れが少ない」といわれていますが、引当てとか犯行再現とかの実況見分は、供述を基礎とするだけに、客観性に問題があると思うのです。最高裁判例でも、実況見分調書記載中の供述に関する部分については、その証拠能力に制限を加えています（最高裁平成一七〔二〇〇五〕年九月二七日決定など）が、これらの実況見分のあり方や証拠能力、証明力などについては、もっと検討が深められる必要があると、私は思っています。

——日弁連の支援は。

石川　今、日弁連の話をしましたが、この日野町事件も、第一次再審請求直後の一九八五年二月、日弁連支援事件に認定され、今日まで日弁連からさまざまな支援を受けています。それは、裁判所に対しても、国民世論に訴える点でも大きな影響力がある上に、再審事件に精通した再審部会委員の弁護団参加が得られること、そして再審請求に欠かせない新たな鑑定の費用などの援助も得られることなど、困難な再審請求を支える大きな力といえます。

そして、私は、日野町事件で初めて再審請求事件を経験したのですが、ここには今の刑事司法のひずみが集中しているようにみえます。戦後再審事件での先人たちの苦闘に満ちた弁護活動に学びつつ、改革の道に寄与しなければならないと実感したところです。

第2章　生い立ちと弁護士となるまで

1　家族のこと

石川　私は、育った環境からみれば、多くの人びとに助けられ、思いがけず進学もできて、弁護士という天職にたどりつけたとありがたく思っています。弁護士になって、人の懐に飛び込む（いわゆる、ともに世界を頒かつ）とか、ときには開き直る（正当性の主張など）ことなどを学び、ひたむきに実践してきたつもりです。

今、振り返れば、子ども時代から大学時代までも含めて、自己の主体性の確立にはほど遠く、小心翼々、平平凡凡となりゆき任せに過ごしてきたものです。そんな前半生を、率直に語ってみたいと思います。

——お生まれとご家族のことを。

石川　一九三一年（昭和六年）二月九日、長野県松本市巾上町で、父茂（四〇歳）、母まつ（三七歳）の四男（兄三人、姉二人の六人目）として生まれました。その後、妹、弟が生まれていますが、弟は一年足らずで死亡し、七人きょうだい、九人家族の大世帯で育っていきます。

生まれた年がいわゆる満州事変で、小学校入学の年に日中戦争が、中学三年のときに敗戦と、ずっと戦争の時代でしたが、信州松本ではそれほど戦争の深刻さを味わうことはありませんでした。

父は、東京・八王子市郊外の石川村（現同市石川町）の大庄屋（元・武士の家系とか）の三男で、若いうちから信州に出て、大正年間、松本一の酒問屋の一番番頭から独立して、松本駅西口の住宅地に酒類小売商店を開きました。商いも手広く、篤実な人柄で地域の人たちの信頼を得ていたようで、店の奥のこたつでお茶を飲んでいく方も多く、小さいときから「きちんと挨拶しなさい」と厳しく言われたものです。

母は、愛知県犬山市郊外の豪農の娘で、近在の女戸主になりましたが、事情があって辞して、松本郊外に奇遇していたとき、縁があって父と夫婦になったということです。二人とも、小学校高等科卒ですが、当時の農村では高学歴のようです。

元也（もとや）という名前は、その酒問屋の主筋に当たる松本藩家老筋の有力者（長く市会議員、ときに市長代理も）の命名です。長兄以来ずっとそうだったようです。簡単な字でありながら、同名の人は少なく、独自性もあって、この名前を誇りに思っています（弁護士になって、「ゲンナリ」とも言われましたが）。

内向的な子どもで、家にあった「キング」とか「家の光」など、大人の雑誌などを就学前に読んでいたようです。

2　小学校時代

――小学校時代の思い出は。

石川　一九三七年（昭和一二年）四月、松本市立田川小学校に入学しました。六〇人学級四クラスです。

生まれてから初めての写真が、入学式の後、一年上の姉と一緒に撮った写真です。結構、可愛いいものでしょう。

姉と著者

身体検査で視力が〇・一ということで、メガネをかけることになります。当時は、厚いガラスのレンズで、フチも弱く、よくこわれるのです。怒られはしないけれども、こっちが気にして、野球などの競技には腰が引けてしまいました。それでも徒競争ではずっとトップをとっていました。六年生のときは、松本市内八小学校対抗陸上競技大会での四〇〇メートル走で優勝したこともあります。

家には本もほとんどなく読み物に飢えていましたが、図書館の利用などを教えてもらうこともなかった。それで教科書が配布されるとすぐに先の頁まで読んでいたし、一学年上の姉の宿題も姉に代わってやっていました。四年生から五年生のとき、姉たちお転婆三人娘が全く同じ答案を提出して、先生に問い詰められ、弟に書いてもらった、と白状したらしい。私に興味を持った先生が、飛び級させて自分で教えてみたいと、校長の了承もとってわが家を訪れた。しかし、「弟と一緒のクラスなんて絶対嫌だ、死んでやる」という姉の抵抗でその話は流れた。こんな話を五〇年も経って、姉から聞きました。小学校時代は四人の担任の先生と折り合いが悪かった私にとって、こんな先生もいてくれたのかという思いです。

当時、子どもたちに人気があったのが「少年倶楽部」で、回し読みで読みました。小学校を通じて唯一買ってもらった本も、三年生のときに訪れた母方の伯父からの、高垣眸『怪傑黒頭巾』です。佐藤紅緑「ああ玉杯に花あげて」、江戸川乱歩「怪人二十面相」、田河水泡「のらくろ漫画」、島田啓三「冒険ダン吉」などが人気の連載物でした。また、『真田十勇士』など立川文庫・豆本もよくまわってきたものです。

勉強したという気持ちは全くないのですが、成績のほうはそこそこでした。先生に甘えていくようなことがまったくできず、先生は怖いものという先入観がずっと続いていて、寄りつかなかったのです。扱いにくい子どもだと受け止められていたと思います。学校の授業では、四年生から始まった「郷土史」（国定教科書ではなく、信濃教育会編）が面白く、また県歌「信濃の国」（六番まででも）もよく歌い、今でも、弁護士業界随一の故郷自慢と任じていますが、その源はこの時期にあります。

一九三八年以降、国家総動員令やら経済統制が強められ、家は酒の販売免許が取り上げられ、地域を決めての醤油味噌配給所になってしまいました。父は、そのままでは「徴用」にとられる、と

家族写真（長兄南方へ）。実家の店前で撮影。後列左端はもと二番番頭だった父の友人。前列右から２番目が石川。

勤めに出るようになります。兄たちや上の姉も兵隊にとられるやら遠くの仕事に就くやらで、父母と下のきょうだい三人だけの家庭になったのです。それで、三年生頃から、店は母と私とでやるようになりました。一九四二年夏、招集中の長兄の聯隊が南方に出動する前の一時帰省の際には、満州電電勤務中の長姉を除いて二兄、三兄も帰り、店頭で家族全員で写真を撮りました。

また、食糧不足に備えて、遠くの畑を借りてジャガイモ作りなども手伝っていました。

中学への進学については全く考えていませんでした。一二歳上の長兄が郵便局に勤めていて、下積み時代の経験からか、「元也は小学校を出たら、逓信官吏練習所（逓官）へ行け、官費で勉強できるし、逓官高等科を出たら高文も受けられるぞ」と言われて、それが刷り込みになっていたのです。

中学校に行きたい、行かせてくれとは全く言わなかったのですが、一九四二年暮れの頃、その長兄が戦地からのハガキで、「元也を上の学校へやったらどうか」と言ってきたのです。父親は、それなら、と松本商業（現・松商学園高校）にいかせようと担任の先生に申し出たところ、「商業よりは中学のほうが将来的にいいのではないか」と県立松本第二中学校を推薦されました。この先生とはウマが合わず敬遠していたのですが、この進路指導は大変ありがたいことでした（ただ、近所の小母さんたちは、松中〔一中〕でないのは、先生のひいきのためだという声も聞こえてきましたが）。

3　旧制中学校時代

——旧制中学校時代の思い出は。

石川　一九四三年四月、長野県立松本第二中学校（現・長野県立松本県ケ丘《あがたがおか》高校）に二一回生として入学します。一九四〇年の文部省令で、入学試験（筆記試験）はなく、内申書と口頭試問だけという時期です。

当時は、学帽ではなく戦闘帽で、下駄履きに巻脚絆での登校、軍事教練をはじめ軍国主義的教育が強く、それに上級生への敬礼の強制にも辟易しました。予科練など軍関係への志願を強くすすめる先生もおられ、同期で一二人もいっています。私は、強度の近眼ということもあり、軍国少年にならずに過ごしました。

松中（一中、現松本深志高校）、二中とで、世間の見る目の違いや差別感などに悩まされ、友人らと悲憤慷慨していた時期もあります。四年で松高へ行くんだと勉強に励む同期生もいたけれど、

秋の勤労奉仕（出征兵士留守宅支援、1943年10月）
石川は前列右から２人目、中列右端は長崎門十郎先生（化学担当）。
日の丸は先生の巡回の目印。

そういう秀才・勉強グループは敬遠し、付き合いはありません。大学時代までずっとそうでした。

一年生・二年生でも、勤労動員が多く、春秋の農繁期には出征兵士留守宅の農作業の支援とか、陸軍松本飛行場（現・信州松本空港）建設の労働とかに駆り出され、三年生になると、授業は全くなく、軍需工場に動員されました。もうまともな工場もなく、元・木工場で、ベニヤ板の木製の飛行機尾翼を造る作業をしていました。生徒たちは、「こんなものでは空中分解してしまうだろう、まだ飛行機があるぞと見せかけるためのものさ」とか言っていましたが、結局わからず仕舞いでした。担任の藤田清太郎先生は、「けがをするな、ゆっくりやれ」とかばってくれ、監督官に折衝して月一回は映画やサーカスに連れて行ってくれました。ほかのクラスではなかったことです。後年、お宅にうかがったとき、当時は憲兵に付きまとわれていたとのことでした。先生は、岩手県出身で両親を早くに亡くされましたが、宣教師などに支えられ、苦学して旧制松高一期生となり、東大法学部を卒業された異色の方です。その藤田先生が八月のお盆休みをとってくれました。八月一四日、「松本にも空襲がくるぞ」という噂が広く流れ、小学六年生の妹を連れ、八キロ先の縁戚（母の元寄寓先）まで歩いて行きました（松本市内の実家に疎開していたいわさきちひろも、同日さらに田舎まで再疎開したと書いています）。こうして八月一五日の終戦の玉音放送はその縁戚の家で聞いたのですが、雑音が多くて内容がわからず、途中で川遊びに出かけ、帰ってきて「負けたんだ」と聞いたというような状況です。ああそうか、というぐらいの気持ちでした。その日のうちに私だけ家に帰ってきました。

翌朝早く店の戸を激しくたたく殺気だった一団がありました。「味噌を二貫目（七、五キロ）売れ」というのです。「配給の品だから」と断ると、「俺たちは近衛師団のものだ、師団長をぶった斬って来た、これから上高地に立てこもるんだ」と。そのはげしい剣幕に押されて味噌を渡しました。この下士官中心の一〇人ほどのグループがその後どうなったのか、文献をあさっても出てきません。私一人の終戦秘話というところです。

——戦後の教育と進学は。

石川　戦後の教育について取り立てていうことはありませんが、藤田先生の授業（公民科・四年生）だけは、カイロ会談やポツダム宣言などに始まり、アメリカ民主主義の表と裏など、実に新鮮なものであり、個人の自主独立こそが大事だといわれましたが、当時は十分理解できたとはいえなかった。ずっと就職組と自認して安住していたからでもありましょう。

ところが、四年修了で旧制松本高校に六人の合格者（後に情報科学の先駆になった東大教授山田尚勇君など）を出したあと、五年生の一学期の中間試験から学年トップになり、模擬試験の成績も同様で、こちらは廊下に張り出される。自分でもびっくりしたものです。松高希望の友人と多少の勉強はして、松高受験も付き合いで受けました。進学適性検査が一九四八年二月一〇日、松高入学試験が三月一〇、一一日、合格発表が三月一七日でした。

母校出身の金井明先生が、進学適性検査の結果を調べてきて、「長野県下で二番だぞ、ぜひ進学しろ」とすすめられましたが、そのまま日本銀行松本支店の面接を受けたのです。しかし、不採用の通知だったことを学校で聞いて帰った日、偶然にも、私の命名者である有力者がわが家に来られていて、「どういうことか、聞いてやる」と言って帰られました。その結果、松本支店長は恐縮して、「もう松本支店には入れる余地はないが、近隣の支店を探します」と、静岡支店を紹介してくれたのです。私も入行するつもりで静岡支店に挨拶に行き、行員寮に行李も送っていました。

ところが、三月一七日の松高合格発表のあと、また金井先生が調べてきて、「一番で合格だ、もったいないじゃないか」（ちなみに、どちらもトップは諏訪中学生）、担任の津田留雄先生からも父親に話があったりして、ふらふらと「じゃあ松高にいきます」となったんです。それからが大騒動でした。

日銀松本支店長は激怒して、有力者のほうも取り合わなかったのか、学校にその矛先を向け、「もうこの学校から一〇年間は採用しないぞ」と言ったとか。先生方は一致して、「本人の進学志望を大事にするだけです」と応えられたという。こうした経緯は、学校でも家でも私の耳に入らないようにしてくれていましたが、一〇年間云々は聞えてきていて申し訳ないと重圧に感じていました。

しかし、翌年以後も日銀の採用はあったということで、「石川、もう心配するな」と言われました。その支店長も転勤していたのでしょうか。（この度調べてみると、全国三二の日銀支店のうち松本の設立は一〇番目と古く由緒ある支店で、それだけ支店長のプライドも高かったのでしょう。ちなみに静岡支店は二三番目です。）

このあと、三月二三日の卒業式では、総代として卒業証書を受けました。小学校以来、級長や副級長もやったことはなく、初めてのことで、その後もありません。

ここで紹介すると、松本二中は一九二三年（大正一二年）の創立で、初代の小松武平校長は、上田中学、諏訪中学校長を歴任した県下きっての教育者でしたが、「新設校で理想の教育を」と自ら校長を買って出られ、開設一年前より全国から名教師も集められました。英語の三浦重雄先生もその一人です。東北学院（現・東北学院大学）卒の敬虔なクリスチャンで、最も厳しい先生と畏れられ、戦時中の英語の授業削減には強く抵抗されました。定年後も講師として残られて、通算三八年間、七五歳まで勤められた。私は、一度も先生の授業は受けませんでしたが、東大入試失敗の失意のとき以来、しばしば訪問して励まされました。

私たちは学制改革で、四年終了組、松本二中最後の五年卒業生組一一二名と、新制高校一期組一一〇名とに別れていますが、それらを通じて、東大には九名、京大には三名（野口昌巳君は農学部教授に）、早稲田大学・慶應義塾大学も各数名が進学している期です。中でも早稲田の陸上部に入り、箱根駅伝では五回（旧制高等学院と新制大学四年）も出場し五区の山登りをまかされ、一九五二年には主将として早稲田一八年ぶりの優勝を勝ち取った山田俊君がいる。今のようにテレビで騒がれる時代でなかったのは残念です。彼は卒業後、新日鉄陸上部時代の一九五五年五月、一五〇〇メートル走の日本新記録を達成しました。故郷の梓川村では、日本新記録を記念するロードレース大会が始まり、彼の死まで四〇回あまりも続けられました。

卒業の時期や名称も変わりましたが、「一期会」という名称の同期会をつくって、一九八〇年に卒業後三〇年を記念して、記念式典、母校生徒への講演会（初回が同期の山田尚勇東大教授の講演）、母校への寄付という一連の記念行事を始めました。これは毎年引き継がれ、「母校愛のリレー」として、今日まで四〇回を超えて続けられています。

小松初代校長の校則は「質実剛健であれ」「大道を闊歩せよ」「弱音を吐くな」というもので、「三大遺勲」として受け継がれてきました。私たち一期会による三大遺勲の碑を建立したのが一九九一年のことです。

小松校長の薫陶を受けた中学一期生の樋口和博さんは、松高、京大を経て、裁判官になられた大先輩で、いろいろお世話になりました。京大学生時代、滝川事件（一九三三年）に出合い、抗議の退学届を出して、一年近く松本近郊の小学校の代用教員もされた熱血漢です。初任の裁判官の頃、被告の苦しみの告白に法廷で涙を浮かべ、退廷後裁判長にさとされたが、経験を積んでもその気持ちは変わらなかったと述懐される人情裁判官でもあります。法曹生活五〇余年の随筆「峠の落し文」（一九八七年）は、若い裁判官に読んでほしいと二〇〇二年再刊され、若手裁判官数百人に送られました（受取拒否される懸念もあって、樋口さんゆかりの園部逸夫元最高裁判事、滝井繁男最高裁判事、本林徹元日弁連会長、安原浩元裁判官、私という有志の名前で送った。この随筆は、今も日本裁判官ネットワークで見ることができる）。

こうしたさまざまな縁もあって、私にとって「わが母校」といえば、松本県ケ丘高校ということになります。二〇二三年に創立一〇〇周年を迎える、そのときまで健在でありたいと願うのですが。

4　旧制高校時代

――松本高校は一年だけでしたか。

石川　一二倍という競争率を超えて、松本高校三〇回生として文甲に入ったのです。落第（留年）者もあり、文甲新入生は三五人だけでした。一年だけで、翌年には新制大学を受験しなければならない最後の高校生だということはわかっていました。

文甲は週に第一外国語・英語が八時間、第二ドイツ語が四時間。文乙は第一がドイツ語、第二が英語です。松高文乙のドイツ語教育はレベルの高いものでしたが、文甲の英語はものにならなかった。文甲の試験秀才の集まりに比べて、文乙には豪傑もたくさんいて対照的でした（二〇〇八年出版の旧制松高人物誌に、校長・教授、卒業生三二九人が登場する中、三〇回文乙生は八人も出ているが、文甲生は一人も出ていない）。後の松高校舎・講堂の保存運動（国指定の重要文化財に登録）も、この文乙のメンバーの努力があってこそのことです。

文甲で親しくした西澤祥平君は、東大教育学部を経てＮＨＫに入社し、アナウンサー室長、ニュースキャスターとして一九七〇年前後の数年間、夜七時のニュースで美声を聞かせていました。退職後はカナダの国際大学副学長として、日本人留学生受入れの看板になっています。

一年だけの、それも自宅から通学でしたから、旧制高校らしさを体感することはほとんどなく終わりました。その中でも心に残る講義がありました。古典の古川久先生の能・狂言の講義です。

古川先生はこの道の高名な研究者で、ご自分の編纂に係る謡曲などの教科書で講じられましたが、実際に本物の舞台を見ないとわからないだろうと、松本観世会にも働きかけて、観世流宗家をあげての公演を実現されました。文乙同期生の映画監督の熊井啓君の『私の信州物語』（岩波現代文庫、二〇一〇年）によると、それは一九四八年一一月一〇日のことで、午前一〇時から午後五時まで上演され、古川教授の解説で、能は「俊寛」、「羽衣」（シテ観世元正宗家）、「土蜘蛛」、狂言は「萩大名」（野村萬斎ほか）という豪華版でした。後に大学生時代から歌舞伎、そして大阪で文楽に親しむようになった素地を培っていただいたものと、今は思います。

5　大学時代

――大学時代の思い出は。

石川　一九四九年の新制大学発足の準備が遅れ、国立大学の入試は六月上旬になりました。この間もまともな勉強もせず遊んでいて、東大の入試に失敗しました。文甲生のほとんどが合格した中で、この失敗はこたえました。一番こたえたのは、「日銀にいっておればよかったのに」という母校関係の一部の人たちの声でした。九月から二期校の東京教育大（現・筑波大学）に入学し、単位だけはとって、「もう一度」と東大受験の準備に集中しました。生まれて初めて集中して勉強した時期といえるでしょう。

一九五〇年、東大文一に合格しました。旧制最後の入学式とは日を分けて、われわれ新制第二期生の入学式も東京・本郷の安田講堂で行われました。開式の荘重な音楽の演奏は覚えていますが、南原繁総長の演述（演説ではなく演述という）の内容は覚えていません。南原さんは、敗戦の一九四五年一二月に就任され、その後の六年間、入学式や卒業式で、戦後復興の精神的支柱の確立などを訴え続けられ、サンフランシスコ講和条約問題では全面講和の正当性を強調され、ときの吉田茂首相から「曲学阿世の徒」と非難されてもどうどうと反論された方です。一九五一年一二月の総長退任のときには、学内諸団体と自治会の要請に応えられ、本郷の二五番教室での送別会に臨まれ「真理は最後の勝利者である」と題して切々たる演説をされた。私も駒場から参加して、熱気あふれる演説を聞きました。その場面が在学中の一番の印象に残ったことでした（この演述は、南原繁著作集第七巻『文化と国家』岩波書店、一九七三年に所収）。

さて、駒場の教養学部では、ドイツ語既習という一A、クラス四〇人は一人を除いて、旧制高校一年修了組、三年卒も何人かいました。全体でも浪人組が四割という年度です。卒業後のクラス会も、「どっぺる会」（落第組）と名のるといった雰囲気でした。このクラスからは、竹内宏君（長銀総合研究所理事長、経済評論家、『路地裏の経済学』など著書多数）が最も著名人ですね。

東京大学時代

家庭からは、月一〇〇〇円（これも兄や姉の世話）の援助でしたので、奨学金とアルバイトでまかなうという学生生活でした。多種多様なバイトをやった末、家庭教師二口、多いときは三つ掛持ちして一応安定しました。友人では、「文弱」をもって自認する旧制東京高校出身者と親しくなり、歌舞伎座などの天井桟敷通い（市川海老蔵、後に一一代目団十郎や尾上松録、中村梅幸など菊五郎劇団が多く、吉右衛門一座も）や一カ月の北海道無銭旅行などを楽しみました。

当初、三鷹寮に半年ほどいて、そのあと駒場寮に移ったのですが、三鷹寮の同室者八人の中に、後に警視総監から宮内庁長官（厚労省出身者のポストだが、彼だけが警察畑から押されている）になる鎌倉節君がいた、「俺は高知の山奥の巡査部長の倅、警察のトップになるんだ」と言っていましたね。鎌倉君とは立場は違うんですが、割合よく話し合っていたんです。節目ごとに同室の同窓会があり、そんなときに、解放同盟の暴力を警察が放任していると言うと、俺が県警本部長のときはそんなことはさせなかった、と反論するのです。どこの県警か聞きませんでしたが。

また彼が宮内庁長官時代には、姫路市のある町で、昭和天皇の侍医であった冲中重雄　東大名誉教授生誕の記念碑建設の際、頼まれて、話をつないだところ、宮内庁長官として献木してくれたんです。地元の喜び方は大変なものでしたね。天皇制の威力を実感したものでした。

この三鷹寮は、大学構内にある駒場寮とは違う気風を持っていました。二〇〇三年に旧木造寮が解体され、近代的な「三鷹国際学生宿舎」として、留学生をも含む寮になったのを機会に、元寮生らが「東大三鷹クラブ」（代表：平賀俊行）を発足し、会員約一〇〇〇人が毎月各界の会員が講演する定例会を開いたり、留学生との交流を深めています。私も年一回の関西定例会には出ています。

学生運動では、一九五〇年、イールズ旋風といわれる大学へのレッドパージの動きに反対し、一〇月の定期試験ボイコット闘争は激しいものでしたが、一兵卒として参加しただけです。その後も学生運動などには関わってはいません。二年間の教養学部で印象に残ることもありませんでした。

――メーデー事件で逮捕されたとお聞きしましたが。

石川　全く平々凡々の大学生生活の中で、最大の問題が、メーデー事件での逮捕・勾留です。三年生になったばかりの一九五二年五月一日の出来事です。

見物気分で、一人でメーデーを見に行ったのですが、「人民広場（皇居前広場）へ行こう」というデモ隊に声をかけられて加わった東大学生グループが先頭になって馬場先門から入り、二重橋前で気勢をあげましたが、警官隊の襲撃を受けて、二度目の乱闘騒ぎで、逃げる私の後頭部を警棒で激しく叩かれ負傷しました。連れて行かれた日比谷病院のカルテに、本名を書いたのです。即日、騒擾罪が適用されましたが、頭に包帯を巻いたまま、つかまることもなく中野の信濃寮（県人会の自治寮）まで帰ることができたのです（この寮の同期生に、早大から毎日新聞に入り、後に松川事件の諏訪メモの発見、所在を報道した倉嶋康君がいる）。

ところが、五月一二日早朝、二〇数人の警官が寮を取り巻く中で、逮捕状により逮捕されました。連行されたのが丸の内警察署です。日比谷交差点にあり、隣の日生ビルにはまだＧＨＱがいて、休憩時の屋上から見るとは、目の前に星条旗が翻っています。また、事件現場の皇居前広場も目の前です。先頭グループということで大物扱いされたようですが、何も出てくるものはありません。逮捕後一〇日目に面会に来てくれたのが、上田誠吉弁護士でした。奇縁です。弁護士になって、自由法曹団の幹事長、団長と、ずっと上田さんの後を追いかけるようになろうとは……。五月末、釈放されますが、その直後に、長野地裁松本支部判事をしていた樋口和博さんが、長兄からの相談で、わざわざ上京して担当検察官に会いに来てくれていたということでした。

釈放後、家庭教師先に恐るおそる行くと、「もうわかっているよ、警察が来てね、いろいろ聞か

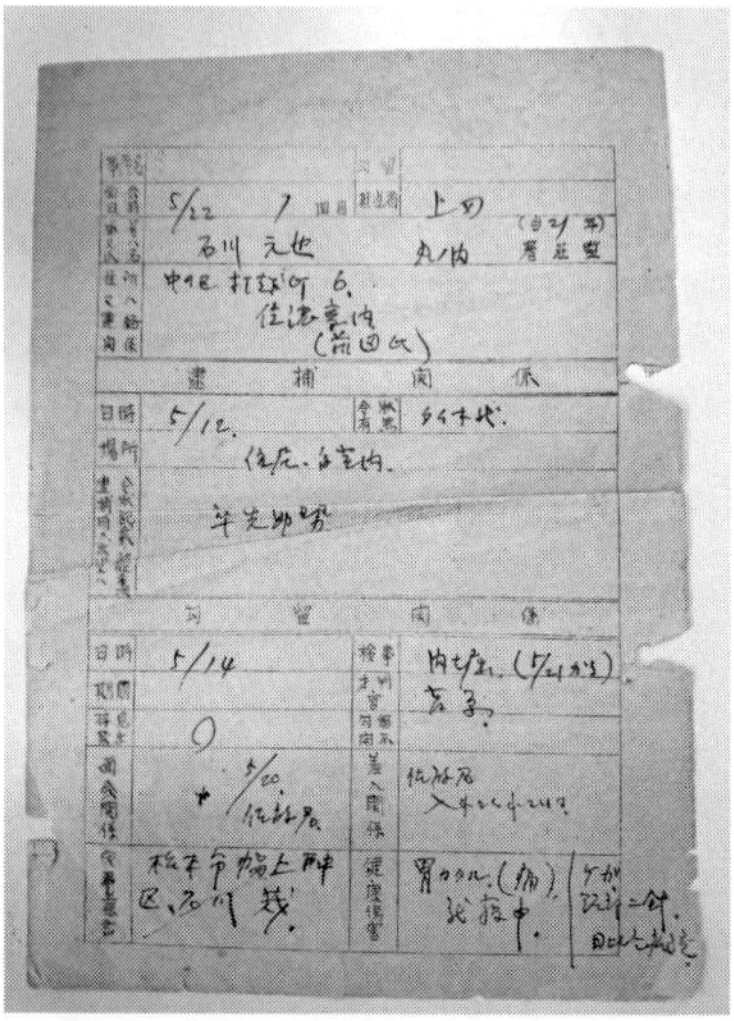

メーデー事件上田誠吉弁護士接見記録

れたが、あんた東大に三番で入ったんだってね」と、前より信頼されたものでした。松本の実家周辺への警察の聞き込みでも同じようなことが言われたとか。自分でも知らない私の成績を警察に言うものだろうかと、今でも思います。

法学部の授業は、まあ砂漠のような感じという印象しか残っていません。憲法の宮澤俊義、民法の我妻栄、刑法の団藤重光はじめ大先生の講義も、六〇〇人もの大教室の講議だけです。いずれも、定刻に出席しても最後列しか席もなく、性能の悪いマイクを通して聞くという状況です。前の方は早く来て仲間の席を確保する多くのグループで占められているのですね。我妻さんからは、こんなできの悪い年次は初めてだと言われました。平野龍一助教授の刑訴法は、つかえつかえ考えながらの初講義でしたね。当時はゼミの一つもなく、先生方と個別に話す機会もないままに終わりました。ただ、来栖三郎先生の少人数の特別講義だけが印象に残っています。「法の解釈とは何ぞや」という切々たる悩みを打ち明けられたものでした。

セツルメント活動なども誘いがなかったですね。四年生のとき、有志で労働法研究会を作りそれなりの調査や論議をした、その仲間が卒業後も友人としてつながっています。

大学時代はほとんど交際がなかったのですが、その後親しくなった友人に、小倉寛太郎君がいます。日本航空の労働組合委員長として、ストライキで首相の飛行機も止めたということで、テヘランやケニアのナイロビに飛ばされ、山崎豊子の『沈まぬ太陽』の主人公のモデルとされた男です。このベストセラーの出版以来、関西での彼の講演活動などずいぶん手伝いました。

——司法試験を目指したのは。

石川　四年生になっても、将来の希望も進路も決まらないまま、漫然と過ごし、公務員試験も受けず、会社の就職面接も一つも受けていないのです。司法試験だけは受けましたが、きちんとした勉強もしていないのですから受かるはずもありません。本来なら、メーデー事件のあと、志を立てるべきだったのでしょうが、その後遺症が長かったのです。我妻さんの言われたように、その年の東大の司法試験の合格者数は、たしか三〇人にも満たなかった最少のときだったと思います。

そんな状況の中で、不遜にも「学者にでもなるか」と東大大学院に進みました。法学研究科労働法専攻です。一応の成績はとっていたのでしょう。小論文の提出だけで、審査と面接は労働法の石川吉右衛門助教授でした。

しかし、大学院入学後の指導教授は、社会科学研究所の有泉亨教授にお願いしました。何の面識もなく、紹介者もなく、思い切って有泉先生の研究室に飛び込んでお願いをした。人生で初めてのことです。この選択が大きな財産となっています。

有泉先生は、法政大学でも教鞭を執っておられ、毎月そこで開かれる東京労働法研究会に連れて行ってくださった。野村平爾、峯村光郎、松岡三郎、沼田稲次郎、磯田進、藤田若雄、外尾健一、青木宗也などといった先生方がメンバーで、まあ、プロレイバーの労働法学者の集まりでした。旧制東大研究生の宮島尚史、花見忠さんもたまに来ていましたが、新制大学院生では私一人でした。

これらの先生方に親しくしていただき、その後の官公労のスト権奪還への裁判では、証人尋問を担当させていただくことにもなりました。

こうした課外の勉強はよかったのですが、本来の大学院での教育過程、カリキュラムを見て、これはあかん、原書講読がやたらと多い、これは向いていない。司法試験を受けて、弁護士になるしかない、と腹を決め、試験勉強に集中したのです。勉強に集中したのは二度目の東大入試とこのときだけです。それで、七月の筆記試験、九月の口述試験も通り、司法試験に合格しました。

6 司法修習生時代

――逮捕歴のために司法研修所に入るのに苦労されたとか。

石川　司法研修所入所の申込書にある逮捕歴の欄に書くか書かないか迷いましたが、当時の思想差別の厳しさを先輩にも聞き、結局書いて出しました。一二月に行われた入所面接では、特別室に入れられました。普通の面接は、面接官一人で五分程度の簡単なものですが、特別室では鈴木忠一最高裁人事局長、法務省高官、それに哲学者の谷川徹三という合議制。もっぱら鈴木氏からしつこく四〇分も絞られたのです。メーデー事件のことには全く触れませんでした、私は小心で、開き直ることを知らないから、おたおたしていたわけです。

面接のあと、他の人には年内に入所の通知がきているのに、私のところにはこない。年が明けて、思い悩んで有泉先生に相談したところ、一高以来の友人で裁判所の実力者がいるから状況を聞いてやるということでしたが、その答えは「面接の態度が悪いから」でした。それはないよなと思い、今年はダメかとあきらめていたところ、三月三〇日、電報で呼び出され、最高裁に行ってみると、当時、最高裁事務次長だった石田和外氏の部屋に通された。いきなり石田氏から「二年間おとなしくしているか」と。「はあ」、「だまされるかも知らんが、入れてやるか、ただし実務修習地はメーデー裁判継続中だから東京はダメだ、横浜だ」ということになった。ほかにも二人呼ばれていましたが、翌年回しになったようです。

なお、私のケースが前例となったようで、翌年からは学生運動で退学歴のある人たちの司法研修所入所への道が広くなったようです。

このように、司法研修所へもコネ入所みたいですが、これはありがたかった。その後の弁護士活動にとって、この一、二年の違いは大きく、激動期の弁護士生活を始めることができたのですから。

この大学院生活は貴重な一年であったと、振り返って思います。

——司法研修所での生活は。

石川　一九五五年四月二日、司法研修所の入所式に間に合いました。九期修習生です。所長は松田二郎氏、事務局長は瀬戸正二氏でした。二組で名簿もア、イの五〇音順で二番でしたが、事務局が間に合わせてくれたと思います（ところが四カ月後の横浜配属時の名簿は、一八名中の最後、ワ行のあとに「イ」の石川という不自然なものであった）。

修習生の寮にも入れました。初めての給料は初任公務員よりだいぶ上、しかも横浜修習ということで、前期・後期は滞在費が付き、寮費を払ってもおつりがくる。年配者にも誘われて、毎日毎晩このときほど飲んだことはないほど、夜遅くまで酒を飲んだ。教室では、教壇の前二列目くらいの中央、一番目につく位置で居眠りばかりしていました。しょっちゅう当てられて、隣りの席から突っつかれて立ち上がり、雰囲気を読んで適当に答える。それがまあ当たらずとも遠からず。特技だと、クラス仲間からは評されたようです。

当時の司法研修所は、思想統制の厳しい時代だった。顔見知りの友人も知らぬ顔していような、と言い交すほどでした。そんな中、小田成光君が、美人の歌手を連れてきて、昼休みに合唱・コーラスを始めた。それも当時のうたごえ運動ばりのロシア民謡など。一枚一〇円の歌譜を売るのを手伝ったりして小田君と親しくなった。瀬戸事務局長は、背後関係があるのではないかと小田君の身元調査をしたが、何も出なかったという。彼は学習院大学からの第一号修習生、父親は最後の官選奈良県知事、弁護士で、明治の元勲に並ぶ樺島海軍大将の家系です。

前期修習ではクラス対抗の行事も多かった。朝日式討論会というのもあり、クラスの選挙で指名された三人のチームの一人で出ました。決勝は、「裁判批判、是か非か」の「是」のチーム、当時、田中耕太郎最高裁長官が松川事件裁判を念頭に「裁判官は雑音に耳を貸すな」と訓示されていた中での、このテーマです。チーム長が橋本敦さん（大阪での盟友となるが）で、見事に優勝。クラス対抗の運動会も開かれ、最後のスウェーデンリレー（一〇〇、二〇〇、三〇〇、四〇〇メートルのリレー）の最終ランナーも買って出て優勝。全体でも三組の優勝です。

こうした行事のたびごとにクラスを上げての飲み会があり、夜中の一二時過ぎまで飲むのは刑事裁判教官の相澤正重判事と私の二人。「石川、おまえ酒呑んでいたらごまかせると思っているのか。こっちから見たら見えみえだぞ」と、酔いも一偏に冷める思いをさせられた。裁判教官、検察教官の監視は厳しかった。ただ弁護教官には情報は流れていないようでした。

――横浜の実務修習は。

石川　そんな前期修習も終わって、八月から横浜での実務修習になりました。しかし、私の名前は、一八人の修習生の名簿の最後、ワ行のあとになっていた。修習生になって四カ月も経っているのに何たることかと思った。一七人の仲間からも、弁護・検察、民事・刑事裁判と移るたびに関係者からも不思議がられる。旧仮名「わ、ゐ、う、ゑ、を」の「ゐ」なんでしょうと言ってみたが、まあ開き直って行くことにした。

横浜の裁判所も弁護士会もすばらしいところだった。検察修習でも指導検事に「検事になれ」としきりに言われましたが、ここまでは情報がきていないのだなと安心したものでした。

横浜地裁の裁判官は、刑事も民事も権力批判の傾向が強かったようです。刑事合議部では、一九四九年の「人民電車事件」の差戻審を傍聴した。生産管理の一形態として国労が電車を自主運行させたことが汽車往来危険罪として起訴されたが、横浜地裁で無罪となり、その上告審・最高裁一小（一九五四年一二月二三日）で破棄差戻しされたという、歴史的な事件の差戻審に巡り合わせたのです。本田等裁判長は豪快な人で、陪審法廷のひな壇で居眠りしようものなら「そこの修習生、出て行け」と追い出されましたが、後日やはり無罪を言い渡された。再度の上告審判決が、最高裁一九六一年一二月一日判決で、模範小六法・刑法一二五条に判例が紹介されています。

一升瓶を持ってお宅を訪ねたのは、民事教官の森文治判事と石沢三千雄判事です。森さんは、「おとり捜査は違法だ」と二〇件以上の無罪判決を書いたが、ことごとく東京高裁で破棄され、嫌になって民事に転属したと、分厚い判決控えを見せながら笑っておられた。また、石沢さんも、民事判決起案の際に、最も手抜きの骨組みだけの起案を「よくできている、このまま判決に使える」と絶賛してくれた。修習生の青臭い議論と現場での違いを感じたものです。石沢さんには修習終了時に「今度、大阪で弁護士をします」と挨拶に行ったら、「それはいい。大阪は一〇年も勤務した第二の故郷だ。紹介状を書いてやる」と書いてくれたのが、加藤充、澤克己（澤さんは加藤さんの国会議員の時期の事件を処理してくれた。のちに民法協幹事長も務めた）、それに東中光雄の三人宛ての紹介状だった。後日、東中事務所に入って聞いたところ、「石沢さんは、大阪地裁大部屋の裁判官室で、加藤充さんの選挙カンパの奉加帳に堂々と署名してくれた。旧制水戸高校の先輩なんだからどうということはない」とのことでした。石沢さんは、横浜地裁のあとは宇都宮地裁裁判長で、有名な日光太郎杉事件の名判決を書いている。在任中は厚遇されていなかったようでしたが、七〇歳で勲二等を受賞された際にはお祝いを送りました。返礼の電話に、「勲章だけでなく、自由法曹団にも入りませんか」とお誘いし、「そうだな、娘婿二人も入っているし、俺も入るか」と、石沢さんには団員になっていただきました。

このように、当時の横浜地裁の雰囲気は、その後弁護士になって活動した当時の大阪地裁の雰囲気と共通するものがありました。

一方で、実務修習の間、東急東横線の真ん中、日吉駅近くに下宿して、東京修習の小田君と裁判官志望の花田政道君ら三名の計五名で毎月一回以上の読書会をやるなど、東京へは機会をつくっては出かけていた。

――青法協の結成には参加されたのですか。

石川　一九五六年一二月からの後期修習では、二回試験（修習終了試験）対策や裁判官・検察官志望者が採用問題に神経を使っていたようですが、小田君が「『青年法律家協会』というのがある、今は休眠中のようだがすばらしい組織だぞ。憲法擁護、平和と民主主義を守るという趣旨で一九五四年に設立された。発起人は芦部信喜、加藤一郎、小林直樹、平野龍一、三ケ月章という学者と松井康浩弁護士らだ。これを司法研修所の中に広げられないか」と持ち掛けてきた。後期修習の時期には任意的な講演会などにとどまりましたが、五七年四月の修習終了後に旗揚げしようということになった。小田君は、名門の海野晋吉法律事務所に入ってから、毎日のように司法研修所に出かけ、一一期修習生の中に青法協の会員を増やし、同時に全国的に青法協の再結成を呼び掛け、「ミスター青法協」といわれるようになる。

二回試験の際は、いち早く答案を出して部屋から出るのが花田政道君、二番目が橋本敦君、三番目が石川という順だった。その花田君はトップの成績で裁判所に入ったが、最後まで青法協会員を貫いたり、公選法の戸別訪問禁止は違憲であるとの判決を出したりして、冷遇されたまま定年を迎えている。

中学以来の友人の名前を何人か挙げたが、今は多くの人が鬼籍に入ってしまっている。

私の弁護士登録後の入所先をめぐっては、いろいろ論議があった。自由法曹団関係では、大阪の東中法律事務所が全国一の多忙さで新人を求めている、行ってくれるかという話やら、やはり東京でという話やら、錯綜した。中田直人君と私のどちらかが行くとなったが、彼の不都合もあって、結局、私が大阪へ行くことになった。その年の正月、弁護士登録を喜んで待ってくれていた父親を亡くし（享年六五歳）、どこでもいいやという気分もあった。中田君は、東京合同法律事務所に入り、東大大学院博士課程に進んだが、事務所活動も忙しく、中退したようです。後に、茨城大学、関東学院大学の教授になりました。

四月一〇日頃、東京駅のホームで四〇人ほどの見送りを受けて単身、特急「はと」で大阪へ向かったのです。

――「人間・石川元也」がわかるお話をお聞きしましたが、後の弁護士活動とどうつながっていますか。

石川　改めて、多くの方々に支えられてきたという思いがします。雑読はしたものの、哲学・思想など深く思索することも少なく、その結果、総論的には弱いが、各論的には小心のまま、そのつど、一途に、一所懸命ぶつかって、集中していくことにつながりました。そういう中で開き直りや、図太さも鍛えられ、職人芸としてとことんやってきたものだと思っています。それを支える正義感やあくなき好奇心で取り組んだ結果でもあります。

第3章　弁護士登録当時の大阪の状況と弁護活動

――水を得た魚の如く

1　当時の大阪の状況

――弁護士登録当時の大阪の状況や、その中での石川先生の弁護活動などをおうかがいします。登録されたのが一九五七（昭和三二年）年四月頃ですけれど、大阪の弁護士の状況や民主的な弁護士がどんな役割を果たしていたか、教えていただけますでしょうか。

石川　一九五七年四月の頃は、大阪弁護士会は確か六七〇人くらいで、そこにわれわれ九期生が二〇人近く登録したのです。

九期には、橋本敦さん、平山芳明さん、三木一徳さんら、民法協会員や青法協の会員になる弁護士が一〇人近くいて、新しい雰囲気をつくったようですね。ちょうど労働事件や公安事件なども多くなる時期で、登録一年目からみんなが仕事しやすい状況でした。その中心には大阪の民主法律協会があります。民法協と略していますが、前年の一九五六年八月にできています。これは、民主的な弁護士、学者、それに労働組合や民主商工会・借地借家人組合など団体会員も構成員となる全国でも珍しい権利擁護センターでした。

東中光雄弁護士

当時の会長は大阪市立大学学長の恒藤恭さん、副会長が毛利与一弁護士、幹事長が菅原昌人弁護士、事務局長は大阪総評の法対部長がなり、事務局専従者も置いていました。当初の民法協事務所は東中法律事務所内に置かれていました。

私の登録直後の一九五七年六月、総評弁護団が結成されます。労働運動の高まりの中で、労働者・労働組会の権利を守る全国組織としてつくられたのです。会長が海野晋吉弁護士、副会長が大阪から菅原昌人弁護士が選ばれています。この総評弁護団には、大阪支部とか関西支部はつくらず民法協労働法部会が当たるということで対応していきます。

労働事件や公安事件関係は民法協が窓口になって、会員弁護士に事件を割り振っていく。逮捕事件が起きた時に一番先に駆け付けた者が担当になることは自然でした。どの事件でも、私は真っ先に、他の仕事を放っておいてでも出かけるタイプで、多くの事件に関わっていった。主任や弁護団事務局長になることも、若いうちからやってきたように思います。それと、官公労のスト権奪還闘争なども民法協を挙げて取り組んだものですから、多くの事件に関わることができたのです。

——その当時、集団的な民主的事務所というのは、東中法律事務所だけだったのですか。

石川　東中光雄さんは一九五一年に弁護士となり、大阪市天王寺区にあった加藤充法律事務所に入り、当時衆議院議員であった加藤さんの留守を預っていましたが、一九五四年に独立して、大阪市北区に事務所をつくったのです。弾圧公安事件だけでなく、総評労働運動の昂揚期にも関わり、一般事件も多かったのです。同じビルに、亀田得治参議院議員の法律事務所もありました。

あと、ほかに民主的な活動をされていたのは、菅原昌人先生、そして毛利与一先生、佐伯千仞先生、田万清臣先生、阿部甚吉先生、和島岩吉先生など、戦前からの先生たちがおられた。民法協ができる前は、関西自由弁護士団という団体が戦後まもなく結成されていた。自由法曹団が東京を中心に全国的に再建されていく中で、関西・大阪にも呼び掛けられたのですが、「東京の下風には立たない」ということで、独自にこの弁護士団がつくられた。戦前からのリベラルな伝統もあって、かなり多くの人が入っていたのですね。一九五二年発生の吹田事件の弁護団も、第一回公判時点で二〇人という、当時としては想像もつかないほど人数の多い弁護団ができている。その二〇人の大部分が関西自由弁護士団の弁護士でした。この弁護士団が一九五六年に発展的に改組して、民法協ができたのです。東中さんはその伝統を受け継いで、民法協結成の中心の一人だったのですね。

――その時期に石川先生ら九期の新人弁護士が登録されたのですね。

石川　そうですね。私が東中事務所に、橋本敦さんが亀田事務所に、平山芳明さんが阿部甚吉事務所に、三木一徳さんが田万清臣事務所に、というように、民法協会員の各事務所が集団事務所になりつつあった時期です

――戦後世代というか、新修習制度で育った人たちが、どんどん入ってきたということですか。

石川　それまでは三期の東中光雄さん、古川毅さん、山本正司さんとある程度の方がおられた。それ以来の九期生が集団で入って、画期的な発展の基礎ができたといえましょうか。

――石川さんが九期で、次の一〇期以降はどなたが大阪の民主的事務所に入られたのでしょうか。

裁判 (13)
民法協の人たち
時に損得離れて
労働、公安に顔見せる
仕事を打合わせる民法協の弁護士たち＝大阪北区東我野町の事務局で

「民法協の人たち」写真は菅原弁護士と著者
（毎日新聞 1959年11月6日）

石川　一〇期は小牧英夫さんが東中事務所、正森成二さんが亀田事務所、深田和之さんが菅原事務所に入った。一一期になると、東中事務所に宇賀神直さん、荒木宏さん、亀田事務所に小山田一夫さん、田万事務所に小林勤武さんが入る。こうして、民法協の若手集団が形成され、この頃に起こった官公労のたたかい、激しくなる民間労組への弾圧などに対応していくのです。

――田万清臣先生や菅原昌人先生はどんな方でしたか。

石川　田万さんは、戦前からの農民運動家、無産政党の代議士もされた。菅原さんは、戦時中も河上肇先生の獄中生活の支援や釈放後の生活を支えられたという話はよく聞きました。民法協発足時は幹事長で運営の中心に当たられた。一九五七年当時から、逮捕、捜索など弾圧事件が発生すると、当初から陣頭指揮されました。

民法協設立二〇年記念誌に、「民法協兵隊見立て」という文章を、赤木淳さん（七期）が書いておられます。菅原陸軍大臣、毛利参謀総長、佐伯教育総監、合わせて陸軍三長官。東中大佐が連隊長、ちなみに、石川は陸軍少尉・近衛師団旗手とされています。三先生ともものすごく老けて見えますが、当時、毛利、菅原先生が五六歳、佐伯先生はその七歳下でした。

――その年にはいくつもの組織がつくられていますね。

石川　一九五七年六月には、日本国際法律家協会（国法協）の前身になる国際法律家連絡協会という組織がつくられています。国交のない社会主義国などとの国際交流を担い、最初に受け入れたのは、中国の法律家です。私はその事務局を務めました。国法協は、私にとっては自由法曹団の次に重点を置いた団体で、後に副会長の一人になっています。

その次が、青法協ですね。司法研修所時代のところでお話ししましたが、青法協は四月頃から全国的に会員を拡大していくことになった。東京では小田成光君が中心になって、一一期修習生の人たちに働き掛けて修習生部会もできるようになった。もちろん弁護士会員もずいぶん増えました。大阪でも、みんな青法協に入ったね。僕らと同期で大阪地裁に新任判事補としてきた六人全員が青法協の会員になった。その中から二人も最高裁判事が出ていますよ。

――それは誰と誰ですか。

石川　河合伸一さんと藤井正雄さんです。藤井さんは、途中で青法協を脱退して出世していった。河合さんは、判事補時代にアメリカ留学などもさせてもらったエリートでしたが、義父の古野周蔵弁護士（民法協の古い会員）の事務所を継ぐことになって、早くに退官して弁護士になっていた。その後、日弁連推薦で、六二歳で最高裁判事になるのですが、その最初の大阪弁護士会の推薦手続のとき、「石川、おまえやってくれ」と。「俺ではひいきの引き倒しになるぞ」、「いやかまわん」というようなやりとりもありました。彼は、最高裁でもいい仕事をしましたね。

――石川さんが弁護士登録された当時、関西では自由法曹団でどういう方が活動しておられましたか。

石川　大阪では加藤充さん、東中光雄さんの二人だけですね。京都では能勢克男さんと小林為太郎さん。神戸では井藤誉志雄さんと竹内信一さん。合計六人しかおられませんでした。

――六人だけですか。

石川　そう。古川毅さんも、戦前からの田万さん、亀田さんも、当時の名簿に載っていたかどうか。あとで大阪支部をつくるとき、以前から団員であったということになった。

この六人の先輩が私たちの入団を喜んで、阪神デパート屋上のビアホールで、私と橋本さん二人の歓迎会をやってくれた。

――自由法曹団としての活動はどうされたのですか。

石川　私と橋本さんは、研修所終了直後、自由法曹団本部で入団手続をして、大阪へ来たのです。来てみると、大阪では民法協を中心として、労働事件も公安事件もやっているでしょう。屋上屋を架すこともないじゃないか、このままいこうとなった。ただ、先に挙げた事務所に入った人たちの多くは、入団手続をしてもらい、団総会には大阪代表を送り、連絡をとっていくようにしました。一九六六年の大阪支部結成の時には四五人の団員がいました。結成の事情はあとでお話しします。

2　弁護士登録時の活動

――東中法律事務所に入られて、仕事はどうでしたか。

石川　私が入った当時は東中さん一人で、吹田事件、枚方事件を担当しており、特に枚方事件は主任弁護人で、東中さんがほとんど一人で弁護をしていました。

私が東京から大阪へ来た初日のこと、夜九時頃に大阪駅へ着いても、誰も迎えに来ているわけでない。歩いて東中事務所に行くと、東中さん、橋本さん、民法協専従の浜中さんの三人が事務所で待っていて、東中さんからは「明日の朝の事件はこれだ」と記録を渡された。まだ布団なども届いていないので、その晩は橋本さんの家、翌日は東中さんの家に泊まるというスタートでした。

当時の東中事務所で最大の事件が、枚方事件です。これは吹田事件と同じ日に、朝鮮戦争反対闘争として枚方市の旧砲兵工廠復活反対などの行動が放火未遂、爆発物取締罰則違反として、七三人が起訴された集団事件です。当時は、毎週木曜日午前一〇時から午後五時まで、被告人を分離して証人尋問を行う公判でした。その前夜は、一般事件の打ち合わせが終わった午後八時頃から被告の人たちと尋問の打ち合わせがあり、それが一二時近くまで続く。この経験が、あとでお話しする吹田事件での私の初登場に生きてくるのです。

そのほかの刑事事件、労働事件も相当あり、一般民事事件は百数十件もあった。その半分近くを分担しました。

——初めからずいぶん忙しかったわけですね。どんな弁護活動でしたか。

石川　大阪は初めてで、地縁、血縁もないし、地名も関西弁も馴染めないし、とまどったものでした。それで、弁護士バッジをつけている人、裁判所の職員、書記官から廷吏さん、みんなに頭を下げる、挨拶するということはずいぶんやった。半年もすると、ずいぶん馴染みができました。

労働事件は多くて、私だけの担当事件も多くなり、毎週一回は、地裁民事一部（仮処分部、労働部）に通ったんです。木下忠良裁判長（後に最高裁判事）は、丁寧な審理でいい判決も出していますが、結審後一年も判決が出ないというケースもある。廊下で会うと「やあ、ゲンヤ（元也）、元気か」と肩をたたくというニコポン的側面もあった。労働事件の勝訴も多かったのですが、ここでのテーマではないので省きます。

民事事件では、午前一〇時に五、六件も事件記録を持って事務所を出る。一、二件は普通に進められても、あとの法廷には間に合わない。延期になっていて、「後刻出頭」と次回期日を聞いて帰る。勝ち目が少ない借地借家の事件が多く、自然と延びて、相手側がくたびれた頃に和解になる。当時は裁判官も相手方代理人も、東中君のところだったらしょうがないな、と寛容だったと思います。

廷吏さんとは特に仲良くしていた。民事でも、刑事でも、自分の仕事は少ないから審理はよく見ていて、「先生、これは勝ちますよ」、「これは難しいですね」と声をかけてくる。「廷吏さんは最高の陪審員だ」と私は早くから言っていました。

その年の労働刑事事件としては、都島病院閉鎖・全員解雇に反対する抗議活動の事件があります。経営者の比嘉正子さんは、主婦連運動などで革新系候補として府知事選に出たこともある。その人が、労働組合ができたとたんに病院閉鎖・全員解雇と無茶なことをした。大阪総評が反発して抗議行動をとったところ、総評事務局長以下数人が逮捕・起訴された。あとで無罪にはなりますが。

――当時の大阪地裁刑事部の状況はどうでしたか。

石川　まず、刑事合議部は、五部構成でした。第一部が佐々木哲蔵裁判長、吹田事件の専従部で、他の事件の配点停止（事件をまわさない）。第二部が西尾貢一裁判長。第三部は網田覚一裁判長。第四部は笠松義資裁判長。ここも枚方事件の専従部。第五部は田中勇雄裁判長。個性的な裁判長ばかりでした。私が新たに担当した事件は、第二、第三、第五部に係属することになった。とくに、西尾、網田裁判長のところが多かったのもそんな背景があったからです。

刑事単独部は相当多くありましたが、私たちが担当した事件の多くは法廷合議事件ではなく、裁量合議事件でした。当時の大阪地裁刑事部全体が人権問題など起訴罪名にかかわらず、事件の重大性を認識して、こういう体制をとっていたと思います。

――たたかい方についての特徴は。

石川　東中さんから言われた「社会的正当性を法的正当性に高める。それがわれわれの仕事だ」という言葉ですね。それが、ずっと事務所の指針になっていきます。佐伯先生の実質的違法性論などの根底に通ずる言葉でもありますよね。

そんな状況の中で、若さと情熱を込めて弁護活動に邁進していったわけです。

それから、毛利先生特有の冒頭段階での、求釈明論争、公訴権濫用の主張などを集団的にしつこくたたかうのも大きな特徴でしょうね。この辺りは、個々の事件のところで詳しく述べます。また、佐伯先生、毛利先生を中心として、検察官手持ちの証拠開示の要求は、一九五二年の吹田事件、枚方事件以来、全国に先駆けて行われていて、私たちが登録後の公安労働事件では、再び激しい論争を呼ぶことになります。

こうした冒頭からの公判をリードしていく裁判闘争は、関西独特のものとして注目されたものです。

第4章　公安事件

Ⅰ　松川事件

1　松川事件の弁護人として

――松川事件に石川先生が参加されたのはどの段階だったのでしょうか。

石川　一九五七年四月、弁護士登録してすぐに松川事件の弁護人届を出しました。当時は最高裁に上告中で、その年の八月に、二回目の全国的な現地調査があり、それに参加しました。大阪からは各界から二〇名近く参加しました。三、四日間かけて、転覆現場など現地を見て説明を聞き、帰ってきてその報告書を書いたのが民法協ニュース二号に載っています。それから職場や地域の「松川を守る会」などで講師活動をやりましたが、これは松川裁判支援運動が盛り上がりを見せる時期と重なります。私も、こうした支援団体への講師活動に出ています。関大法律研究部夜学生で私の講演を聞いてくれた人の中から、これを契機として弁護士になった人もいます。

――ここで、松川事件の概要と争点などを紹介していただけますか。

石川　米軍占領下の一九四九年八月一七日未明、国鉄東北本線の松川駅付近で、線路のレールが

関西大学法律研究部での松川事件の講演会
（前列中央が筆者）

はずされて、列車が転覆、機関車乗務員三人が殉職したという事件です。その年、下山国鉄総裁轢断事件、三鷹電車暴走事件などに続く事件でした。政府は国鉄の人員整理・解雇に反対する労働組合の犯行だと強調した事件ですが、当時から謀略の疑いもあったものです。

国鉄労組員一〇人と争議中であった東芝労組役員ら一〇人が逮捕・起訴された。警察・検察は、二つの組合員間の連絡謀議、実行行為の分担、バール、スパナの盗み出しなどがあったとして、強引な取調べで自白を強要し、半数近くの被告が自白させられた。一審福島地裁は、翌一九五〇年一二月六日、全員有罪（死刑五名、無期懲役五名、有期懲役一〇名）。控訴審の仙台高裁五三年一二月二二日判決は、一審判決を破棄しながら、三人の無罪のほか、一七人を有罪（死刑四名、無期二名、ほか有期懲役）。即日上告が行われ、最高裁に移るという経過です。二審判決直後から、「松川を守る会」がつくられていきます。

——最高裁に上告するまでの弁護団の構成や取組みには特徴がありましたか。

石川　一審は自由法曹団系の弁護士中心の

弁護団でしたが、控訴審の段階から、仙台弁護士会の袴田重司さん、大川修造さんという二人の会長経験者――特に袴田さんは自民党宮城県連幹事長もされた保守の大物――が先頭を切って「こんなおかしな事件はない。仙台弁護士会を挙げて参加しよう」と呼び掛け三十数人が松川弁護団に加わって、これは大きな力になった。関西をはじめ、全国的にも弁護団が増えた。

二審では、東京の戦後派の弁護士も加え、強化された弁護団が、捜査の不正や一審裁判所の不当な審理過程も明らかにし、被告らの無実を徹底的に明らかにした。しかし、仙台高裁は三人を除いて全員有罪というひどい判決だった。マスコミも有罪判決を支持する。そういう「絶望的な状況」（大塚一男弁護人）からの上告審です。合宿討議を重ねた在京弁護団を中心とする詳細な上告趣意書が提出されます。

2　最高裁でのたたかい

――その後の最高裁の動きをお話しください。

石川　検察側が隠匿してきた諏訪メモが「発見」されたという、一九五六年六月の報道が大きな影響を与えています。諏訪メモというのは、東芝労働課長諏訪親一郎氏のノートです。国鉄側との謀議に加わったという佐藤一被告が、同じ時間帯に東芝工場で行われた団体交渉に出席・発言していることを記録していた。事件の最大の鍵とされていたのは八月一六日の連絡、謀議だったのですが、このノートは、その不存在を証明するものでした。この諏訪メモは捜査段階で押収されていながら、検察庁で長く秘匿されていた。

諏訪メモ発見とともに、広津和郎さんの克明な二審判決批判『松川裁判』が刊行され大きな反響をよび、裁判支援運動も大きく盛り上がっていきます。

最高裁は、一九五六年一二月、第三小法廷から大法廷に回付した。大法廷は、一九五七年一一月に一〇日間にわたる口頭弁論を開くという画期的な展開となった。この大法廷弁論に、大阪からは毛利与一さん、佐伯千仭さん、菅原昌人さん、京都から能勢克男さんが参加しています。

毛利さんの大法廷弁論は、諏訪メモの発見と法廷での回覧に触れて、「裁判長の特にお詳しいところのアメリカの法曹倫理では、被告人に有利な証拠の隠匿は厳しく批判されている」と言って、田中耕太郎裁判長を意識して痛烈に皮肉る弁論だった。

――最高裁大法廷判決では、大変きわどい判決となったと聞いていますが。

石川　最高裁大法廷は、もともと一五人の裁判官で構成されますが、一二人による判決で、七対五というきわどい判決です。

それには、三人の有罪派とみられる裁判官が合議から外れた結果でもあります。まず、仙台高裁長官だった石坂氏が最高裁判事になったとき、弁護団が忌避申立てをしたのです。石坂氏が高裁長官当時、「自分が音頭をとって松川事件をあなたがた三人にお願いした、今回の判決はご苦労であった」という二審裁判長に出した手紙が、裁判所の雑書記録に綴ってあった、それを記録を閲覧した救援活動家がみつけて写真を撮っていた。本来、事件は各部に順番に配点されるという規則からみれば、異例な偏頗な裁判部構成をしたその責任者が、石坂裁判官だったのです。「公正な裁判は期待できない。大法廷審理に加わるのは相当でない」との弁護団の忌避申立てに、石坂氏や大法廷もまいったのでしょう。「石坂裁判官からの申立てにより回避を許可する」と決定していますが、この回避申立書には、裁判所の受付印がない。忌避申立後に日付けを遡らせて出した疑いがあるものです。ともかく、これで有罪派の裁判官が一人いなくなりました。次に一〇日間の口頭弁論の中で、斉藤悠輔（検察官出身）判事と河村又助判事が病気などで、大法廷の合議から外れた。こうして残る一二人の裁判官での判決となったのです。

大法廷の七人の裁判官による判決は、諏訪メモなども引用して、連絡謀議の存在には大きな疑問が生じただけでなく、列車転覆の実行行為やバール・スパナの盗み出しやアリバイ問題など、事件全般にわたって疑わしいことが明らかであり、事実誤認があるとして、原判決破棄、仙台高裁に差戻しを言い渡しました。これに対し、五人の裁判官の意見は、連絡謀議が認められなくとも実行行為は認められるなどと執拗な有罪意見を述べるものでした。

3　仙台高裁差戻審

――差戻し後の仙台高裁でのたたかいには、石川先生も関西弁護団として常任弁護団にも入られたということですか。

石川　関西弁護団というのが特別にあるわけじゃないんですけれど、毛利、佐伯、菅原、佐々木先生らの参加が重視されたと思います。そのつなぎ役でもあった私が二五人の常任弁護団の一人になりました。

関西から問題提起して全体の課題になったのは、破棄差戻し判決の拘束力の問題です。大阪で開いた研究会に平場安治さん（京都大学）と宮内裕さん（京都大学）といった学者や東京の弁護団からも来てもらい、論議しました。議論は「最高裁大法廷判決は、諏訪メモなどの出現によって二つの連絡謀議の存在が疑わしくなり、ひいては実行行為あるいはバール、スパナの盗み出し行為、アリバイ工作などにも影響を及ぼしていると言っている」「重大な事実誤認の疑いというのは全体にかかっている。最高裁は、諏訪メモは『回覧』という形で原判決の当否を審査する資料にはしたけど、証拠として採用したわけではない、仙台高裁では、それを調べて正式に証拠とすれば、それで終結できる、速やかな終結を求めるべきだ」という内容でした。拘束力の読み方と審理のあり方に関する新しい発想です。それまで通説といわれていた「差戻審は破棄された高裁の判決直前の状態に接続する。更新手続をやってそこから改めて証拠調べをするものだ。事実誤認の疑いをかけられた以上、検察はまた新しい証拠を自由に出せる」という議論に対する主張でした。これが弁護団の方針となって、早期の終結、早期の無罪判決を、ということで仙台高裁の冒頭で第四回公判まで論議を重ねています。

――そういう意見は裁判所も認めましたか。

石川　いや、それは通らなかった。門田裁判長は第五回法廷（一九六〇年四月一三日）で、裁判所の「判断」を表明します（判例時報二二三号、一九六〇年）。裁判所は、弁護人の主張はとらず、審理としては旧二審判決以前の状態に接続して事実調べに入るとした。しかし、最高裁判決の拘束力の下での審理であることを強調し、実質的な新しい証拠が出ない限り拘束力に従う姿勢を示していると理解しています。やはり、議論しただけのことがあり、検察側から格別新たに証拠が今さら出るはずがない段階ですから、この論争は、僕は大きかったと思います。しかし、大塚弁護士はこういう議論にはあまり入らず、事実論中心という考えでした。この冒頭段階で一揉みも二揉みもするというのは、いってみると毛利流というか関西流というか、それで実質的な判断の中に生かしていくのです。

——差戻し後の仙台高裁の審理体制はどのようなものでしたか。

石川　集中審理方式で、毎月、一週間、月水金の全一日の公判を開く。その間に、現場検証も行う。約四〇回の法廷が一年三カ月で終わっています。それで、日曜日の午後一時から弁護団会議を開く。月水金と公判があって、土曜日くらいに帰ってくる。

——それは、やはり東京とかの弁護団がたくさんいたからですか。

石川　門田裁判長式の審理方式でしょう。東京からの弁護団が中心ですね。岡林さん、大塚さんのほか、二審から上田誠吉さん、石島泰さん、竹澤哲夫さん、佐藤義弥さん、松本善明さんなど加わり、上告趣意書の作成や最高裁弁論の中心を担い、差戻審でも中心になった。関西の四人の先生は非常に尊重されて、常時出廷が期待されたのだけれど、実際には冒頭の第一回～第三回の月水金の法廷には出ていただいたけど、次の月からは、毛利、佐伯、菅原、佐々木という先生が交替で毎月一週の三法廷に出ていただく、全回出る私がつなぎ役の役割をしました。

——出廷のときは一週間ずっと仙台ですか。

石川　そうです。新幹線はもちろんない時代ですから、大阪から土曜日の夜行寝台で日曜日の朝、東京駅に着いて、上野駅から特急に乗り、仙台へは日曜日の一二時頃に着いて弁護団会議に出る、あくる日から月水金の公判となる。仙台の昔の遊郭だったという安い旅館が弁護団の常宿でした。関西からの先生たちは、ホテルに泊まっていました。旅費も、われわれは当時の三等ですが、この四人の先生らには二等旅費（今のグリーン車）を出すというくらい気を使っていた。上野から仙台まで、僕は自腹を切って二等車に乗って、各先生方とお話して行った。またとない機会ですよね。三時間、いろいろお話をうかがいました。

――差戻審の審理の特徴は。

石川　冒頭段階を終えた後、証拠開示の要求に応じて、捜査段階の被告人二〇人の供述調書一二七通、捜査復命書一五六〇通など膨大な証拠書類を提出させたことです。

松川事件差戻判決勝利報告集会
（仙台市レジャーセンター体育館、弁護団提供）

これらが決定的な役割を果たしています。捜査段階の隠された資料が出されたということで、事件のデッチ上げ過程も明らかになり、被告らの無実が明らかになった。差戻審判決で門田さんは、これらを「珠玉の事実」と表現している。結局「犯罪の証明がない」というのです。いわゆる灰色無罪ではなくて、完全に無実を明らかにした判決になっているのです。

差戻審の最終弁論は、一五回廷、のべ五六人の弁論、全被告人の意見陳述が行われました。判決は一九六一年八月八日、全員を完全無実とした判決でした。この日の感動、感激は大きなものでしたね。

――この仙台高裁の差戻審で判決を得た後、検察は上告するわけですすね。

石川　そうですね。再上告というのは、全く不当ですね。

――この最高裁でのたたかいで覚えていらっしゃることは。

石川　三日間の口頭に毛利先生と私とが出廷しましたが、大勢としてはもう決していた。第一小法廷の斉藤朔郎裁判長は、戦時中大阪で弁護士を経験され、戦後裁判官となり、大阪高裁のときに、毛利さんらと気心が知れている仲でもあったこともあり、最高裁弁論には毛利先生にはぜひ出てもらいたいということにもなったと思います。

――四人の裁判官で、三対一で下飯坂さんだけが少数意見ということですね。

石川　この判決の下飯坂少数意見は、ものすごくひどいもので、門田判決を非難し、多数意見を誹謗するものでした。最高裁判決としての品位がなく、自分の有罪主張を裏付けるため供述調書をむやみに判決文の中に引用したという例のないひどい判決でした。

――都合のいい供述を引っ張ってくるのですか。

石川　そう、自分の説を裏付けるものだけ引っ張ってくる。そんなものは大法廷でも小法廷の議論でも否定されている。斉藤裁判長が、この下飯坂少数意見に対する反論を数頁にわたって書くという形になった。

これでこの松川事件無罪判決は確定しました。

4　松川国賠訴訟について

——その後、松川事件は、国賠訴訟の問題が起こったんですか。

石川　そうです。国賠訴訟については、岡林辰雄弁護士は提訴そのものに反対で、責任追及は国民運動の場でやるべきで、裁判所なんかでやるべきでないという意見のようでした。しかし運動にも限界があるから、この国賠訴訟は正解だったと思う。民事の裁判所で刑事の裁判所の責任まで含めて違法性を認めたこと、そして何より証拠開示の問題にも国賠訴訟判決は力を入れて、検察官が自分の判断で開示するかしないか決めることは許されるわけがない、警察、検察官が集めた証拠は広く弁護人にも裁判所にもみる機会を保障しなければいけないということで、逮捕、起訴、訴訟の追行のすべてにわたって違法性を認めたわけです。

この国賠訴訟は東京地裁で行われ、東京高裁判決で確定しています。

この裁判は鶴見祐策さんなど在京の弁護士が中心になってやった。刑事補償はとった上で、慰謝料としてそれ以外のかなり大きな金額が認められています。

5　大衆的裁判闘争と松川事件

——松川事件は大衆的裁判闘争の典型といわれていますけれど、教訓としてどんなことがありますか。

石川　大衆的裁判闘争では被告団を主人公にして、弁護団と国民運動（救援会、救援運動など）

という三者の団結（戦前は「モ、ベ、ヒ」の団結と。「モ」とは救援会〔モップル〕、「ベ」は弁護団、「ヒ」は被告団）が大事といわれていますが、私はその中で決定的に重要なのは、弁護団の役割だと思います。それが被告団や救援運動のあり方についても意見を述べながら、広く運動を広めていく要になると考えています。

しかし法廷だけでは勝てないというのも事実ですね。やはり岡林さんが言ったように、強固な有罪心証を持っている裁判官に対し、どうやってそれを変えるかというのは、運動の力が必要です。大衆的な運動の力で勝てるかどうかという議論は別にあり得るでしょうが、何か裁判官を動かすものがいる。最近の日野町事件の第一次再審請求審でも、ここまで事実を明らかにしても、裁判所は屁理屈としかいえないようなごり押しの理由で、請求を認めなかった。これはなぜだろうかと考えたとき、これまでの大衆的裁判闘争に、もう一つプラスの何かをみつけなくてはいけないという思いをしたことがあります。

――松川事件を担当した岡林辰雄弁護士の言葉に、「主戦場は法廷の外」という言葉があるのですが、どういう意味と捉えておられますか。

石川　それは一審の判決で負けたときの言葉なんですね。一審の審理は、五回にわたる起訴のあとわずか四日後に第一回公判を強行するなど、弁護側の準備期間も置かない不当な審理の連続であったのですね。その中でも、いかに事件がでっち上げであるか、無実の立証もなされているのに、全く真逆の報道が繰り返された。その最中の判決だったのです。その少し前に出た三鷹事件判決が、検察官の起訴は空中楼閣だと断じたのですが、松川事件をめぐる政治的・社会的な包囲網の中で、真実が全く国民に伝えられていない。しかも、裁判長は密かに占領軍と接触していた（これは、後の長尾裁判長に対する名誉毀損事件でみずから証言しています)。こういう状況の下では公正な裁判は期待できない。広く国民に真実を訴えていかなければ勝利できない。そういう意味で「主戦場は法廷の外にある」と言ったのだと思います。

――だから控訴審ではたたかいを広げてやろうということになったのでしょうか。

石川　そうですね。まず、被告団の獄中からの訴え、『真実は壁を透して』という手記が出版される。これも読んだ宇野浩二さんが、広津和郎さんを誘って二人で仙台高裁の公判を傍聴し、被告たちと面会して帰った。そこから広津さんの文筆活動がはじまり、広範な国民運動の広がりが作られてくるようにもなった。そうした文化人たちの働きも大きかったのです。

大衆的裁判闘争の最も重要なところは、争点を明確にして事実と道理で迫るということですが、同時に、裁判批判を大衆的、国民的にやる。裁判は決して法曹の弁護士と裁判官だけの問題じゃない、国民が納得できるもの、国民が自由に批判できるんだというところが大きな論点です。国民という場合に、マスコミの持つ役割というのは結構大きくて、いろんな国民運動の場合でもマスコミを味方にすることも重要です。吹田事件でもそうですが、いよいよ終結間際になって無罪確実というか無罪の方向が強まってくると、マスコミというのはぐっと弁護団に接近してくるという様相もあります。そういうことも含めて、裁判批判と国民運動、そしてマスコミに対する丁寧な応対が必要なんでしょうね。

――二審の仙台高裁の最初のたたかいのときから、そういう全国的な支援体制ができていったということになるんですか。

石川　いや、そう簡単にはいってないですね。全国的支援運動はずっとあとになります。

――「松対協」（松川事件対策協議会）は、どんな形で結成されていったんでしょうか。

石川　松対協は最高裁にいってからですね。最初は、職場や地域に「松川を守る会」というものがつくられ、後には全国で一三〇〇くらいになったという草の根運動です。それら市民運動と労働運動とを統合して一九五八年に「松対協」ができた。総評は一九五四年頃から平和三原則という姿勢を打ち出し、労働運動面でも実力行使などを通じて官公労働者のスト権回復という戦闘的な体制を整えていく中で、民主主義の課題についても積極的に発言するようになり、この松対協というのが国民運動の中心母体として出てきた。松対協の事務局長は総評の法対部長がなり、会長は広津和郎さんが引き受けられています。広津さんが書かれた「何よりも先ず正しい道理の通る国にしよう。この我らの国を」という言葉が松川運動を端的に示すものといえましょう。広津さんは、二・二六事件直後の一九三六年に「どんな事があっても、めげずに、忍耐強く、執念深く、みだりに悲観もせず、楽観もせず、生き通していく精神――それが散文精神だと思います」（講演メモ）と言われています。今の時代にも生きている、座右の銘としたい言葉です。

――裁判闘争を支える救援運動の人たちの努力のエピソードを。

石川　裁判闘争の面で驚いたことは、差戻審に臨むときに、それまでの裁判全部の謄写記録が、当時二七〇人であった弁護団の弁護人一人ひとりに段ボール一箱ずつ送られてきたことです。それは弁論の際にも「原審第何回公判の第何丁の何行目」と使えるように、活版印刷で、原記録の頁と丁数、行も全部合わせたものでした。それができるほど支援の運動の力が進んでいたのです。

――当時の謄写というのは、裁判所の記録を手で写すんですか。

石川　初めはね。昭和二七年頃の吹田事件の最初の記録も、手書きで複写用紙三枚をとってくるのが精一杯です。だから丁数やら行数やら、みんな違ってくるのは当たり前の話。そのまま写真版にとってくるような事件はなかった。ところが松川の差戻審の頃の弁護団に届けられた記録は、写真版でとったものを活版印刷したような形でね、ものすごく読みやすいものだった。このワンセットを各裁判官に提供することもあったのです。

――松川事件をめぐるエピソードは。

石川　いろいろありますが、私の大学時代の恩師の団藤さんと平野さんの違いですね。広津和郎さんが、二審判決批判の『松川裁判』（筑摩書房、一九五五年）を刊行された直後の七月、志賀直哉はじめ一一五人の文化人、学者を世話人とする出版記念会が開かれましたが、東大からは大内兵衛、団藤重光という先生が名を連ねた。一方、平野龍一さんは、二審有罪判決を支持する論評を展開し、無罪確定後も、その考えを変えようとしなかった。大塚一男さんも「団藤さんと平野さん」という論稿を書いています。

6　松川事件の弁護士たちと門田裁判長のこと

――松川事件と毛利与一弁護士とのことで一番印象に残っていることは。

石川　先ほど、毛利さんの最高裁大法廷における弁論は紹介しました。差戻審の法廷では、冒頭の「破棄判決の拘束力と差戻審の審理方式」での論戦の中心も担われたことでしょう。ただ、門田裁判長とは最後まで波長が合わないままだったかなと思います。

――自由法曹団の弁護士のことではいかがですか。

石川　松川事件における自由法曹団の先輩弁護士たちのたたかいのそれぞれの流儀も紹介しておきたいと思います。

岡林辰雄さん（一九〇四―一九九〇、昭和一三年東京弁護士会登録）は、文字通り獅子吼して（法廷でも「ライオン」発言で取消しを求められたこともあったが）法廷を、そして運動をリードするタイプ。大塚一男さん（一期）は、あくまでも冷静に事実論に忠実で、毛利・佐伯流とはひと味違う、大弁護団の運営を調整し細かい気遣いをするタイプでした。二三歳で弁護士になったその年から松川事件で、ほぼ専従者だった。松川事件に関する著作だけでも、一〇冊以上あり、特に『私記　松川事件弁護団史』はその集大成。その後、日弁連人権擁護委員長も務められた。亡くなられるまで、よくお便りをいただきました。

上田誠吉さん（二期）は理論派と事実糾明を兼ね備えたタイプ。メーデー事件主任弁護人、自由法曹団団長に四九歳で就任、一〇年間務められ、ミスター自由法曹団とも。『ある内務官僚の軌跡』や『国家の暴力と人民の権利』など著書一五冊、共著五冊、論攷多数（そのすべてをＣＤに収録）。石島泰さん（三期）は、東京には数少ない（？）理論（理屈）派とみえた（こうした大雑把な言い方は誤解を招きやすいが）。「毛利先生を偲ぶ会」に出席された石島さんが、「毛利先生が門田裁判長とのやりとりのあとで、『どうも私とあなただけが一番裁判所に嫌われているようですな』と言って笑われていたのを思い出します」と述べられていた。私も、さすがの毛利さんも、門田裁判長とは波長が合わないなと感じていたものでした。石島さんの弁護活動の集大成は、一一〇〇頁にもおよぶ『無罪弁論集』（日本評論社、一九八二年）。一〇件の無罪事件の弁論要旨です。

竹澤哲夫さん（三期）も緻密な事実究明型。弁護士登録のその年から平事件の主任弁護人。帝銀事件の再審請求、全農林事件弁護人で、日弁連人権擁護委員長もされた。早くから再審問題の研究会を組織され、一九九八年には、著名な刑事法学者ら編集に係る『誤判の防止と救済──竹澤哲夫先生古希祝賀論文集』（寄稿者は学者、弁護士など二七人）が献呈されている。『戦後裁判史断章』など著書五冊。その他の論文や新聞・雑誌などへの寄稿文の目録が、A４判で一八頁もある（偲ぶ文集）。上田さん、竹澤さんは、生涯の執筆目録を残しているのも驚異の的であります。

そのほか、佐藤義弥さん（四期）、松本善明さん（六期）、後藤昌次郎さん（六期）など、多くの在京弁護士らを含む、世紀の大裁判の弁護団の論議に参加できたことは、私の大きな財産となりました。

──門田裁判長のことで思い出は。

石川　差戻審判決後の門田裁判長は、福岡家裁所長に転出される。これは左遷人事と映ったものでした。一九六二年、福岡の一七期修習生に「事実認定」について二時間熱心な講義をしたと聞いています。それを聴いた一人、角銅立身（後に弁護士）は、一九九三年に福島大学松川資料室を訪れ、詳細な門田裁判長「手控えメモ」に見入り、門田さんの講義に思いをはせたといいます（自由法曹団通信九五六号）。

角銅弁護士は、二〇〇八年に松川元被告の本田昇氏と知り合い文通を重ねるうち、次のような事実を知らされた。一九八〇年代初頭の頃、東京・新橋の駅で門田さんを見かけた本田氏が声をかけたところ親しげに応じられ、鎌倉住まいの門田さんと大船下車の本田氏が車内の時間をともにした。それから賀状交換が始まり、鎌倉の門田宅の訪問、門田夫人の歌集をいただくなど家族ぐるみの交流が続いた。広津さんの娘の広津桃子さんが「家路共にする元裁判官と被告」（朝日新聞、一九八二年二月二二日）を寄稿している。門田さんは、広津さんへも年賀状を送っていたという。

門田さんは、一九八九年四月、福島大学を訪問し、自由と正義一九九三年一月号に、「松川資料室訪問記」を寄稿した。文中「私が松川事件の差戻審の公判をやり始めると、投書が殺到してその数は六三万九〇七三通に達した」とある。判決への自負とともに裁判書への要請書などをきちんと受け止めていたことがわかる文章です。

この松川資料室には、刑事事件裁判全記録、国家賠償請求事件全記録のほか、松川運動に関わる多くの資料約一〇万点が整理され、閲覧できるようになっています。この裁判と運動の資料を、ユネスコの世界記憶遺産に登録する運動が進められているところです。

——最後に、先ほど言われた米軍の裁判干渉など、あまり伝えられていないようにみえますが。

石川　そうですね。この点は、「松川の法廷のヒナ壇には占領軍の姿が顕れていた」（大塚一男『私記　松川事件弁護団史』一〇三頁）というのです。占領軍批判は、政令で処罰の対象とされていたとはいえ、あまりにも露骨な干渉でした。

あとで、毛利・佐伯両先生の弁護活動のところで紹介しますが、大阪警視総監事件での米軍の裁判干渉をみても、占領下では各地で行われていたのですね。もう遅いかもしれませんが、今からでも、占領下の司法の独立侵害の事実を明らかにする必要があるのではないでしょうか。

最近、明らかになったのですが、昭和天皇拝謁記の昭和二八年一一月一一日に次のような記載があるとNHKの番組で報じられました。

「昭和天皇が『一寸（ちょっと）法務大臣に聞いたが松川事件はアメリカがやって共産党の所為（せい）にしたということだが、これら過失はあるが汚物を何とかしたといふので司令官が社会党に謝罪にいっているし』。田島〔道治宮内庁〕長官は『田島は初耳にて柳条湖事件の如き心地し容易ならぬ事と思ふ』とその時の驚きを記している」（NHKホームページ「昭和天皇拝謁記・松川事件」より。〔　〕は補足）

当時の法務大臣といえば、吉田内閣の犬養健で一九五二年一〇月三〇日から一九五四年四月二二日まで務めています。松川事件の第二審判決が一九五三年一二月二二日に言い渡されるというので、マスコミで騒がれていた時期のことです。松川事件米軍謀略説に新たな資料が加わったといえるでしょう。この犬養法相は、五三年の造船疑獄事件で与党幹事長の佐藤栄作の逮捕を中止するよう、検事総長に対し指揮権を発動したこと（唯一の事例）でも知られます。

Ⅱ　吹田事件——私の刑事弁護人の骨格をつくってくれた事件

1　吹田事件とは

——吹田事件（大阪）をはじめとするいわゆる騒擾事件としては、当時、平事件（福島県いわき市）とか大須事件（名古屋）、メーデー事件（東京）もありました。吹田事件とそれらの事件との前後関係はどうでしたか。

石川　平事件は一九四九年で、ちょっと早い。メーデー、吹田、大須は一九五二年に相次いで起こった。メーデー事件は五月一日、被告人二六一名。吹田事件は六月二五日、被告人一一一名。大須事件は七月七日、被告人一五二名です。吹田、メーデーは無罪、大須は有罪になっています。

——吹田事件は、どのような事件だったのでしょうか。

石川　朝鮮戦争勃発二周年記念の反戦運動に対する弾圧事件です。一九五二年六月、朝鮮戦争反対、平和の集会が伊丹基地を見下ろす大阪大学北校の校庭で開かれた。その参加者が夜を徹して行動し、翌朝、吹田操車場や吹田市内をデモ行進した。このデモ行進に対して弾圧が行われ、騒擾事件として立件された。首魁二名、指揮二四名、率先助勢五一名、付和随行三四名、合計して一一名（うち、日本人六二名、朝鮮人四九名）が起訴された。

弁護団は山本治雄主任、毛利、佐伯、東中など計二〇名という大型の弁護団でした。そのうち、一五名が関西自由弁護士団に属しておられた。

——石川さんが加わるまでの審理の特徴を聞かせてください。

石川　第一回公判（一九五二年九月一一日）から第一一回公判（一九五三年二月一一日）までが冒頭段階になるのですが、そこで弁護団が大きな問題を提起しています。

その一つは、起訴状の記載に関する釈明要求です。騒擾罪の始期は、「須佐之男命神社前の警官隊の警備線をデモ隊が突破した時点で暴徒化した」と検察官が答えた。それでは、それまでに記載された事項は「余事記載」に当たるので削除されたいと要求しましたが、検察官は暴徒と化すという集団の性格を明らかにするものだといって、応じない。裁判所もこの部分の削除を勧告しましたが応じなかったので、その結果、裁判所はその部分はなきものとして扱うという「起訴状の一部無視宣言」をした。

もう一つは、証拠開示の問題です。これについても、まず佐伯先生が起訴状朗読前に発言していますが、その当時は「調書閲覧」といっていましたが、検察官が通常の事件とは違って弁護人の閲覧に応じないのは不当だと主張した。検察官は人証主体でいくから閲覧させるつもりはないという。裁判所は、閲覧させせなければ、証人ごとに詳細な尋問事項を事前に提出してもらうことになるよ、という。三回にわたって法廷外で協議した結果、グループごとに証人採用し、その際に検面調書を開示するという合意が成立した。同じ時期に、枚方事件でも、検察官が裁判所の勧告に応じないということが起こっていた。両方の弁護団が中心になって、大阪弁護士会の決議、さらには日弁連の刑訴法、刑訴規則の改正の提案なども並行して行いつつ、こうした解決にたどり着いた。

以上の二つの問題では、毛利先生、佐伯先生が果たされた役割は大きかった。吹田事件の骨格も絞り込まれ、事前共謀事件ではなく、現場で事件が発生した事件だという枠組みを明らかにすることができた。その上で、現場検証が行われ、検察官による騒擾罪成立に関する一一五名の取調べが続いていきます。

2　黙祷事件と佐々木裁判長

——吹田事件は、公判での黙祷が大きく報道されたと聞いていますが、その点についてお話しください。

石川　翌一九五三年八月、朝鮮戦争の休戦協定が成立した。その二日後の法廷で、特に朝鮮人被告人を中心に法廷で休戦協定を歓迎し、犠牲者へ黙祷を捧げた。これがいわゆる「黙祷事件」としてメディアで報道されて、大きな反響をよんだ。

黙祷事件では、検察官が「裁判長、止めてください」と申し立てたが、佐々木哲蔵裁判長は「何もしません」と応じない。検察官が「それなら、重大な覚悟がある」と恫喝した。これに対して、

佐々木哲蔵氏

毛利先生がすかさず、「忌避するなら忌避すればいい」と反論した。

検察官は、忌避申立てはせず、自民党に連絡した。その結果、佐々木さんに対する弾劾訴追の動きがあって、国会の訴追委員会の委員が大阪に調査に来て、佐々木さんに呼び出しをかけた。佐々木さんは継続中の裁判について調査に応じるわけにはいかない、と拒否した。弁護団と大阪弁護士会も、司法の独立に対する政治の干渉だといって反対した。また、裁判所内部でも大阪地裁裁判官会議で同じような決議をし、地裁所長も高裁長官も佐々木さんを支持した。結局、訴追猶予で終わるのですが、この経過は裁判官と弁護団の親近感を強めることになったといえるでしょう。

――ところで途中で裁判所の構成が変わっていますね。

一九五七年一二月に佐々木さんが退官されました。それまで補充裁判官であった児島武雄さんが入って、今中五逸裁判長、吉川寛博裁判官、児島武雄裁判官という構成になり、新たに補充裁判官として下村幸雄さん（九期）が入った。補充裁判官というのは、決定や判決に名前は出ませんが、審理に立会い、合議に加わり、意見を述べることができる。下林さんは一九六三年六月の判決時まで務められました。

3　各論公判では代表被告制で審理

――その後、どのように進行しましたか。

石川　検察側の総論立証は、一年三カ月くらいで一一五名の証人調べを終わりました。その後の各論立証（被告人ごとの行動の立証）は、被告人以外のデモ参加者の証人はわずかで、大部分は被告人を分離し、そのグループ内の他の被告人の行動を立証するというやり方でした。分離して証人尋問をされたのは、自白調書をとられた五四名の被告人でした。

被告人の中に、ニコヨン（日雇いの公共事業をしている人、当時の日当二四〇円から、このようによばれた）の人たちがおり、週二回の法廷に出ていたらどうにもならんから、代表被告制で審理し、その調書に同意するという協定もできた。朝鮮人被告人の場合には、集中的な審理のため出張裁判扱いで居住地に近い生野簡易裁判所で証人尋問もやった。夜間の法廷も相当の回数に及んでいました。

4　共犯被告人への尋問方法への異議

――石川先生が関与されたのはどの段階からですか。

石川　私が参加したのは、各グループごとの各論審理の最後、デモ隊の先頭グループ（民青指導部）についての立証段階で、一九五八年九月です。もともと東中光雄さんが担当でしたが、私に丸投げされた。私が弁護士になって一年半くらいのときです。私も、それまで枚方事件の審理についていて、被告人を分離した証人尋問の対応もわかっていたつもりです。

この先頭の民青グループは、デモ隊の中で警備線を突破したグループとして、最も重要な役割を果たしたといわれていた。彼らの証人尋問は一九五八年九月（二五五回法廷）から始まった。

自白させられた供述調書には、生い立ちから参加に至る経過、共産党員であれば細胞会議での議論とか、「火炎瓶」など用意して持って行った者であれば、その製造過程なども書かれていた。検察官の主尋問では、調書の記載の順にその辺りから聞いていた。証人にされた被告人にとっては、自白させられたという大きな引け目を感じている上に、さらに法廷でその自白内容を追及されることになり、精神的には大変苦しい立場だった。しかも、尋問の順序も経歴や準備など以前からの話をくわしく聞いてくる。

そういう立証のやり方について、これまで担当してきた各弁護人の誰もが問題にしてこなかったようでしたが、私は被告人の苦しむ様を見て、「その尋問、けしからんじゃないか」とずいぶん異議を言った。法廷はかなりもめた。しかし、私一人で解決できる問題ではない。急遽、弁護団全体会議を開いて議論してもらった。もともと、被告人を分離して証人として尋問するというやり方はおかしいわけで、その後はそのようなやり方はなくなりました。そのことは別として、もともと吹田事件では冒頭の論争で争点が絞られていました。先に挙げた冒頭段階で起訴状の「余事記載」と起訴状の一部無視という経過があるんです。ところが検察官は、各論立証と称しての尋問では、事件の事前謀議性などを立証しようとしていたのですね。

この論議を経た次の法廷では、次のような異議を申し立てました。「騒擾が始まったところから聞くならわかるし、また、騒擾行為の中で火炎瓶を使ったんなら、それをどこでいつ作ったかを、遡って聞いたらいい。しかし、初めから調書の記載の順序に聞いていくのはおかしい」と。それと、検察官の尋問には、冒頭陳述の範囲内で、各論立証の立証趣旨の範囲内だけだと尋問における冒頭陳述の拘束力の問題も提起していたのです。

裁判所、検察官と弁護団の三者協議の結果、裁判所は、第二五九回公判で尋問方法については、「①待兼山以前は、起訴状に関連する限度で簡単に聞く、②被告人質問に代わる尋問は許さない、③尋問の順序は、待兼山から後に関して聞くものとし、それ以前については関連する場合には遡って聞く」と整理し、検察官もこれに合意せざるを得なかった。

振り返ってみると、この論争は大変重要な問題で、吹田事件の審理の転機になり、各論立証の最後の検察官調書の採用のところでの大量却下につながりました。このときの整理が基準になって、過去のグループの証人尋問の結果にも影響を及ぼしたのです。

——同じ行動に参加していて、誰がどうしたかと聞かれたときに、自分の刑事処分に関係があるから証言を拒絶する「証言拒絶権の行使」の選択もあり得ますが、それはなかったのですか。

石川 それはしなかった。証言を拒否すると、検察官は喜んで三二一条で調書を出して、調書が採用される。だからこちらは、事実関係を整理し、調書の記載内容は拷問や脅迫によるもので、事実はこうなんだと、ぎりぎりの証言をしていった。

——相反供述になるか否か、ぎりぎりで事実を立証するわけですね。つまり、証言自体が、調書を採用させないたたかいなんですね。

石川 そうです。証言が正しくて、調書の記載は違うんだと述べるわけです。被告人を分離して証人にすること自体についての議論がそれまでされていなかった。毛利与一さんや佐伯千仭さんがいたのにどうしてかと思われますが、お二人はどの事件でも、冒頭だけやって証拠調べになるともう顔を出さないのが当たり前になっていた。冒頭でポイントを稼いで、「ああ、面白かったな。あとの事実調べは皆さんでやってくれ」というわけです。別格なんだね。

――すごい弁護人（笑）。

石川　吹田事件の各論の立証で山本さんと分担して証人尋問に立ち会ったのは、弁護団で数人という状況でした。

――各論で証拠調べの中心にいたのは、どんな人ですか。

石川　山本さんと数人の弁護人で、長期審理でマンネリ化し、一番難しい状況が続いていた。そうした各論立証の最後に、私が参加したのです。

――そうすると吹田事件では一番若手の弁護士として、一審判決を迎えたのですか。

石川　いや、この後、任意性の立証や供述調書の採否、弁護側の立証などかなり続きます。それで、私より若い弁護士が入ってくれて、常任弁護団体制もできた。若手強化として一二期の井関和彦さん、阿形旨通さん、一三期の赤沢敬之さんが加わり、私と四人でようやく常任弁護団ができた。四人でそれまでの公判調書を全部読んで、事実関係を整理しました。

5　刑訴法三二一条と三二二条に基づく請求とのたたかい

――被告人の証人尋問後、裁判はどのように進行しましたか。

石川　検察官は、被告人の証言の後、三二一条と三二二条の請求書を出してきた。三二一条の請求書は、供述者ごとに公判証言と供述調書の記載を上下二段の対照形式にして、証言項目ごとに番号を振って、相異相反性や特信性をきちんと書いてこなければ請求を受け付けないという形でやった。

この被告人の供述調書の任意性の立証と三二一条調書の採否のための特信性の立証のための審理は、警察官四七名（のべ六八回の公判）、取調検事九名（のべ三八回）の証人尋問です。これらの反対尋問はほとんど私がやった。取調検事は主に一期、二期、三期修習者でしたが、戦前からの検事で、大阪高検の検事長や地検の検事正になった人もいた。私は向こうっ気いっぱいで反対尋問して、何度か証人が「裁判長、こんな無礼な質問を許すんですか」と抗議しましたが、裁判所は取り上げなかったし、被告人本人からの反対尋問も制限することはなかった。

——被告人が主人公として尋問をしたわけですか。

石川　そう。被告人は取調時の悔しさをあらわにし、「あのとき、こうだったじゃないか」と激しく迫る。弁護士が理屈で聞いていくより、迫力があるんだね。この任意性立証は一〇六回もの公判とずいぶん時間がかかった。

その上で反論の意見書を常任弁護団の四人で書き、一九六一年六月に提出した。その結果が同年七月四日の検察官調書の大量却下の決定になった（今中五逸裁判長、吉川寛吾、児島武雄）。これが三六一回公判だから、任意性の立証問題はずいぶんとかかっていた。

この大量却下の決定は、判例時報二七三号（一九六一年）の特集欄に大きく載りました。三二一条二号の請求を厳格化させたものです、この決定の一覧表は、却下理由を符号にして表示しました。

A．相反しない、B．実質的に異ならない、C．特信性がない、D．任意性がない、E．起訴後または観護措置期間中の取調べは違法と項目立てしています。A、Bという却下理由も多く、これは私らが異議による尋問制限でたたかった成果といえましょう。C、Dは拷問的な取調べが認定されたものです。この決定がこのあと述べる宮操事件の最高裁審理につながっていったのですね。Eの「起訴後または観護措置期間中の取調べは違法」との判断は、判例としても画期的なものです。

――立証趣旨を限定させた上で、立証趣旨と関連性がないとするわけですね。

石川　主に騒擾罪の共同意思に関わる部分や、武器の準備や携帯の意味とか、具体的な行動面よりは、もっぱら内心の意思に関わるところが多く却下につながった。事実の縮小認定と調書の採用却下の影響は大きかったと思う。法律判断で憲法的視点に役立つ判決に結び付きました。

――弁護団の反証はどういったものでしたか

石川　弁護団の反証は、このデモ行進の正当性、必然性を強調するものでした。弁護団の冒頭陳述は、一九六〇年九月二一日の三四三回公判です。朝鮮戦争と日本政府の協力、伊丹基地の役割、国鉄の軍事輸送の実体、レッド・パージや大衆運動抑圧、朝鮮人弾圧など、朝鮮戦争反対のデモ行進の正当性に関する立証です。簡潔に、その内容を紹介します。

①朝鮮戦争の侵略性・違法性については国際法の前芝確三立命館大学名誉教授、②伊丹基地反対闘争では豊中市議会議長や学校の教師たちの騒音・風紀の紊乱など、③国鉄の米軍輸送の国民生活無視の実態、④占領下の大衆運動弾圧、レッド・パージ、朝鮮人抑圧の実態などについては、宮内裕京都大学教授と被害を受けた証人たちです。

そしてデモ行進を目撃した市民たちの反応も証言してもらっています。

――検察官の再反証は。

石川　公安調査庁次長などを証人としてきましたが、われわれの異議もあって、まともな再反証とはなりませんでした。

――検察官の論告中止がありましたね、どういう経過ですか。

石川　検察官の論告の不正は二点ありました。まずは、冒頭での釈明に反して「事前謀議」に基づく集団行動だとしたことです。次に、検察官は調書が却下されたのに、証拠がないまま論告したことです。論告のとき検察官は論告要旨の書面を事前に渡して、読み上げていく。こちらは先にスッと目を通して、そこのところはこれだ、あれだと判断し、そこへきたら「証拠がない」と異議を述べる。証拠がないのに論告をやると、裁判所も「変更しろ」という。けれど、検察官はまた同じことをする。こんな論告は全部書き直してこなければだめだということになった。「それじゃあ本日の論告は中止、次回までに書き直してこい」。こうして、ポイントを稼ぐんだね。

これは毛利さんに教えられた。冒頭の釈明から一回一回ポイントを稼ぐと余裕もできるし、最終判断にも影響することを考え、節度を持ちつつ、裁判を楽しみながら、とことん詰めていく。場面ごとにこれをどう実践するか。反応の早さは僕の特徴です。毛利さん譲りの反発力、瞬発力だ。ほかの人が言う前にまず問題提起をする。これにはフォローが大切で、数人の弁護団でないと無理だ。一人で補強することはかなり難しい。誰かが火を付けたら、問題を深く詰めていくことが重要だ。それを吹田事件で学んだ。

6　吹田事件の争点と弁護活動

――吹田事件の争点は、途中で変化したのですか。

石川　これは大きい問題でした。私は直接知らなかったのですが、当初弁護団はかなり楽観的で、こんな程度では「一地方の静謐《せいひつ》の阻害」に達していない、という感覚が広がっていたようでした。ところが、一地方の静謐というのは、裁判所の判断次第でどうともなるということがわかってきた。当時、メーデー、吹田、大須の三事件で弁護団・被告団の共同討議の場があった。私が初めて吹田弁護団から参加して、その成果を持ち帰るようにしていた。先行していた平事件は一審無罪で、警察署占拠と警察署の周辺くらいの事件で静謐阻害に当たらないとしたが、二審判決（一九五八年六月三〇日）で、騒擾罪の成立には共同暴行の意思、「共同意思の存在」があれば十分だとされ、一地方の静謐阻害（地方性）の問題は、ほとんど無視された。最高裁段階で平事件の弁護団に入って口頭弁論にも参加しましたが、最高裁一九六〇年一二月八日判決で「共同意思」論が確定された。このように共同意思論が騒擾罪の成否の核心だという判例が確立されつつあり、吹田事件でもこれへの対応が重要な問題となった。今までの対応では不十分だということで議論して、これは正当なデモ行進であって、そのデモ行進の意思と共同暴行の意思の違いを明確にすることが肝要だということになった。

一方で、私が吹田弁護団に入った頃、被告団もそれまで反戦平和の目的といってきたけれど、裁判でのたたかいの焦点を明確化できないでいた。これは一九五五年の共産党の六全協で行われた軍事方針への自己批判とも関連する。マスコミは、吹田事件や枚方事件も、共産党も自己批判した軍事方針に基づくものだと攻撃した。これに対して自主的に反論して争点を明確化することがなかなかできず、団結が困難だった。被告人らの生活の苦しさもあって、集まりも悪いし、まとまらない状態だった。

そういう中で東中さんと一緒に議論に参加し、朝鮮戦争の当時の状況がどれだけ大阪地域の人民の生活と民主主義、人権に関わっていたかを明確にし、デモはそれに反対する正義の行動だということを、本当に確信を持って具体的な事実で裏付けていこうというところに落ち着いた。それが一九五九年頃ですかね。かなり時間かかりましたが、そのことが任意性問題をたたかう確信となり、詰め寄っていくことにつながった。被告団も「デモ、表現の自由のためのたたかい」だということを明確にし、パンフレットなどを出していきました。

——弁論について何か工夫されたことは。

石川　最終弁論は、二三人の弁護人が担当しましたが、当初からの弁護人が一二人、後から参加した私たち若手弁護人が一一名で、この組み合わせがうまくいったと思います。弁論で工夫したことは、「集団意思論」で、二つの論点に整理しました。

一つは、検察官は、吹田操車場北側の産業道路を東から西へ吹田駅まで行進している中で、米軍の車に火炎瓶を投げたことや、交番三カ所に対する器物損壊などの行為を取り上げ、これらの行為は、デモ隊全体の力を背景として各暴行を繰り返し、デモ隊も彼らを隊列復帰させながら行進を続行させており、共同意思は成立していたと主張した。われわれは、それらの行為と全体のデモ行進との関係について弁論を工夫した。一〇期の深田和之さんが「デモ隊は粛々とやっていて、個々の暴力行為に及んだ者を無視して進んでおり、それに声援を送ったり、加担したりしたことはない」と事実の裏付けを伴った素晴らしい弁論をして、そこを突破しました。

もう一つの論点は、検察官は、武器を持っていたことが共同暴行の意思の現れだと主張した。しかし、その「武器」の実態のほとんどは、行進の途中畑で拾った、つる科の作物の支えの細竹などだった。一部に火炎瓶を用意していた者はいるけれど、ほとんどは反発的にその場で使用したものであった。

反証では、当時の警察がどれだけ民衆の運動やデモなどに実力的な抑圧を加えていたかという事実関係に重点を置いた。それらの所持は自衛目的に過ぎず、実際にそれを使った場面はないし、警備線突破も、デモ隊に対して警察が自主的に八の字に開いたのであり、実力的衝突の場面はないと主張した。ほんの一部の者が火炎瓶を投げたり、交番の破壊をやったりした。しかし、個人責任が証拠上ある場合は別として、そのことは全体には響かないと論証した。

このように、二つの側面から共同意思論を打ち消しました。

そして、先に挙げた弁護団反証でその裏付けを行いました。印象的だったのは、国鉄の軍事輸送の実態につき国鉄の分厚い報告書を手に入れて、それを証拠に出し、作成当時の国鉄の幹部を証人喚問したときのことです。彼らは得々として自慢げに、いかに緊急の米軍輸送でもいわれればすぐに応えたかを話し、国鉄の民生無視が浮き彫りになった。弁護団は、これを要石として吹田操車場への抗議デモの正当性と結び付けた。さらに、騒擾罪だけじゃなくて、操車場の場内行進が威力業務妨害罪とされていたので、これの無罪を勝ち取るためにも、それなりの工夫をした。国鉄側が、デモ隊が入ってきたことで自主的に業務をやめたことを一審判決は認めたんです。

――最終弁論での工夫は、一審判決に具体的にどのように反映しましたか。

石川　判決は一九六三年六月二二日で、裁判所の構成も同じでした。被告人のうち、死亡や北朝鮮帰国者など六名を除く一〇五名に対する判決です。判決は総括的に、本件デモ行進の実態と目的は、憲法で保障された表現の自由の範囲に属するということで、個々の事実関係について証拠に基づく厳密な判断をした。一部有罪の部分もあるが、共同暴行の意思は認められないとして騒擾罪は無罪、操車場内の行進は業務妨害に当たらず、全員無罪となった。総括的に全員無罪といえます。個々の暴力行為が認定された一五名の者は有罪で、懲役一〇月ないし二月で、未決算入が行われたり、執行猶予がついたりして、刑に服する者はいませんでした。

吹田事件の判決公判法廷（1963年6月22日、朝日新聞社提供）

この一審の勝利の要因は四つあったと思います。第一に、裁判上の対決点を明確にしたことです。対決点は途中から、共同意思論に移っていきましたが、その対応が的確だったといえます。第二に、被告団の団結で、「デモ、集会の自由のために」という正当性を主張し、捜査段階での不当な供述調書の作成を粉砕するために奮闘したことです。第三に、弁護団の果たした役割です。冒頭段階から公正手続を主張し、裁判をリードしました。私も途中からの参加でしたが、半ば専従の体制を採り、公判の各山場を乗り切ることに寄与しました。第四に、大衆的な支援運動の盛り上がりで、安保反対闘争とも結合して、繰り広げられました。

7　控訴審のたたかい

——なるほど。ところが、検察は無罪判決者一〇五名中四七名だけを選んで控訴したわけですね。控訴審での山場はどんなだったんでしょうか。

石川　冒頭に、騒擾罪は一つの事件なのに半分の被告人だけ控訴し、事件を二つにしようとするものだ、これは不当な控訴じゃないか、全部控訴を取り下げろと主張しました。検察の主張の通り事件も分割するのか、という議論をやった。これについて裁判所は特に判断はしなかった。

もともと、検察の控訴趣意書の提出期限を検察の要求を入れて大幅に延長している。「一審で長期裁判がずいぶん問題になったのに、さらに控訴審でも始めから長期裁判を予定するのか。事後審であるのにもかかわらず、補充裁判官を入れて四人構成でやろうというのも、予断が著しい。けしからん」と冒頭段階で裁判所の姿勢を強く批判した。

その次の山場は、任意性に関する検察官立証を許容するかどうかでした。検察側の控訴趣意の中心は、一審の検察官調書の大量却下を「訴訟手続の法令違反」として、それをひっくり返すことにあり、そこを立証しようとした。一審でずいぶん克明に取調官らの尋問をやっているのに、再度検察官証人を申請してきた。裁判所もこれには頭を悩ましたらしく、一度はそれを採用して、もういっぺん調べることになった。

弁護団としては、この採用決定に「異議」とはいわないで、「どうして採用するんだ」と求釈明を繰り返した。「異議なら異議を言ってくれ」と言うから「異議を言ったら、すぐ却下するだろう。そんな見え透いたことに応じない」という捨て台詞も吐きながらやったね。そういうのはみんな速記録に残っている。

——このときの裁判長は誰ですか。

石川　井関一裕という気の弱そうな人で、この求釈明が終わらないうちに病気になられて裁判が中断し、その後復帰が難しくなった。この求釈明の論争中、陪席の野間禮二裁判官が、法廷でしょっちゅう裁判長に耳打ちするんですね。それを山本さんが捉えて「こら、何をしとる」と言うと、「合議してます」と返ってくるから、「合議なら合議で、もう一人放っておいて何をやっているんだ」と。

僕らにはなかなかできないけど、そうした追及で、法廷が騒然となった一幕もありました。中断後、裁判長には右陪席だった杉田亮造裁判官が昇格し、杉田、野間、西村清治という構成で判決までいった。二月あまりあとの再開後、さらに論議をして、この証人採用を全部取り消した。これがやっぱり大きかったね。そうなると検察官立証は全くなくなった。

この頃、山本さんが吹田市長になられたので、私が主任弁護人になった。常任弁護団四人と一九期の一〇人くらいが新たに参加し、一〇日間ほど合宿して控訴趣意に対する反論の作業に没頭した。検察の控訴趣意の最大の論点は任意性の問題だったから、一人当たり数人の被告人を分担し、調書却下に対応し、克明な意見書を作成した。一審判決は印刷して一一八頁でしたが、高裁判決はものすごく克明で、活版印刷の判決書は四七八頁にもなった。そのうち約三分の二が任意性など訴訟手続の法令違反の判断で、結局一審の却下を全部認めた。理由は後退や言い訳もかなりあるけれど、結論は一審の却下決定を全部支持して新たな証拠というものはない。実体判断での変更は威力業務妨害を認めた点だけだった。全体としては妥協的な部分もあったが、騒擾罪について無罪を維持したことの意義は大きかった。

全体としてみると、法廷でかなり乱暴な言い方でも押し通せるという雰囲気がありました。裁判支援運動も、一審の弁護側立証の頃から盛り上がってきて、一審無罪判決があり、控訴審でもわれわれの主張を支えてくれる運動があり、マスコミも好意的な姿勢が多かった。

――いったん採用した証人尋問を取り消すという判断は、杉田裁判長が主導したんですか。

石川　いや、合議の結果でしょう。裁判長が替わったということで、変更しやすかったのでしょう。高裁での審理の本当の山場ですね。調べても結果は同じことになるかもしらんけど、余計な紛糾のもとになるから、却下させたほうが楽ですね。資料としては原審の詳細な速記録があり、高裁はそれに基づいて克明に判断している。検察官の主張に全部まともに答えている。控訴理由には三二一条問題について調書は一冊ごとに採用すべきであるのに、項目別の請求にされたのはけしからんとか、被告人の証人尋問は、従来ずっとやってきたのに、民青グループで対応が変わり、それが遡ってすべてのグループについても判断したのは誤りだなどと述べていました。一審の却下決定が一覧表でABCDEの符号をそれぞれ一、二行で示しているのに対し、高裁判決は、たとえば起訴後の取調べが違法だとして却下した理由について、一九六一年の最高裁判決も意識して、一般的に起訴後の取調べは好ましくないけれど、すべてそれが違法というわけではない。しかし本件についていえば、起訴後の取調べに応じなければさらに警察に戻される恐れがある状況であったなど任意性に疑いがあるとしたのです。こういう書き方に象徴されるように、理論面ではかなり後退しながら、「この事件では……」と検察官主張を切り捨てて、本件では原審の判断も是認できないことはない、とした。こういう判示が、高裁判決の特徴だった。

結論は騒擾罪無罪、威力業務妨害罪は一部有罪、執行猶予付き罰金で、実質無罪の判決でした。

8　刑事補償について

――後の刑事補償とか費用補償で、何かエピソードはありませんか。

石川　判決主文は有罪だけど、主たる訴因は騒擾罪なので刑事補償を請求しました。それは認められましたが、最高額の九割となり、一〇％削られた。刑事補償の場合、新聞広告で三紙に掲載できるという規定があるが、裁判所は、予算が足りないから全国紙は一紙にしてくれといってきた。がんばってくれた大阪の裁判所の苦しさはわかるので承知はしたけれど、そのままで収まりはしません。弁護人の一人である亀田得治さんが参議院法務委員会で取り上げて、法律の規定を予算の関係でやれないのはけしからんと追及して、最高裁長官代理が答弁する場面もつくりましたが、大きな変化はなかった。

私は、刑事補償や上訴費用の補償は、法務省や検察庁ないしは総務省などの予算でやるべきで、裁判所予算枠が苦しい中で無罪が出しにくくなる雰囲気とか、広告掲載を渋るような事態はもってのほかだと思う。そういう制度要求もやろうと考えて実行しました。不合理だと思うから、それを制度的なものにしないといかんと発想したんだけれど、後の運動が続かなかった。

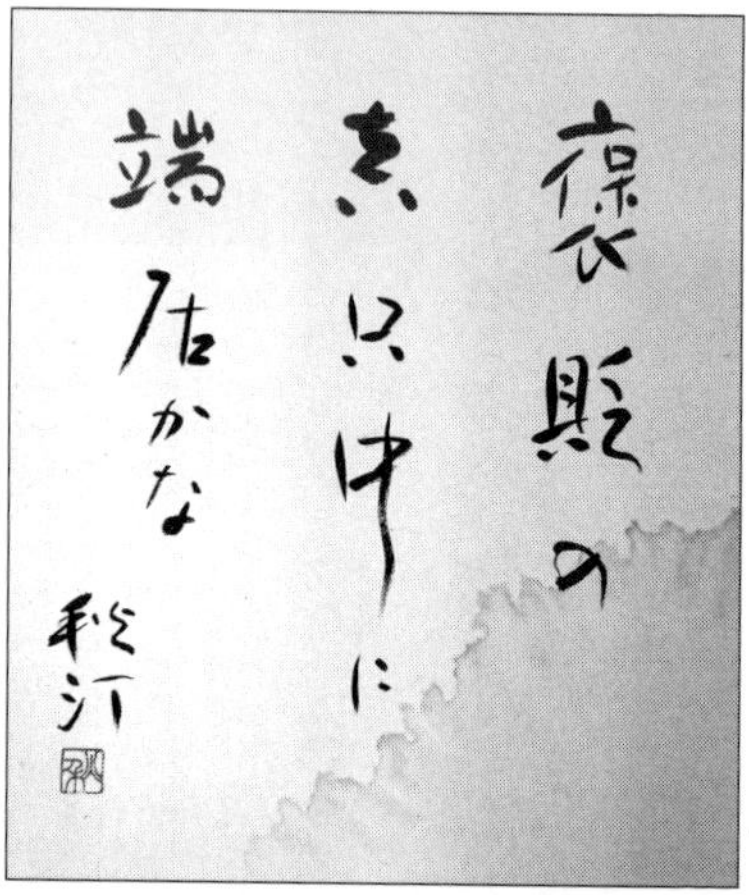

今中五逸元判事の色紙

──被告の皆さんは、どれくらいの期間勾留をされたのですか。

石川　保釈は割合早かった。担当裁判官が石松竹雄さんで、起訴の翌日にはほとんど保釈を認めたと、ご自分でも語られています。「検事からはいろいろ言われたけれど、そんなものは法定刑で言えば低いものじゃないか。黙秘だろうが何だろうがかまわん」と言ったそうです。勾留日数が少なくて刑事補償額はそんなに多くはなかった。

保釈金はほとんどが一万円以下、最低三〇〇〇円で、皆さんのカンパでした。弁護団費用は、あの頃は労働事件も含めてタダが当たり前だった。刑事補償と保釈金で、適当に弁護団費用に充ててくれといわれ、初めて報酬的なものをもらった気がしましたが、無罪確定時には、金銭的価値が違っていました。

──何かエピソードはありますか。

石川　東京の上田誠吉さん（メーデー事件主任弁護人）から、「吹田・枚方事件について」（検察研究特別資料第一三号、昭和二九年三月刊行、五五八頁）という資料が古本屋でみつかったから、と渡され、弁護活動に活用させてもらったことがあります。

もう一つは、二〇〇一年の著書『ともに世界を頒かつ』を一審の裁判長の今中五逸さんにお送りしたところ、簡裁判事の定年退官の翌々日、事務所に来られて、「褒貶《ほうへん》の真只中に端居かな」という色紙をいただきました。この俳句は、一審判決後、殺到するマスコミの評価と批判に対し、裁判長の心境を示された句だとのことです。今中さんは、「野崎参り」の作詞者今中風渓の長男で、高浜虚子の孫弟子に当たる俳人でもありました。

Ⅲ　宮原操車場事件

1　宮原操車場事件とは

——宮原操車場（宮操）事件とはどんな事件だったのですか。

石川　一九五二年六月、吹田事件の前後に、朝鮮戦争反対のたたかいに対する弾圧事件です。宮原操車場の機関車に砂を入れて車軸を壊したという汽車往来危険罪と、一大阪市会議員を戦争協力者だと糾弾して自宅にラムネ弾を投げ込んだとする爆発物取締罰則違反とが合わせて起訴されました。吹田操車場は貨物で東洋一という規模を持つ操車場ですが、宮原操車場は大阪駅発着の客車を手配する操車場ですね。

——被告人には、どういった特徴があるのですか。

石川　宮操事件の被告人九人のうち、中心メンバーとみられる五人が吹田事件の被告人で、デモ隊の先頭を行く民青グループでもあったのです。それで両方の事件の取調べを並行して受けたのです。その取調べは最も厳しくて、拷問といえる状況でした。

M被告人が拷問の結果、長期入院を要する被害を受け、一審途中で裁判が分離された。残る八人に対して、一審では一年二月の実刑二人、後の六人は一年以下の懲役で執行猶予だった。汽車往来危険罪は不成立で、器物損壊とされ、ラムネ弾も爆発物とはいえないが、脅迫に当たるとした。罪名を落として、執行猶予にしたわけだ。

しかし、大阪高裁では、ラムネ弾が爆発物取締罰則の爆発物に当たるとされ、六人に実刑三年六月が宣告された。爆発物取締罰則は、法定刑の下限が七年で重い。この罰則は明治一七年太政官布告で、刑法全面改正で現代用語化したときも、刑法に吸収してもよさそうでしたが、そうしないで特別法として今も残っている。法定刑の下限が七年だから、酌量減軽をしても三年六月で実刑となった。この六人が上告した(一九六一年二月)。

2 最高裁でのたたかい

石川 宮操事件の記録が最高裁に移った後、吹田事件の供述調書の大量却下があった。そのあと、宮操事件で分離されたM被告人の審理が再開されて、綿密な任意性に関する証拠調べが行われ、このM被告人と上告中の六人の被告人の調書が任意性に疑いありとして、証拠排除が決定された(大阪地裁、吉益清裁判長。一九六四年一〇月五日)。弁護団はこれらの証拠をつけて、上告趣意補充書を提出した。これに先立って毛利先生や私などが、吹田事件弁護団から宮操事件の弁護団に加わった。

その結果、最高裁第二小法廷は、口頭弁論を開くと連絡してきた(一九六五年八月)。実はこの前の七月、最高裁判事室で奥野健一裁判官、石田和外裁判官と弁論期日と弁論の時間配分などを協議していいます。打合わせの後、私が石田氏に「研修所入所の際にはお世話になりました」とあいさつをしたところ、「そんなことあったかな」ととぼけられた。剛腕で鳴らした石田氏と二度も個室で面談した人は多くはないでしょう。

この段階で、弁護団は在京も含めて二二一名となり、その連名で一四二頁にわたる「弁論書」を提出した。ところが、一九六五年一一月一二日の口頭弁論の前日、弁論期日を取り消し、その後、記録そのものを大阪高裁に送りつけてきた。分離されたM被告人の高裁審理を先にやれというわけだ。

弁護団は、その後二回にわたって期日指定を求めたが応じなかった。そこで、一九六六年六月三日付でこの期日変更を権限濫用だとして、「司法行政監督上の措置を求める請求書」を出して、最高裁判所第二小法廷五人の裁判官（奥野、山田、草鹿、城戸、石田）に対する制裁を申し立てた。こんな不当な期日取り消しを看過するわけにはいかない、何かあるのではないかと探したところ、あるんだね。刑訴法二七七条（不当な期日変更に対する救済）、刑訴規則一八二条をみつけたのです。

最高裁の狙いは、大阪高裁の続行審で、任意性に疑いありという一審の判断をひっくり返してくれたら、上告で上がってきても、最高裁は両方とも任意性判断をしなくてすむからではないか。われわれはこう推測し、けしからんと考えた。公判期日の取消しについて問い合わせたときに、最高裁は「いや、別に他意はない。次回期日は改めて指定する」と言った。しかし、その後、記録そのものを大阪高裁へ送ってしまった。宮操事件では、続行審のほうに記録がいったり、その後また最高裁へ記録が戻ったりして、弁論を開くということになった。一つの記録が往復したわけだ。

制裁を申し立てたら、最高裁はびっくりしたのでしょう。私の事務所の封筒で送ったから、調査官からすぐ電話がかかってきて「取り下げてもらったら、期日を入れます」と言われた。皆に相談してすぐに返事をし、「期日を入れてくれるなら、取り下げてもいい」と答えた。この請求の効果は絶大だった（なお、弁論終了後に裁判官会議を開いて「措置はしない」と、岸事務総長名の通知があった）。

口頭弁論では、私が序論を担当して、記録の往復の経過表を示しながら、審理の進め方自体に問題があると、再度繰り返した。最高裁の裁判官たちは嫌な顔をして聞いていた。

弁護団の主張の核心は、被告人らについて、続行審の排除決定で任意性に疑いありとされているのに、原判決では任意性があるとされたのはおかしい。同一の被告人に二つの異なる判断が併存するのは、著しく正義に反すると主張した。

最高裁一九六六年一二月九日判決は、松川事件の諏訪メモを法廷に顕出して回覧したことで、これは正式な事実調べではないが、原判決の当否を判断する資料としては使えると判断した判決を引用して、上記排除決定に至った証拠等は、自白調書の任意性に関する原判決の当否を判断する資料に供することは許されるとした。

この判決で面白い点は、原審記録に関する限り、「被告人側の防御権の行使は全体として不十分であったと認めざるを得ない」としつつも、新たに提出された書面等により、任意性の有無については審理が尽くされておらず、審理不尽として破棄差戻しをしたことです。私は、最高裁は審理不尽としていますが、それだけで破棄、差戻しすることはなく、実質的に任意性に疑いありという判断をしなければ破棄、差し戻すことはないはずである、と理解しています。

ところが、「法曹時報」の最高裁調査官の判例解説では、船田三雄調査官が「この判決は審理不尽として差し戻しただけであり、差戻審の審理を拘束するものではない。任意性に疑いありと判断して差し戻したわけでもない」という趣旨の解説を書いていた。

3　差戻審のたたかい

石川　翌年一〇月、差戻審の冒頭では、その点はさらに大きな論点になった。判決の読み方、拘束力や審理の進め方を議論した末、第一一回公判で、山崎裁判長も、調査官判例解説などに裁判所は左右されないとし、最高裁判決の指摘した任意性の疑いについて心得て審理するとした。この問題でも、高裁法廷だけの論議とせず、日弁連に提起したり、亀田参議院議員を通じて法務委員会で追及してもらったりした結果、それまで「最高裁判所調査官室」による解説とされていたのが、「調査官室」が消えて、調査官個人の解説に変わったのです。

一九六九年一〇月から田中勇雄裁判長に交代し、取調状況に関する被告人質問などを三カ月半もかけて審理を尽くして、一九七三年三月、転勤する直前に、全調書八八通のうち四八通を任意性に疑いありとして排除したが、四〇通は警察での不当な取調べの影響はないとして残した。これらで有罪判決ができるという証拠決定が行われたのです。あまりにもひどいやり方と憤慨したが、この決定を覆すことはできなかった。

次の公判から三人目の瓦谷裁判長となった。裁判所への不信が募って、ここからしつこい抵抗を続けることにした。被告団もがんばって、たすきをかけて法廷に入る。「たすきを取れ」「取らん」となって、法廷が何度か流れた。

この三度目の裁判長交代のときには、「更新手続を規定通りきっちり全部やれ」と主張した。差戻審の更新というのは、旧控訴審の判決直前に接続するというのが通説です。旧控訴審の控訴趣意書の陳述から始まる全手続について、公判調書等を全部読めと要求し、差戻し前の高裁での証人調べの記録も全部読んだ。これだけで、六、七回も開廷をやった。

——裁判長が読み上げるのですか。

石川　裁判長と陪席、三人でずっと読みました。始めは、これは嫌がらせみたいなものだと思っていましたが、聞いていると、自分で記録を読むのに比べて非常に頭に入りやすい。「ああ、これは決して単なる嫌がらせじゃない」と思った。メモをとりながら、どこが不十分か、どこを今後補充しないといかんのかが、わかってくる。更新手続で全記録を読んだのは、この事件だけです。

4　ラムネ弾の投擲実験

石川　「ラムネ弾は爆発物に当たらない」とする平場安治教授（京都大学）の法律鑑定書を提出したが、理屈だけで判例変更はできるはずはなく、一九七四年三月三〇日に終結すると宣言された。そこでの弁護団の対応が難しかった。ラムネ弾が爆発物に該当することは最高裁判例になっていたので、そこをどう突破するか。裁判官らに対する忌避申立てをする意見も強かったのですが，忌避が通るわけはない。何とかもう一度ひっくり返す方法はないかと工夫した。

もう一度記録を精査すると、実刑の根拠とされていた問題のO市議宅の事件直後につくられた実況見分調書が不同意で、提出されていなかった。この調書の記載や写真を詳しく分析すると、本件ラムネ弾の威力に疑問があるじゃないか、ラムネ弾の破裂による損傷とされたのは、ラムネ弾が柱に当たったときに柱に生じた傷ではないか。これらを明確にするため、ラムネ弾の投擲実験の鑑定をやることになりました。結審予定の三月三〇日まで後一週間しかない春分の日に、大阪府下最北の能勢町の山奥の土蔵を借りて、三畳間に匹敵する模型の部屋をつくり、実験をした。

――ラムネ弾というのは、そもそもどんなものですか。

石川　ラムネ瓶の中にカーバイドを入れ、水を加えると、化合してアセチレンガスが発生し、その圧力でラムネの玉が上昇し入り口をふさぎますが、圧力の放出先がなくてラムネ瓶が爆発するというわけ。瓶のガラスはすごく厚いので、ガラスの破片が突き刺さって、殺傷力を持っている。すでに、最高裁判例でラムネ弾の爆発力は爆発物取締罰則にいう強度の破壊力がある、とされていた。

――爆発直前に投げ、着地点で爆発させる。実験で投げる人は大変だったでしょうね。

石川　覚悟の上でした。成分や比率を変えて実験をし、どういう場合でも、そんなに威力はないことを証明しようとした。実況見分調書に写った柱の損壊の状況に実験の結果が一番合うケースで、爆発力からはほど遠く、本件ラムネ弾は爆発物ではないという結論を得た。

その実験の結果を一週間で書き上げて裁判所に鑑定書を提出しなければならない。時間はぎりぎりだった。鑑定は一柳さんという大阪大学工学部の当時助手だった人が引き受けてくれた。一柳さんは実験に立ち会い、それを一つずつ写真に撮り、その威力など測定してくれた。

火炎瓶は爆発物ではないと判例で確定していた。他方、ラムネ弾については爆発物とする最高裁判例により、個々のラムネ弾の威力の鑑定はあまり行われていなかった。一般人の感覚では、ラムネ弾をダイナマイト並みの扱いとするのは、いくらなんでもひどいのですが、それだけでは法廷では通用しない。結審という日にこの鑑定書を出し、証人尋問もやることになった。判決では焦点のラムネ弾について、爆発力は認められず、器物損壊のレベルだとされて、全員が有罪ではあるが、執行猶予になった。

この差戻しの裁判には、裁判傍聴も含めて取り組まれた支援運動の盛り上がりが反映したと思います。判決時の裁判所は、瓦谷末雄裁判長、陪席は尾鼻輝次、小河巖裁判官だった。

この宮操事件は、一言でいえば、われわれの粘り勝ちというところでしょうか。粘りに粘り、最後の最後に実験をやった。私にとって、吹田事件とともに、最も印象に残る事件の一つです。

――機関車に砂を入れた件はどうなっていますか。

石川　一審判決以降、砂を入れて車軸に損傷を与えたが，汽車の往来危険を生ずるというものではなく、器物損壊にとどまるという点で変わりがなく、量刑にも影響するものではなかったのですね。

――ラムネ弾を認定落ちさせ、最終的には執行猶予を勝ち得たわけですが、こうした弁護活動からどのような教訓が得られましたか。

石川　弁護活動ではかなりの奇策ですからね。最高裁への制裁の申立てもその一つだし、最後のラムネ弾の鑑定も苦しんだ中での知恵でしょうね。しかし、あとから考えるとそれしかないね。

――それをやっていなかったら、そのラムネ弾が爆発物でないと認定する資料がない。

石川　最後にたどり着いたのが、不同意のまま提出されていない、現場の最初の実況見分調書。それを改めて証拠として出しつつ、鑑定をやって、「ここの実況見分に出ている場面では爆発物による威力とは認められない」ことを実験で裏付けたわけだ。弁護団側に記録の見落としがあったわけで、必死に探した結果だった。

5　弁護団のあり方

――弁護団活動の教訓は。

石川　自由法曹団大阪支部の弁護団活動一四カ条の中にも入れているが、弁護団には多種多様な意見が集まるようにしなければならない。コツコツやることも大事だが、多少の思い付きでも、どのように新しい道をつけていくかも大事だ。提案型（問題提起型）や模索型も必要だと思う。いろいろ模索しながら提案していく必要がある。上田誠吉氏の言葉ですが、「訓練された弁護団」の団結が必要だ。僕も、「訓練された」というところが弁護団の値打ちを決めるところだと思う。大阪支部のものには、「訓練された団結」という文言は入っていないんだが。

――そういう証拠を徹底的に分析する人もおり、それをちゃんと集団的に討議することですか。

石川　緻密さという意味では、阿形さんの任意性分析は、縦横斜めに、被告人同士、取調官同士の供述を見事に分析した。彼とはいくつか事件を一緒にやったけれど、彼は提案型ではない。しかし、分担したときの分析力ではものすごい能力を発揮する。だから、弁護団の中にはいろいろな人が必要ですね。阿形さんと一柳さんが徹夜で書き上げたこの鑑定書がなければ、この事件は動かせなかった。

暴行・傷害事件でも、傷害について弁護士の理屈では裁判官を説得できないけれど、専門家である医師の鑑定が必要なことがある。何かそういう資料があると、裁判官も判決を書きやすくなる。

だから、そういうものを何としてでも弁護団が見つけ出す。こういう見方もあり、専門的にも裏付けられる、というものですね。それを出さないと裁判所を説得しきれないケースは、どうしてもある。

宮操事件では、最後の実験、鑑定へと向かった。裁判所にそういう気持ちにさせるところまでに、終盤で弁護団、被告団、支援運動がかなり盛り上がり、果たして実刑のままでいいのかという気持ちにもなっていたと思う。

6 更新手続の重要性

石川 更新手続では、先例がないことまでやった。しかし、刑事事件では一般には、従前通りです、とすませて、法律通りにはしない。最低でも一時間、二時間の弁論の時間をとって、それまでの到達点を説明する。弁護団としては、裁判長が代わったときに、これまでの弁護活動の到達点を確認する意味でも、区切りをつけないといけない。それは弁護団自身の中間総括でもあるし、裁判所にもそれをわからせていく。決して更新手続は軽視しないということで、ずっとやってきた。宮操事件で全記録を読めと請求し、何開廷分もの記録を読んでもらうというのは、今からみれば嫌がらせのようなものだ。しかし、裁判所もそれをやらないと前に進まないということで、受け入れた。被告人と傍聴席、事件を囲む人々の力関係もあって、難しい事件であったが、それができた。

――そういった手続の更新のスタイルというのは、現在の刑事裁判、刑事弁護の実務でどの程度継承されているのでしょうか。

石川　更新に一開廷分ぐらい、少なくとも一時間、二時間とるのは、特に憲法上の権利や表現の自由が問題となるケースでは、今だってやっているし、やれるはずだ。ただ記録を読めということではなくて、弁護団が検討して、検察側の立証はこう、われわれの主張、立証はこうだと際立たせ、残されている課題は何かというところまではやるべきだ。ただ、事実についてきちんと争う人でも、あまり更新弁論はやっていないようだね。流儀、流派の違いもあるけれど。

――今では『刑事弁護ビギナーズ』（季刊刑事弁護増刊、現代人文社）にもちゃんとやりなさいと書いてありますね。

Ⅳ　その他の公安事件の弁護活動

1　白山丸事件

――石川先生が弁護に当たられた公安事件の中に白山丸事件がありますが、これはどんな事件ですか。

石川　一九五八年七月一三日、京都の舞鶴港に入港した中国残留日本人の第二一次帰国船白山丸の乗客約二〇〇〇人の中の約七〇名が密出国者として、舞鶴港で逮捕された事件です。その情報は中国出港のときの乗船名簿で確認され、全国の都道府県警察が逮捕状をとって入港時に逮捕するとして、約二〇〇〇人の警察官が埠頭を埋め尽くすというものものしい捕り物陣を敷いた。私は、逮捕状の執行に伴う混乱や不法事態の監視などを行うため、舞鶴港に赴いた。結局、一般帰国者を先に下ろして、別の桟橋に船を着けて、そこで逮捕状が執行されることになり、都道府県別に名前を呼んで、逐次、整然と逮捕されることになりました。

全国各地で、ほとんど全員が、出入国管理令違反で起訴されました。それは「有効な旅券に出国の証印を受けないで出国した」ということでしたが、出国の時期が特定できない起訴が多く、多くの裁判所で問題になったのです。

——石川先生が担当されたのは誰の事件ですか。

石川　一つは、現地舞鶴の人の事件で、京都地裁舞鶴支部での審理です。私一人で弁護しました。ほかに大阪の二人がいますが、二人とも保釈中の被告人だった。一人は、一九五二年の五・三〇集会での公務執行妨害罪で起訴され大阪地裁第五刑事部で審理中の被告人で、一九五三年七月から一〇月までに不法出国したと追起訴された。もう一人は、一九五三年八月の暴力行為処罰法違反で、大阪地裁第三刑事部で審理中の被告人で、同年一二月ころから五八年六月頃の間に不法出国したとして同管理令違反の追起訴になった人です。この二つの事件の弁護人は東中さんだったと思うのですが、以前の事件も含めて、私一人で弁護することになりました。

——裁判上の問題点としては、どんな点に問題があったのですか。

石川　まず出国した日時の特定ができず、「一九五二年頃から五八年六月頃までの間」（中国出港直前）というように、公訴事実の特定がないので公訴棄却すべきだという主張です。同じような事件でそれが認められたケースが、東京地裁の横川敏雄裁判長のところでありました。一九六〇年二月二六日、一年以上の幅を持って起訴された一一人の被告人に、訴因不特定として「公訴棄却」の判決が出ます。判例時報二一五号（一九六〇年）の特報欄に、白山丸事件①として掲載されています。神戸地裁の田原潔裁判官も、同年六月一四日、同じ判決を言い渡しています。

――石川先生の担当した事件では、どうでしたか。

石川　舞鶴事件では、その主張は通らず、また、大阪と同じ時効による免訴などの主張もしていますが、いずれも通らず、一九五九年一〇月七日、有罪判決が出ます。

一方、大阪の二つの事件では、従前の起訴については共犯者の判決も下っていましたから、審理の中心は、この出入国管理令違反の事件になります。訴因の不特定の問題もありますが、最初は、不法出国罪は、不法に国外に出ること自体を処罰対象にし、軽微な刑であるのに、刑訴法二五五条一項の「犯人が国外にいる場合」時効が進行しないという規定を不法出国罪に適用すると、軽微な罪が未来永劫時効とならないことになり、おかしいのではないかという素朴な疑問から出発した主張でした。さいわい、二人の裁判長も興味を持ってくれて、もう少しその主張を補強してはどうかと示唆してくれた。

こうして、第五刑事部の判決（田中勇雄、原田修、武智保之助）が一九六〇年二月九日、第三刑事部（網田覚一、西田篤行、岡次郎）が同年二月一五日と相次いで、時効完成による「免訴」の判決でした。

刑訴法二五五条の時効停止規定も、単に「犯人が国外にいたという客観的な事実のみがあればよいのではなく、公訴の提起をしようとしたが国外にいるためなし得なかったという情況、換言すれば訴追機関において公訴の提起をなし得る程度に犯人および犯罪事実を確知していたとの事実が必要」（網田判決）というものです。

この二つの事件は、一人は一九五三年に公務執行妨害で、もう一人は一九五二年に暴力行為処罰法違反で起訴され保釈中の被告人が公判途中から出廷しなくなったところ、捜査機関は出入国管理令違反事件については何らの捜査もせず、犯人が国外にいることも知らなかったとし、時効の停止は適用できないとしたものでした。なお、起訴されていた暴力行為処罰法違反については、その事実は認められないとして無罪になっています。

田中判決が判例時報二二五号に白山丸事件②として、綱田判決は同誌二二八号（一九六〇年）に白山丸事件④として掲載されています。

——高裁ではどうでしたか。

石川 大阪地裁の二つの免訴判決の直後の一九六〇年二月二三日、大阪高裁（児島謙二、畠山成伸、本間末吉）は、舞鶴事件について控訴棄却の判決をしました。私の控訴趣意に対し、「捜査官が犯罪又は犯人を知ると否とによって区別すべき根拠がない」とし、その他の主張も退けてしまいます。この判決も、判例時報二二八号に、白山丸事件③として掲載されています。綱田判決の控訴審判決（大阪高裁、小川武夫裁判長）も原判決破棄で、それは判例時報二三六号に白山丸事件⑥として掲載されています。

「判例時報」が取り上げた白山丸事件判決七つの判決のうち四つが私の担当事件です。田中判決も、綱田判決も、免訴の点では大阪高裁では通らず、破棄されています。

それ以来、この刑訴法の時効の規定について論議は起こっていないと思いますが、最近の日産ゴーン事件（二〇一八年一一月）をみても、国外にいた期間は時効停止ということで、ずいぶん古い事件を掘り起こして起訴するというのも、公訴権の行使として果たしてどうかという気持ちにもなりますね。

2　徴税トラの巻事件（国家秘密とは）

――徴税トラの巻事件とは、どのようなものでしたか。

石川　起訴状の要旨を示して説明します。被告人は大蔵省事務官であり、大阪国税局傘下の堺税務署所得税係員として所得税の課税業務に従事していた者であるが、一九五八（昭和三三）年二月一二日、堺市の路上において、大阪商工団体連合会事務局長Mに対し，被告人が職務上税務署長より大阪国税局所得税課作成の秘密文書である「昭和三二年分営業庶業等所得標準表」および「昭和三二年所得業種別効率付表」各一冊を手渡し、職務上知り得た税務行政上の秘密を漏らしたものである、というものです。

三月に両者が逮捕されます。逮捕段階は私たち九期の弁護士が対応して、勾留却下させます。四月に国税局員が、国家公務員法一〇〇条一項違反として起訴されます。

被告が全国税（税務署職員の労働組合）の役員でしたので、全国税も民主商工会も、組織を挙げてこの裁判を支援します。弁護団も、民法協挙げての体制で、田万（主任）、毛利、菅原、亀田、東中、九期生ら一〇人というメンバーです。佐伯先生は入っていません。

――公判の進め方はどうでしたか。

石川　徹底した求釈明論争でした。一二回公判までの釈明論争を通じて、税務署が推計課税をするための道具である「標準率表」と「効率表」の二つの表の内容、性質などを追及したのです。申告納税制度に基づく申告について更正処分をするため、税務署側で推計するのですが、その道具として二表が使われていることが浮かび上がってきた。徴税トラの巻とよばれるものです。

標準率表は一定の売上の中で、職種や規模に応じて収入の程度を推計するもので、そのために経費率とか利益率などの表をつくっていました。効率表は外形標準、たとえば電気や水道の使用量、従業員の数、店の規模とテーブルや椅子の数などから売上げを推計するものでした。それによって、A、B、C、Dの四段階ぐらいの営業規模ごとに数字が出てくるという仕組みでした。

この求釈明は毛利さんと東中さんが中心で、第五回までが単独裁判官だった。弁護団が合議申請をした記録はないのですが、第六回から合議体になって、網田覚一裁判長になった。第六回、第七回と釈明が続くと、検察官は「釈明はこの程度にしてほしい」と主張したが、裁判長は「起訴状一本でこっちはわからん。自由に論議してくれ」と答えた。裁判所は弁護団が求めているうちは、打切りはしないという態度だった。

この釈明論争も、網田裁判長になってからは速記録が入るようになった。速記録でのやりとりは、大変重要なことです。それと、同時に論点をそのつどまとめて文章化して提出し、検察官も文章で答えるなど、文書のやりとりも加えています。

——この裁判の意義はどのようなものでしたか。

石川　この事件では職務上の秘密と国民の知る権利の関係が激しく争われました。大阪地裁で二回無罪が出て、高裁でまたひっくり返され、最高裁で最終的に有罪が確定しました。理由は違うけれども二回にわたり大阪地裁で無罪判決が出されました。

この事件で初めて裁判所は実質秘説を採用し、公務員法上の秘密は形式的に権限に基づいて秘密指定した秘密（形式秘）だけでは足りず、刑罰で保護されるに値する秘密（実質秘）でなければならないとしました。一審判決以来、有罪にした裁判所も含めて、実質秘説は繰り返し確認され、最高裁もそれを確認しました。その点で画期的な事件でした。

私がここでまず強調したいのは、大阪地裁の最初の無罪判決での網田裁判長の英断です。次に、高裁の破棄差戻し後の大阪地裁の松浦裁判長らが、憲法に基づく租税法律主義の観点から、法律ではなく国民に対して秘密の内部的規定等で課税することは租税法律主義の原則に違反するとし、本件は違法な課税処分に資するものであり、秘密の漏えいに当たらないとし、無罪としたことです。

——網田判決が出るまでの経過をお話しください。

石川　釈明問題に区切りをつけて、第一二回公判で、被告人の認否と検察官の冒頭陳述が行われます。第一三回公判で書証一一点、証人一三人の申請が行われました。この書証の取調請求の冒頭に標準率表、効率表が出てきました。しかし、それらは表紙とわずかな標目が見えるだけで、その細項目や数字はすべて黒塗りで、内容は全くわからないものでした。これではわからんと検察官に現物の提出を求めると、検察官は「国税当局と交渉してできるだけ出せるようにします」と言い、出す必要がないとは一度も言ってないのです。検察官も期日の変更などを求めて、国税局交渉を重ね、裁判所の求めに従って墨塗りの部分を少なくしようとしたけれど、国税局は応じないと説明をした。

網田覚一氏

第一四回公判当日も午後一時から公判でしたが、検察官はなお国税局と交渉中だから待ってほしいとの要望があり、ず

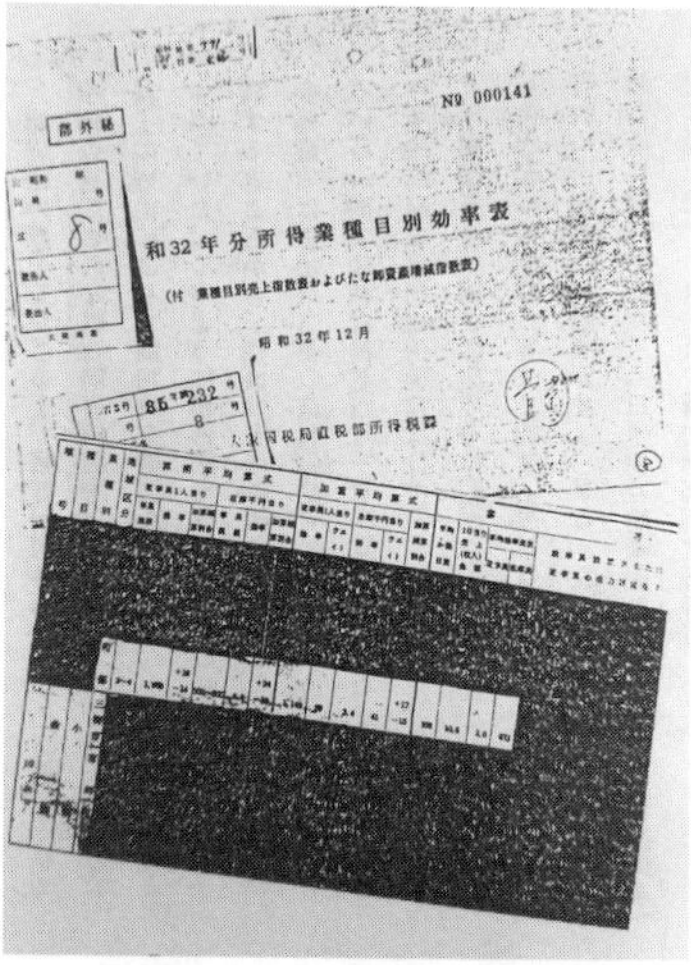

徴税トラの巻事件で提出された黒塗り証拠
（自由法曹団大阪支部ニュース94号）

いぶん待って午後四時過ぎの再開法廷でも、検察官は「まだ交渉中だから続行してほしい」といいます。

しかし、裁判所はこの時点で判決に踏み切ったのですね。休憩中に合議もすませていたのでしょう。弁護人の同意した書証の取調べの後、証人申請を却下し、それへの異議も棄却し、これで終結すると宣言した。「事柄の性質上、論告も弁論もいらん。判決を言い渡す」と言って、無罪判決を言い渡した。結局、実質秘の判断をするに足る判断資料が出されないから、犯罪の証明がなかったとして、論告、弁論もなしに、無罪判決になった。

これに対して、検察官が控訴して、「証人調べをやれば、二つの文書の内容・機能と秘匿の必要性がわかる」と主張し、大阪高裁はそれを入れて破棄差戻しにした。われわれも上告せず、「差戻審でもういっぺんやろう」ということになった。

——差戻審はどうでしたか。

石川　差戻審では「秘密」の内容に入った。弁護側は、二表の作成に当たった統計学者の広田純教授（東京大学）を証人申請した。教授は「公表を前提に、統計学的に甲という事実から乙という事実を推計するもので、長時間をかけ三、四人でつくった」と証言された。

もう一つは、日本の自主申告というシステムの問題も明らかにしました。ドイツなどでは、この種の文書は公表しており、それを使って申告するのも自由だし、裏付け証拠をつけて自分で証明しながら申告するのも自由とのことでした。いずれにしても自主申告制度では納税者の権利が保障されているはずですが、日本は推計用の文書を隠しておいて一方的に課税をしているわけです。

しかも、実質的には民商（民主商工会）退治の攻撃です。民商が自主申告で会員を増やしていて、それに対する嫌がらせという面も強かった。差戻し後の大阪地裁刑事第二部は西尾裁判長でしたが、その後松浦秀寿裁判長になり、前に述べた判決をしました。やはり大阪の伝統は生きていたと思う。

この無罪判決も高裁で破棄自判・有罪となり、最高裁でも上告が棄却され、最終的には有罪となっています。

最終的には有罪になったが、最高裁昭和五二年一二月一九日決定の実質秘の部分だけ紹介します。「判例時報」で傍線の個所です。

「国家公務員法一〇〇条一項の文言および趣旨を考慮すると、同条項に言う『秘密』であるためには、国家機関が単にある事項につき形式的に秘密の指定をしただけでは足りず、右『秘密』とは非公知の事実であって、実質的にもそれを秘密として保護するに値すると認められるものをいうと解すべきである。」

最高裁は本件の二つの表の実質秘性に関しては、原審の事実認定を前提として、税務署側の言い分を認めています。この点はそんなに説得力を持たないと思うのですが、紹介しておきます。

「いずれも本件当時、いまだ一般に了知されてはおらず、これを公表すると、青色申告を中心とする申告納税制度の健全な発展を阻害し、脱税を誘発するおそれがあるなど、税務行政上、弊害が生ずるので一般から秘匿されるべきものであるというのであって、これがいわゆる『秘密』にあたるとした原判決の判断は正当である」

上告棄却ですから、そうなっているのです。「本件当時いまだ了知されておらず」という箇所ですが、差戻し後の二審では自由国民社の特集号が二表の内容をスクープしており、われわれもこの特集号を証拠として提出しました。最高裁はこれに応答しているわけです。

――その雑誌は世間に出ていたのですね。

石川　裁判の進行している中で出版されました。秘密でなくなったと主張したが、最高裁は、了知の基準は行為時であり、裁判時ではないとした。けれど、実質秘からいえば、判決当時ということは十分あり得る考えだと、私は思う。

この事件は昭和三三年から四二年と、二度目の無罪判決が出るまで九年かかった。最後の上告審判決までは一九年、被告人は休職扱いされながらよくがんばったし、弁護団も最後まで粘ったものです。

大阪地裁の二つの無罪判決は、裁判官と弁護団の共同作業という思いのするものです。弁護人もそれなりの努力をしましたが、大阪地裁には当時、それを受け入れ、格調高い判決を書いてくれた裁判官たちがいたわけです。

――これは「ともに世界は頒かつ」の典型的な事件ですね。

石川　そういう感じですね。このトラの巻事件の判決は、刑法改正問題でも取り上げられました。この事件の各判決は、すべて「判例時報」などに掲載されていますから、刑法「改正」問題の法務省との意見交換会にも日弁連側から資料として提出して、国家秘密の強化には反対したのです。法務省は第四回意見交換会で「当面の方針」を出して、争いのあるものは現行法通りとするとしたが、例外として残された課題の項目の中に国家秘密、企業秘密の強化があった。その対策として「国民の知る権利と秘密の保護」が私の担当になった。戦後の重大事件の判例を全部集めました。有名なラストボロフ事件などもあるんです。このトラの巻事件の五つの判決も入っています。

結局、法務省も、これら秘密罪の強化を断念し、現代用語化、口語化にとどめたのです。

3　都島民商事件（証拠開示命令・無罪）

石川　都島民商事件も自主申告納税制度に関する事件で、民商会員を狙い撃ちし、調査した事件でしたが、無罪判決を得ました。公務執行妨害事件ですから、公務の違法性の主張・立証に力を入れ、一〇年もかかったが、公務はもう終っているし、暴行も認められないという無罪判決で確定しました。

――小貫さんが被告の事件ですね。

石川　小貫富雄さんは、都島民商税対部長でしたが、裁判中に大阪府議会議員に当選して、府議会警察常任委員会の委員になり、警察に睨みをきかせる存在になりました。

この事件は自主申告権を侵害するような調査が問題となった。いわゆる質問検査権の限界の問題でもあります。われわれは申告以前の調査は、不当、違法だと主張しました。当時の国税当局の意向を受けて、検察庁も民商会員を狙い撃ちして起訴する事件が全国的に相次ぎました。大阪の民商は全国一強いと目されて、「税金関ヶ原の戦」ともいわれていました。国税庁長官が大阪を視察して、大阪国税局を督励して強行的な調査や強行課税を指示しました。その中でこの事件が起こりました。われわれも当初から「公務の違法性」を明らかにする訴訟だと旗を掲げました。

事実関係は、税務署員が都島民商会員に対する質問検査をしている現場に小貫さんが駆けつけて「もう、こんな検査やめようよ」と言って、職員の肩を叩いた。検察官はそれを暴行とし、調査を打ち切られたとして公務執行妨害罪で起訴した。しかし、実際は、職員が自分でカバンをしまって立ち上がろうとしたときだったのです。

裁判の冒頭では、「おかしいじゃないか」と求釈明をずいぶんやりました。起訴状の書直しを求め、その後の冒頭陳述では二度も書直しをさせた。冒頭陳述に対する釈明をやった結果、「公務終了後の紛争」という判決の線に沿うものが出てきた。

「公務の適法性」を争い、質問検査の違法性を明らかにするため、税法学者の北野弘久教授（日本大学）に証言してもらった。

特筆すべきは、現場にいた人たちが全員、参考人取調べを拒否したことでした。検察官は起訴前の証人尋問（刑訴法二二六条）請求をした。この請求に際して裁判官に面談して、「立ち会いさせよ」「尋問事項をみせよ」と申し入れましたが、認められなかったですね。

起訴前尋問の濫用については、国労関係の事件でも紹介します。この証人尋問調書は検察官に引き渡され、裁判所には記録が残らないわけです。本来、裁判所の関与する手続は記録原本をすべて裁判所に残し、検察官には謄本を渡せばよいはずです。逮捕状、勾留状は原本主義で、原本で執行する。令状とは性質を異にするのに二二六条関係では裁判所に写しすら残らない。そこで、裁判所に原本を残すべきだと提言しました（この点は、第8章の日弁連活動で再論する）。

――この事件で証拠開示が新しい展開をみせましたね。

石川　そうです。公判の冒頭から何回もこの証人尋問調書の開示請求を繰り返した。検察官立証が終了して弁護人の反証に入る際に、山本裁判長がこの調書の開示命令を出した。その異議は却下され、検察官が特別抗告をしました。最高裁昭和四四（一九六九）年四月決定で、初めて「訴訟指揮による証拠開示命令」が認められたのです。

証拠開示要求が「証拠あさり」だとの批判がありますが、「これは裁判所に頼んでつくったものではないか。これを独占して、なんで開示しないんだ」と強調しました。地裁の証拠開示命令のあと、最高裁でも新判例をつくるんだと、佐伯先生にも相談した。佐伯先生は、「全逓大阪中郵事件以来の証拠開示拒否の流れを変えないかん。これなら絶対勝てる」と言われ、新たに弁護団へ参加もされた。佐伯、毛利、和島、阿部、青木英五郎さんらを含む大阪八二人連名の意見書を出した。東京の自由法曹団へも頼んだ。こうして三つの意見書、すなわち当初のわれわれの弁護団意見書、弁護団八二人の大阪の意見書、東京の弁護団三三一名の意見書の三つが特別抗告審に提出されました。

その結果、昭和四四年四月二五日の最高裁二小法廷は、都島民商事件の特別抗告を棄却し、「公正な訴訟指揮を行う権限と職責を有する裁判長の証拠開示命令は適法」という判断が確定した。最高裁第二小法廷は、この事件では棄却決定して開示命令を正当と認めたが、他方で同日横浜地裁の開示命令については特別抗告を入れて、破棄差戻しをした。最高裁は二面性を示したわけです。その違いは、都島民商事件では三二六条請求に係る尋問調書と特定していたが、横浜のケースは「検察官は手持ちの証拠を弁護人に開示せよ」といういわば限定のない一般的な開示命令であったことによると思われます。

最高裁は両方を判断して、証拠調べの一定の段階で開示すべき証拠を特定して開示を求めることができるというように、要件を絞った。当時の背景を説明すると、開示命令の直前に下村幸雄裁判官が法律雑誌に証拠開示命令の試論を書きました。大阪地裁の刑事裁判官部会の討議でも、圧倒的に開示命令を支持していたと聞いています。最高裁も、下級審裁判官らの総意を無視できなかったわけです。

この事件は、開示された調書と現場にいた人たちの証言で、公務の終了後のことで、暴行とも認められないとして、無罪の判決でした。検察も控訴せず、一審で確定しました。

——昭和四四年最高裁の証拠開示命令判決は、刑訴法のどの教科書にも必ず出てきますね。その後、証拠開示は、うまく機能していきましたか。

石川　裁判長の訴訟指揮で開示命令が出せる。裁判官にとってマイコート主義でいけるので、やりやすいはずのものです。その後の運用をみると、しっかりした裁判官のところでは、立会検察官も開示に応じるから事例集には出てこない。しかし、そうでない裁判官のところでは、勧告はするが命令に踏み切らない。法廷ごとにみていると、検察官との力関係に影響されていて、この決定の効果・機能は限定的ですね。開示が思うように進みませんでした。

最高裁は枠組みを厳しく限定したけれど、われわれは下級審の判例で枠組みを拡大するものがつぎつぎと現れるはずだと期待しましたが、全然そうなっていません。命令を出すまでもなく応じるところでは開示するし、命令を出さない裁判官のところでは開示されない。最高裁の枠組みを利用して、枠を広げて全面開示につながるのではと期待しましたが、当時でも現実にこの期待に応える裁判官はそう多くはなかった。

4　大証デモ事件（可罰的違法と肖像権）

――大証（大阪証券取引所）デモ事件について、説明してください。

石川　大証デモ事件は次の通りです。六〇年安保反対の夜間デモに対して、交差点で私服の警察官がいきなりデモ隊の目の前で、フラッシュをたいて顔写真を撮った。これに対して、大証労働組合の副委員長、書記長など三人がその人間の身分や撮影目的を糾そうとして組合事務所まで約一三〇メートル連行した。この行為が不当逮捕罪で起訴されました。

東中さんと私と鬼追明夫さんが弁護人となった。この事件は一審判決までが短かった。網田裁判長の部で、構成要件に該当するが、可罰的違法、実質的違法性なし、正当な行為で無罪とされました。

――控訴審はどのような特徴がありましたか。

石川　控訴審では法律論が中心で、法律家への証人尋問が主になった。検察官が藤木英雄さん（東京大学助教授）を証人申請し、われわれは戒能通孝、奥平康弘という表現の自由の専門家、憲法学者を申請した。裁判所も職権で大塚仁教授（名古屋大学）を採用し、東京、名古屋で出張尋問を行った。藤木氏は検察官の申請だけれど、反対尋問では私らの主張を認めて「いきなり写真を撮られたら肖像権とか何とかいうより『何をするんだ。どうしてそういうことやるんだ』という釈明を求めるのは当たり前」と言い、「まして公務員ならちゃんと答えるのが本筋でしょう」とも証言した。

高裁判決は、デモ隊員は「容貌が撮影されることまでは容認していない」とし、「警察官の写真撮影は捜査の必要上許された適法な行為であるが、被撮影者がその理由につき釈明を求めているときは、堂々と説明すべきだ」と述べて、結論としては本件は不法逮捕の構成要件に該当しないとして、無罪の結論を支持した。藤木氏はこの判決を支持した論文を書き、「私の証言がこの判決の基礎にある」と言っています。検察側の証人として出たのにね（笑）。

内容的には、可罰的違法論が構成要件の枠組み判断に強く影響したものといえましょう。検察官の上告はなく、無罪で確定しています。

5　大阪学芸大学事件（大学の自治と可罰的違法）

――大阪学芸大学事件についておうかがいします。

石川　大阪学芸大学事件は、大阪府警平野警察署のスパイ文書事件の発覚に引き続く事件です。平野署公安警備の警察官が落とした記録の中に秘密調査の個人カードなどが多数あった。その内容を全部出版し、社会党、共産党なども含めて大阪府の規模で共闘会議が結成され、警察の違法、責任を追及する府民運動となっていた。私も当初から関与して、警察へ書類を返還する前に、裁判所の民事証拠保全の手続をとって、その記載した内容を保全させていた。

事件は、大阪学芸大学の自治会役員をしている女子学生に「交際しよう」と言って、私服警官が大学の正門の近くで声をかけた。その現場を見つけた学生らが、その警察官を学内の講堂まで連れて行き、壇上に座らせていろいろ詰問をした。電話連絡があって、僕もすぐ駆けつけ、壇上で学生らと一緒に質問をしたが、そのときの私の写真も新聞に載っていた。

この学生らの行為のうち、起訴されたのは、校門近くから一〇〇メートルほど大学構内まで連行したが、この連行行為が暴力行為等処罰法違反に当たるとして、三人の学生が起訴された。機動隊が来るまで二、三時間詰問していたのですが、学内講堂で追及した行為は起訴されなかった。

被告人の一人は、自治会の活動家で平野署のスパイ行為の対象とされ、その個人調査カードに名前が出ていた。発生場所が大学近辺であり、学生の自治会活動に対する権力の介入であり違法だと主張した。一審判決は東大ポポロ事件と同様、超法規的違法阻却で無罪になった。これも網田裁判長の部の審理です。事実関係からいえば、大証デモ事件と変わりはないのだけれども、こちらは時間がかかった。

網田さんは「大証デモ事件は法廷が引き締まっていたが、この事件はしょうがないな。傍聴の学生たちは、居眠りばかりして」とこぼしておられた。法廷でも網田裁判長が「暖房が入っているんだから、オーバーぐらい脱いだらどうだ」と言うと、学生は「脱いだら下はアンダーシャツ、下着だけですわ」と言うような状況でした。「君らは友達の裁判の応援に来たんと違うか。寝とっていいのか」という言い方もされるのです。

——それは傍聴席にいる学生ですね。

石川　そうそう。傍聴席の学生はまばらな上に、暖房の入っている法廷で居眠りしている。僕は、裁判長にたしなめられるようなことでは裁判支援にならない、大証デモ事件とこの事件を引き合いに出して、法廷傍聴の意義はどこにあるか、と「救援新聞」に書いたこともある。網田さんは「裁判の威信」などとは全く言わず、二つの事件の支援状況の違いを指摘し「それでも裁判所はきちんとした判決はするがな」と言うのです。網田さんはユーモラスなやり方で被告人をからかったり、傍聴席に注意したりする人でした。

——一審判決は、どういう論理構成でしたか。

石川　被告一名は犯罪の証明がないとして無罪、二名については構成要件には該当するが、超法規的違法性阻却するとして無罪を言い渡した。

大阪高裁で控訴審開始後まもなく、東大ポポロ事件最高裁判決（昭和六三年五月二二日）で、超法規的違法阻却論は否定された。大阪学芸大事件は、そういう状況下での審理でしたが、控訴審では実質的違法論による無罪となりました。

——大証デモ高裁判決と大阪学芸大高裁判決を比較すると、どういう評価になるのでしょう。

石川　大証デモ事件の高裁判決は、連行行為は「可罰的違法性を欠く程度の軽微なもので、逮捕行為としての定型性を備えていない」としたのに対し、大阪学芸大事件の高裁判決は「法益侵害の程度は極めて軽微で可罰的評価に値するほどのものとは認められず」として、暴力行為処罰法一条の構成要件に該当するけれども、同罪が予定するような可罰的違法性はない」としました。検察官の上告も棄却されて、いずれも無罪が確定しました。

佐伯先生は、大証デモ高裁判決は、最高裁四・二判決の構成要件該当性を欠くという考え方の線上にあり、大阪学芸大高裁判決は最高裁一〇・二六判決の考え方に当たるとも評されています（佐伯千仭『刑法における違法性の理論』有斐閣、一九七四年、四二三頁）。

——大阪の裁判所はその後変わりましたか。

石川　大阪の裁判所の黄金時代はこの頃までだった。昭和四〇年代後半からは、東京から訴訟進行型の裁判長を任命する人事が意識的、系統的に行われた。最高裁は昭和四一年の全逓中郵事件と四四年の東京都教組事件で官公労の労働基本権を保障して刑事罰からは解放しましたが、最高裁判事の入替えで四八年には判例が逆転した。それに合わせたように大阪の裁判官人事も、自由な伝統を担ってきた裁判長が定年や転勤・異動でいなくなった。大阪の裁判所の状況を元のように戻そうとする努力は続けられていますが、どこまで回復しているといえましょうか。

6　ビラ貼り弾圧事件――事件の顔を大事に

――ビラ貼り事件や公選法事件は激しかったようですね。

石川　ビラ貼り事件も公選法事件もずいぶん多かった。大阪地検公安部長の長谷部検察官は、警察から送検された事件はほとんど全部起訴した。これらの事件は本来行政法規違反ですが、共産党関係者の事件となると、どんな軽微な事件でも起訴したわけです。行政法規の治安法的な運用（濫用）というべき公訴提起です。そこから公安事件になってしまうのですね。

ビラ貼り事件は、大阪府・市の広告物条例違反ということで、条例は、電柱や信号機へのビラ貼りの禁止のほか、一定の街路・地域でも禁止していた。その違反に対する罰則は罰金だけですので、簡裁の専属管轄です。それで、大阪府下の各簡裁に起訴された。一九六四年から六七年にかけて、われわれの担当したのが三三件、四八人が起訴されています。国民救援会大阪府本部と連携して、事件ごとに三人ぐらいの弁護団（ほとんど自由法曹団大阪支部のメンバー）が担当した。それ以外にいわゆる「新左翼」の事件もかなりありました。

ビラ貼りは、一般市民や労働者の要求や政治的・社会的な訴えの手段として最も身近なものです。憲法二一条の表現の自由の問題だということは誰でもすぐ思い付く。「電柱のビラ貼りは、商売関係も含めてたくさんある。その中でなぜこれらが狙い撃ちされたのだ」、「ビラ貼りの実態を営業関係のものとそれ以外のものとそれぞれ数字で明らかにしろ」という求釈明を重ね、ずいぶん多く公訴権濫用による公訴棄却を申し立てています。

弁護士もみんな一生懸命で、事件数も多く大変だったが、検察官のほうも大変だった。簡裁の副検事には任せられないということで、大阪地検の公安部検事が分担して副検事事務取扱という資格で簡裁事件の公判を担当した。向こうも悲鳴をあげたけれど、こちらも大変だった。

その中で憲法二一条違反の同じ事件だから併合を主張しようという議論が弁護団の中から出て、一時は多数になりかけた。しかし、「待てよ、そんなことでやったら、何のためにこのビラを貼ったのか。このビラを貼らなければならないという必要性や意義が飛んでしまう。憲法論を前面に出す前に、どういう切実な要求に基づくビラであるかを明らかにすべきだ。われわれは『事件の顔』とは、といってそれぞれの事件の個別特殊性を強調してきたのではないか」。そういう反省から「そうだ。やはりそれぞれのビラの内容の切実さを訴え、合わせて一般市民、労働者にとって宣伝・広報、その表現を生かす道がどれだけ狭められているかという市民の表現行動の現実とそれへの狙い撃ちの実態を明らかにし、公訴権濫用と絡めてやっていこう」ということで、議論が収斂された。

そのことは非常に貴重なことでした。憲法上の主張は最後まで譲れない軸ですが、抽象的な憲法論が最初に飛び出すことであってはならないというのが、この論議の教訓でした。

電柱の関係では、関西電力は道路占有許可をとっていて、突き出し看板やトタン板広告など使用料をとっている。裁判所を通じて、こうした電柱の管理および広告使用・営業収入を回答させたこともある。つまり、関西電力は本来の送電目的のため大阪市からの電柱の土地の借り出しを受け、一定の借地料も払っている。それを公共的なものよりも営利的に広告媒体として使っていることを指摘し、ビラ貼り禁止の保護法益は何か、営利の保護なのか、公的な美観保護とは別ではないか、それらも含めて、公訴権濫用論もいろいろな角度から出した。これらの主張を考慮して「本件ビラは条例違反に当たらない」とする無罪判決（枚方簡裁一九六八年（昭四三）一〇・九判決、判例時報五三八号）も出たが、ほとんどは有罪判決でした。

――それで条例改正の運動が前進したのですか。

石川　そこから、商業的ビラがいっぱい貼り出されていても取締まりがされない中、われわれだけやられるのはおかしいという議論の延長として、政治的なビラは営利目的ではなく、広告物条例が予定する「広告物」には当たらないはずだ。広告物条例の規定が、政党、労働組合、市民団体の営利を目的としないものにまで及んで、表現の自由が守られず、警察、検察の恣意的な運用を許すことになっている。この条例の改正運動を起こそうということになった。宇賀神直弁護士が中心となって、支援団体や共産党、労働組合、救援会などがこぞって市議会、府議会へ要請運動を開始した。

そうなると、自民党を含む各政党も自分たちの選挙や政治活動の問題であり、いわゆる法定ビラだけの問題ではないと受け止め、条例改正の機運がぐっと高まった。それで、いったん府・市条例が改正されて、いくつかの裁判が免訴になった。

ところが、この条例に「改正以前の行為については従前の例による」という規定があり、免訴にならない事件があった。条例の再改正を求め、それも従前の事件にも適用されることとなったので、係属中の事件は全部、「刑の廃止」に当たるとして免訴判決になった。

その後は軽犯罪法一条三三号の他人の家屋等に「みだりに貼る」行為で立件するなど、いわゆる行政法規の治安法的運用でやられるのは、ときとしてあるけれど、この時期の嵐のようなビラ貼り弾圧は基本的には終わりました。

——その後は電柱以外の信号柱、橋など絶対的禁止物へビラを貼ると、広告物条例でやられていますね。

石川 はい。条例では電柱と同時に美観保護を理由に、地域、ストリート（道路）を指定して禁止している条項もある。電柱と地域の美観保護の両方がありました。

7 法廷等秩序維持法違反の通告を受けて——権力をおそれず、権力をあなどらず

——ビラ貼り事件の公判で、弁護人の石川先生ら自身が裁判官から法廷等秩序維持法違反として制裁通告を受けられたことがあるようですが。

石川 一九六六年三月発生の電柱ビラ貼り事件で、僕と並河匡彦君と鈴木康隆君の三人が法廷等秩序維持法違反として制裁の通告を受けたことがあります。一九六九年六月二五日の法廷のことです。この事件では、二年くらいの間四人も裁判官が代わった。あまりにも代わり過ぎると、更新手続の機会に裁判所の人事に対する抗議を新任の裁判官にぶつけた。当時は知らなかったが、この裁判官は修習終了したのに三五歳以上で判事補に任命されず、簡裁判事に任命された人だった。「俺はちゃんと司法修習を経てきたのに簡裁判事では……」と鬱々たる思いの裁判官にぶつかったわけ

です。

まず裁判官が特別弁護人に発言を禁止したので、われわれが抗議すると、弁護人も発言禁止となる。その場で忌避申立てをして退廷した。そうしたら、あとから書面で、法廷等秩序維持法の違反の裁判を七月九日午後三時から行うという通知がきたわけです。

これは大衆的に訴えてたたかうしかないと決意し、まずそのときの公判調書を写し取った。問題とされるような行為は記載されていない。当時の大阪弁護士会の会員は一四〇〇人ぐらいだったので、一五〇〇部印刷して全会員に配る体制をつくり、一般にも訴えることにした。大阪弁護士会常議員会で制裁反対の決議をしてもらうことになり、七月七日の常議員会で制裁撤回を求める決議が行われた。一方で、大阪弁護士会の全員に反対署名を呼び掛けて、一週間足らずで一九八名、全国の自由法曹団員で二七一名など署名が集まって、それを裁判所へ提出した。弁護士会会長、常議員会代表、毛利先生と一緒に簡裁を管轄する大阪地裁所長への交渉にも立ち会った。地裁所長は「おっしゃることはよくわかりますけれど、私からいうと、平賀書簡の二の舞になりますからね。誰か、同期の友人から個人的に話してもらったほうがいいのではないか」とも言われた。その晩に簡裁判事と同期の岡村親宜弁護士（東京）に電話したところ、彼はすぐに電話してくれた。

もともと忌避申立書は、口頭申立後三日以内に書面で出すことになっている。忌避申立てと同時に訴訟手続は停止するのが本来です。ところが、僕らが退廷したあとに「簡易却下」したと公判調書に記載していました。裁判所の許可なく弁護人が退廷したことを制裁理由としていたのです。そこで、まず「簡易却下」が違法だという準抗告も申立て、忌避申立書も提出した。こういう雰囲気の中で、当日七月九日午後一時から裁判官交渉に臨んだ。毛利さんがドイツ語の分厚いコンメンタールを持ち込んで、「ドイツの刑事訴訟法でもこうなっています。忌避の申立てによって訴訟手続はただちに停止する」という説明もするのです。裁判官のメンツの問題もあったでしょう。結局、毛利さんが「じゃあ、一筆入れますか」ということになって、当たり障りのない文面の弁明書を私が差し出した。それが午後二時ぐらいです。制裁の裁判は取り消すことになった。

大阪簡裁の庭には四〇〇人ぐらい支援の人も来ている。その中には家内もいて、下着なども全部そろえてくれていたが、その必要もなくなった。

――鈴木先生と石川先生、並河先生の三人ともですか。

石川　三人とも用意していた。制裁裁判に対する抗告の申立書も三人で起案して事務所に預けておくなどの準備もしていた。

大阪の裁判所の雰囲気は、かなりわれわれに同情的だった。簡易却下に対する準抗告は、すぐに認められた。忌避申立て担当の地裁合議部へも何回か面会に行った。当該裁判官は辞めるといっているから、判断を先送りしてくれといって、一二月まで引っ張った。

あとで聞くと、簡裁判事のほうも忌避却下が出るまでは絶対辞めないと決めていたらしい。忌避却下決定が出たのは一二月で、弁護人に非があるとは書かれておらず、穏やかな決定だった。裁判官はその一週間後の年末ぎりぎりに退官して、郷里に帰ったという話を聞いた。その後、和解の機会を持ちたいと思っていたが、早くに亡くなられたようです。

最大の問題は、簡裁であれどこであれ、「権力を恐れず」でやってきたけれども、「権力を侮らず」ということをきちんとしなければならないことで、反省しました。上田誠吉さんから「私は簡裁の裁判官にはよけいに丁寧に挨拶しています」と言われて、「やはり、こちらは若気の至りで裁判官を軽くみたところがあったのではないか」と思った。上田さんは若いときから本当に老成していた。一生懸命に取り組むこととともに節度を守ることとの大切さを考えさせられ、大変勉強になったケースです。

8　公職選挙法弾圧事件（高裁での唯一の違憲判決）

――公選法弾圧はどういう状況でしたか。

石川　自由法曹団大阪支部の記念誌に投稿したことがありますが、一九六〇年から八〇年までの間に、一一件の起訴事件があります。戸別訪問、文書配付ですが、うち二件は市会議員で、その他は運動員です。そのあとにも、国会議員を含めて数件立件されていますが、弁護活動などで起訴させなかった。

これら大阪の事件は、みなよく奮闘したが、大阪地裁岸和田支部一九七八年一一月二日判決で、文書配付は運動員同士の部内資料の配布という「内部行為」であるとして無罪（高裁で破棄有罪）となったほかは、いずれも有罪となった。公選法事件のもう一つの焦点は、有罪の場合に公民権停止がつくかどうかにあった。現職議員では命取りに等しいからだ。大阪の事件では、ほとんど公民権停止なしの判決がとれている。

これら公選法違反事件は、憲法の保障する表現の自由との関係で、下級審では全国で一〇件の無罪判決が出ています。私と縁の深い裁判官の判決とその後のポストを紹介すると、

①　一九六七年三月二七日東京地裁（環直彌判事）戸別訪問。制限的違憲（判例時報四九三号、

一九六七年）。後に東京高裁総括判事。ＥＲＣＪ選書『一路』の著者。

② 一九六八年三月一二日妙寺簡裁（安倍晴彦判事）戸別訪問。違憲（判例時報五一一号、一九六八年）。

③ 一九六九年四月一八日長野地裁佐久支部（花田政道判事）戸別訪問・文書配付。違憲（判例タイムス二三四号別冊、一九六九年）。私と同期で支部まわりなど冷遇され、一九八七年四月退官。

④ 一九七八年三月二〇日松江地裁出雲支部（小川国男判事）戸別訪問。違憲（判例時報九二三号、一九七九年）。支部まわりとなり、一九九三年五月退官。

⑤ ④の控訴審。一九八〇年四月二八日広島高裁松江支部（藤原吉備彦、前川哲郎、瀬戸正義）控訴棄却。戸別訪問。一律禁止は違憲（判例時報九六四号、一九八〇年）。藤原氏はまもなく定年退官。前川氏は地裁総括から地家裁所長。瀬戸氏は東京高裁総括。

――石川先生は、松江地裁出雲支部の事件を担当されたと聞きましたが。

石川　控訴審からですね。東中法律事務所出身の大賀良一弁護士が、出雲市に法律事務所を開いていて、この一審無罪判決を得て、東京の上田誠吉さん、大阪の石川、大分の河野善一郎さんに声をかけて、地元の髙野孝治さん（主任）らとともに、拡大した弁護団ができたのです。

検察官控訴事件ですが、原判決を守るため、事実関係を補充するとともに、証人調べでは東京都品川区長候補者選定のための区民投票が戸別訪問を禁止せずに行われ、戸別訪問が買収・饗応の温床となることはなかったことを立証し、判決理由に大きく採用されています。

一九八〇年三月にまだ証拠調べ請求をしていたが、四月から両陪席裁判官が転勤するから、弁論を更新することになると告げられ、裁判長はその意向を強く示した。弁護団は迷ったが、上田さんのリードもあって、この構成の裁判所で判決を受けようではないかとなった。それが大正解でした。一カ月後の判決は、両陪席の理論的構成がうかがわれる素晴らしいものでした。控訴審判決としては初めての無罪判決で、大変注目された。

しかし、この高裁判決も、一九八一年六月二五日の最高裁第二小法廷（宮崎、栗本、木下、塩野）で、「戸別訪問を一律に禁止するかどうかは、立法政策の問題であって、国会の裁量の範囲」として破棄され、広島高裁本庁に差し戻されました。これには立ち会っていません。

その後も、国際人権法を前面に出しての裁判闘争が粘り強く続けられていますが、最高裁の壁は厚いという状態です。

9　準起訴手続の経験

――検察官の不起訴に対して、裁判所に起訴を求める準起訴手続もやられていますね。

石川　必ずしも公安事件の範疇に入らないかもしれませんが、ここで報告させてもらいます。

一九五八年から五九年頃、私が弁護士になって三～四年目くらいです。大阪城の東のまだ廃墟のままの旧大阪造幣所焼け跡に忍び込み、鉄くずを掘り起こして持っていく「アパッチ族」と呼ばれた二人の朝鮮人が、警察官のピストル発射によって一人が射殺され、一人が重傷という事件がありました。このときは韓国居留民団と朝鮮総連の両方からの依頼で、画期的なものでした。大先生のほうが受任し、実務は結局私一人でやりましたが、それが間違いでした。少なくとも三人くらいの若手が入ってやらなければいけなかったけれども、若気の至りで実務担当を一人で行い、職権乱用の告訴・告発をした。検察庁が不起訴処分にしたので、大阪地裁に準起訴請求をした。

網田裁判長の第三刑事部での審理となった。捜査記録はすべて裁判所に提出された。裁判長は、証拠は全部閲覧・謄写させてくれた。被疑者の警察官に対する尋問は法廷で行うことになった。検察官も被疑者の弁護人も立ち会いません（警察官には弁護人もついていなかった）。私一人が二人の警察官をそれぞれ尋問するわけです。準起訴手続の審理方法としては画期的なものでしたが、それを生かしきれなかった。警察官は、アパッチ族のほうがスコップを振り上げて向かって来たから射撃した、正当防衛だという。せめて過剰防衛として警察の職権乱用、逸脱を立証するところまではと思いましたが、そこまでいきませんでした。請求棄却で終わった。

準起訴手続の審理方式としては、後に石松竹雄裁判長の下で、被請求人（被疑警察官）の弁護人を含めて法廷で対質尋問をしたようですが、私は、網田裁判長方式のほうがよいだろうと思うのですが。

第5章　官公労のスト権奪還闘争、争議行為と刑事罰

――無罪判決等一覧表（二六四〜二六七頁）には、官公労の争議行為に関する事件の無罪判決が多く出ていますが、最高裁のいわゆる逆転判決以降、それが固定しているようにみえます。このような官公労事件の判決等について、今論じる意義はどこにありますか。

石川　難しい問題ですね。まずは、歴史の語り部として、どのようなたたかいによって、地裁段階から無罪判決を積み重ね、それが最高裁をも動かし、刑事罰からの解放を勝ち取ったかをお話したい。後で述べる二つの最高裁無罪判決は、官公労働者の問題だけでなく、一般刑事事件にも、構成要件の解釈適用、可罰的違法性の問題など大きな影響を与えたと思います。

この成果が自民党政権の危機意識を生み、最高裁裁判官の入替えによって、最高裁判例を逆転させ、永い「冬の時代」といわれる状況が続いた。その過程と教訓を明らかにしておきたいですね。この状況をどう打開していくかという課題ですが、刑事裁判における「絶望の状況」を打開すべく、二〇〇〇年以降弁護士会を挙げての取組みで、一定の変化・前進を勝ち取りつつあるといえましょう。

労働戦線では、国鉄をはじめ、各企業体の民営化により、公労法自体が廃止され争議権も回復しましたが、同時に労働組合の戦闘力・社会的影響力も相当減殺されています。公務員労働者の権利

回復は、全体として労働運動の力の回復とそれに応える理論的再構築の問題だろうと思います。

1　官公労の実力行使に至る実情

石川　官公労といわれるのは、非現業の公務員と三公社・五現業（公共企業体等）の公務員・職員の労働組合の総称です。非現業の公務員は公務員法により、三公社・現業公務員らは公共企業体等労働関係法（公労法）により争議行為が禁止されていました。公労法には罰則がないが、刑事免責の適用はないとされます。公務員法には罰則規定がありますが、争議行為は禁止されるものの実行行為そのものは処罰されず、「共謀し、あるいはあおり、そそのかす」という関与の仕方だけを刑事罰にするという形（地方公務員法第六一条四号）で規制されていた。一九五五年頃から、切実な待遇改善の要求や、民主主義的・政治的要求も絡めて、総評労働運動が昂揚していきます。その運動の中心に公労協の国労、全逓という組合がいて、要求貫徹のため、実力行使を展開します。日教組も、教員に対する勤務評定は教育を破壊するものだとして全国的に休暇闘争を行った。それらが法で禁止された争議行為だとして起訴され、各地の裁判闘争の結果、最高裁大法廷の全逓東京中郵判決（一九六六年一〇月二六日）と都教組判決（一九六九年四月二日）により、争議行為は刑事罰から解放されることになりました。

しかし、佐藤内閣による最高裁裁判官の入替えが行われ、一九七三年四月二五日の全農林事件の最高裁判決で、公務員関係の争議行為の処罰が合憲だと覆され、その後一九七七年五月四日の最高裁全逓名古屋中郵事件判決で、公労法関係についても、争議行為の禁止は合憲で、かつ、労働組合法一条二項の適用はないという形で有罪にされました。

それが、その後も維持され、永く「冬の時代」が続いています。

2　全逓大阪中郵事件

――石川先生が最初に担当された全逓大阪中郵事件についてお話しください。

石川　罪名は「建造物侵入、公務執行妨害罪」でした。一九五八年三月二〇日に、東京・大阪・名古屋の三中央郵便局でいっせいに二時間の時間内職場大会という実力行使（実質は時限ストライキ）を決行したのですが、これが起訴されたのです。起訴罪名は三カ所とも違うんです。東京は郵便法違反、つまり郵便業務をゆえなく放棄したとし、事業法によって争議行為を処罰しようとした。大阪は、公務執行妨害と建造物侵入でした。これは闘争の形態の違いからくるんです。大阪の場合は、管理職側の締め付けがきつくて、自由に職場大会に参加することが難しいだろう、説得されてしぶしぶついていく、肩に手を掛けて一緒に行くという戦術をとり、事前に周知していました。しかし、中には素直に行かない人がいて、その職員に対する連行行為が公務執行妨害とされ、また説得のために組合役員が管理者の制止を振り切って郵便局内に入ったことが建造物侵入として起訴されました。名古屋は郵便法違反と公務執行妨害の両方で起訴されています。

東京中郵事件の進行が早く、一審判決では郵便法違反の争議行為にも労働組合法一条二項の刑事免責規定の適用もあるとして無罪となった。二審がその適用はないとして逆転有罪。上告審の最高裁弁論の前に大阪地裁の大阪中郵事件無罪判決（一九六五年四月三〇日）が出されたわけです。

大阪地裁判決は、「公労法一七条が争議行為を禁止しているけれども、現業公務員の業務は権力的な作用ではなく、民間でもとって代わることのできる事業で、これを一律に禁止するという立法のあり方は、憲法で保障された労働基本権の保障に反するもので、違憲の疑いは十分にあるという判断をし、さらに、公労法一七条は争議行為を禁止しているが処罰規定はなく、処罰はそれぞれの犯罪構成要件による。本件の連れ出し行為については組合員に対する組合の団結強制力が認められ、参加への説得に、組合員はそれに従うべき義務があり、ある程度の有形力の行使も容認されるから、公務執行妨害の構成要件に該当せず無罪」としました。また、建造物侵入のほうも、組合員の説得、団結強制のための行動であって、正当なもので、建造物侵入に該当しないとして全面無罪の判決が出ました。

判決をした西尾貢一裁判長は、大阪刑事訴訟研究会の会員でもあり、研究会の席で佐伯さん、毛利さんと議論を交わしていた方です。そういう点では網田さんもそうですが、裁判官と弁護人との間の共通の土俵があり、「ともに世界を頒かつ」という立場の裁判官といってもいいでしょうね。

この事件の大阪高裁の担当裁判官の名前がわからないままなのですが、被告七人、七つの公務執行妨害の訴因があり、そのうちの一つだけが有罪になって、あとは一審通りになりました。高裁段階でも、団結強制を認め、労働組合法一条二項の適用という意味では、かなり注目されていい判決だったのですが、どこにも紹介されず、判例集や雑誌のどれにも載っていないんです。これは私たちの責任ですね。

一方、全逓東京中郵事件の最高裁では六回にわたる口頭弁論があり、佐伯先生の違法の相対性、実質的違法性論が、弁論の白眉だったと聞いています。その判決が、一九六六年一〇月二六日にありました。この判決は、労働者の基本権を尊重し、その権利と争議行為によって影響を受ける国民の権利との間の、権利相互の調整の問題であるとの判断に立って、少なくとも刑事罰を科すのは相当でないとする画期的なものでした。

——この事件では証拠開示はどのように行われたのですか。

石川　一九五八年六月頃の起訴で、弁護団長が佐伯先生、私が弁護団の事務局長で、一〇人ぐらいの弁護団が構成されました。弁護団は、第一回公判前に全面証拠開示を求めました。公判前に弁護人が全証拠を閲覧して、第一回公判で適切な意見陳述や認否をするためにも、公判前の証拠開示が必要だと主張していました。

当時の学界はこの証拠開示問題に全く注目しておらず、学説上でこれぞと援用できるものはなかった。弁護活動では、早くから大阪地裁の吹田事件、枚方事件で裁判所の勧告も得て、検察官調書の全部開示を勝ち取っています。そして、法廷だけでなく、大阪弁護士会に提起し、刑訴法ないし刑事訴訟規則を改正して、証拠開示を正面から認めるべきだという意見書を日弁連に挙げ、日弁連も、一九五三年三月の理事会で証拠開示の立法化を提案しています。

——弁護士会の全面証拠開示の要求はそんなに早い時期にしていたのですか。

石川　そういう実践の上で、大阪は全国でリードしていましたし、佐伯弁護団長をはじめとする主張に、裁判所も一九五九年一〇月三日の公判で、西尾裁判長の訴訟指揮命令として、松川事件の諏訪メモの例などを引用して、検察官は被告人に有利な証拠についても弁護人に開示する責務がある。手持ち証拠すべてについて弁護人に開示すべきであると示して、「検察官はすべての手持ち証拠を弁護人に開示せよ」と命令しました。

検察官は、最高裁へ特別抗告を申し立てた。そうすると、最高裁第三小法廷は、なんと二ヵ月半後の一九五九年一二月二六日の決定で、西尾命令を取り消したのです。「証拠開示を命じ得る一般的な法規は存しない」という形式論がこの決定の骨子です。もっとも、この決定も、冒頭では検察官は公益の代表者として裁判所の真実の発見に協力する義務があるということは一応述べています。検察官が、その基本的な責務に反することはするはずがないという絶対的な信頼の下に、取り消したのです。

――当時の最高裁の第三小法廷の判事は誰だったのですか。

石川　垂水、島、高橋、石坂という顔ぶれです。垂水判事は、公安労働事件には強い敵意を持っていた人で、松川事件でも反対意見を書いています。この事件では、補足意見を書いて、さらに追い打ちをかけるような理屈を展開しています。

この辺りの詳しいことは、佐伯先生が特別抗告に対する反論・弁護人の意見書という形で単独で書かれたものが、著作集にそのまま載せられています。証拠の開示の問題については「立命館法学」に詳しい論考を書かれ、最高裁決定を批判する論文を書いて、問題の所在を学界に向けて発信しておられます（『生きている刑事訴訟法〔佐伯千仭著作集第五巻〕』信山社、二〇一五年の諸論稿）。

公労協関係では、国労の事件が多くありますが、時期的には日教組の勤評闘争関係が全国的に展開されて、それが次の活動になります。

3　日教組の勤評反対闘争

――では、日教組（日本教職員組合）の勤評闘争に関する石川先生の関わりについてお尋ねします。

石川　愛媛、和歌山、大阪、京都、高知で起こった刑事弾圧事件に関わりました。愛媛の勤評闘争が最初で、一九五七年の秋口から始まりました。愛媛では多くの校長が勤務評定書の提出を拒否し、校長降格処分になりました。相当な勢力を持っていた愛媛教職員組合も、大量処分や弾圧、昇給差別、切崩工作などで、組合員は激減し、その後、愛媛の教育は文部省のいうままになってしまうという劇的な変容もみせています。

愛媛の勤評闘争には全国から活動家も駆けつけました。「県庁前テント事件」という刑事事件がまず起こります。県庁前に張った組合のテントを守衛が取り外そうとし、それを阻止した行為が、公務執行妨害の事件として応援の組合員三人が起訴されました。地元の弁護士たちに、私も加わって弁護人となり、一審、二審とも暴行に当たるとの行為なしとの無罪判決で確定しています。

近畿では和歌山県教組で最初の刑事弾圧がありました。地方公務員法（地公法）六一条四号の争議行為の遂行を「あおり、そそのかし」として組合役員を起訴してきました。

一九六八年に和歌山、京都が三・三・四割休暇闘争、大阪が一〇割休暇闘争という名の争議行為です。三・三・四割というのは三日間にその割合で休暇をとり全員が参加する、一〇割というのは一日で全員休暇をとるということです。有給休暇請求という形の争議行為ですが、まだ当時は争議とはいわなかったのです。

教員に対する勤務評定がいかに教育の本質に反し教育現場を破壊するものか、教育労働者の実感で、それがたたかいの原動力ですが、休暇闘争の合法性の確信を持ってもらうために、われわれ若手の弁護士たちが、組合の求めに応じて職場に入って、「年次有給休暇の請求は形成権で、請求すれば権利が発生する」と説明し、合法性に確信を持って組合の統一行動に参加しましょうという活動もしました。

刑事弾圧は、まずは家宅捜査が組合事務所に入り、議事録などをいっせいに押収した。それからものすごく多くの組合員に対する任意出頭での取調べがいっせいに始まるんです。取調べに名を借りた組織攻撃です。たとえば、大教組事件では一〇〇〇人を超える組合員に呼び出しがかかっています。こうした捜査体制に対し、起訴前弁護の活動も大きく発展し、新しい展開をみせています。この勤評闘争では、全国八都府県の教職員組合の委員長、副委員長、執行委員らが地公法の「あおり、そそのかした」罪で起訴されました。

――それらの裁判の進行状況は。

石川　東京都教組の裁判の進行が早く、検察官の冒頭陳述、立証に対し、弁護団はもっぱら教育裁判だという反証に力を入れています。教育学者、教育法学者、憲法、社会政策など多くの学者証人を出して、記録によれば学者証人と現場の教員関係者六〇人ぐらいになりました。東京地裁の裁判官三人が愛媛に出張尋問で行き、愛媛県の教育が勤評強行の結果、どれだけ変わったかという生の声を聞くんですね。当時伝わってきた話では、裁判官が涙を浮かべて聞いていたという。裁判官の心に響くものがあったんでしょう。

東京都教組事件の一審判決（一九六二年四月一九日、荒川正三郎裁判長）が、「通常の争議行為

であればあおり、そそのかしで処罰することは許されない」という限定解釈で、争議目的、争議の性格論に着目した無罪判決を出した。

大阪では、教育論については先行した東京都教組の証言調書などを書証として提出した。中心課題は「教職員も労働者であり、憲法二八条の保障を受ける。争議権を否定する地公法の規定が違憲だ」とする違憲論で、それを中心に労働法学者、憲法学者などを立てた。

いずれにしても、当時は、東京でも大阪でも、そうした学者証人を裁判所が抵抗感なしに受け入れていました。大阪では、争議権の保障について、労働法学者の野村平爾さん（早稲田大学）や沼田稲次郎さん（東京都立大学）、関西の本多淳亮さん（大阪市立大学）、片岡昇さん（京都大学）にも協力していただきました。

――大阪地裁の大教組事件判決はどのようなものでしたか。

石川　大阪地裁の判決は、一九六四年三月三〇日、網田裁判長のあとを継いだ吉益清裁判長、主任裁判官は石松竹雄さんでした。基本的には地公法の禁止規定、処罰規定そのものが憲法二八条に違反する。それとともに、あおり、そそのかしの構成要件にも当たらないという念の入った判決をしています。

――大阪以外の事件はどうなっていますか。

石川　印象に残るのは京教組事件です。京都地裁の公判では、途中から私が主任弁護人になって、判決までいきましたが、ここでは証拠開示をめぐって何度ももめて、三回も裁判官忌避をしたのです。橋本盛三郎裁判長の下で、検察官調書の開示のないまま組合員らの証人尋問が強行され、最終段階になって、検察官が検面調書の三二一条請求をし、組合員証人の再尋問を求めました。われわれの反対を受けて、再尋問を却下しながら、裁判所は調書を採用する。それが不当だと忌避申立てをすると、採用決定を取り消して、取り調べた検察官尋問を決定する。再度の忌避申立てで、抗告した大阪高裁も忌避は認めなかったのですが、理由の中で「原裁判所が証拠開示をしないまま審理したことに起因する紛争で、その後の訴訟指揮も一貫していない」と、裁判長の訴訟指揮を批判したものです。再開後の法廷で高裁の指摘について反省したかと追及した。そうすると「発言禁止」とくるわけです。そこで三度目の忌避申立てをする。そんなことの繰り返しをしました。

――それで京都地裁の判決はどうなりましたか。

石川　東京地裁判決をはじめ、大阪を含めて全国で無罪判決が圧倒的に多かった。無罪の趨勢がほぼ固まっている中で、京都地裁の判決を迎えたのです。弁論では、毛利先生が「恐縮の一言」と題する弁論要旨を出して、「この事件の傍聴をしていた人が私に、三度も裁判官を忌避したんだから、この事件の無罪は期待できないんじゃないですかと言うから、私はそんなことはないと言った、裁判官が私怨をもって臨むなんてことはないんだから」と言うんです（笑）。裁判官は渋い顔をして聞いていました。判決は、ほかの無罪判決と同じく通常争議行為に随伴するような指令の発出自体は特別な行為ではないということで、あおり、そそのかしには当たらずと無罪となりました。

――高知県の北川村教組事件もありますね。

石川　ちょっと珍しい事件です。一九六〇年に、高知県の北川村という本当に山奥の愛媛県との県境に近いところで事件は生じました。村の範囲が結構広くて、小学校が六つ、中学校が三つもあり、合わせて九校、組合員数は四五人ですから、一校当たりにしてみたら本当に組合員の少ない学校ばかりでした。その四五人全員が一致して、校長の降格処分反対、新任校長の受入拒否という要求を掲げて、一〇割休暇闘争に入った。これが当初は「あおり、そそのかし」として起訴され、後に「争議行為の遂行を共謀した」という訴因が追加されました。この「共謀」の訴因は、全国でもこの事件だけです。

地裁段階の弁護団は私と小林勤武さん、山田一夫さん（いずれも一一期）という大阪の三人で、高知まで通いました。この事件の山場は、現地の組合員など大勢の証人を調べるため、二日間の出張公判を行ったことです。講堂のある学校が一つもない。一番広い教室があるところを臨時法廷とし、教壇に裁判官三人と書記官が座る。傍聴人が大勢詰めかけて、裁判所も傍聴制限をしなかったので、窓の外からも中をのぞき込むなど、鈴なりの人がいる。座れるところは、最後は裁判官席の後ろだけというわけで、一列ずらっと傍聴人が座ってやった（笑）。この熱気が裁判官を動かしたと思います。

この事件で「可罰的違法性のある争議行為について、違法な関与行為のみが処罰の対象となる」といういわゆる「二重の絞り」をかけて、それらに当たらないとする無罪判決が出ました。これは、最高裁四・二判決の先行と評価される判決です。われわれは、大教組並みの地方公務員法違憲の判断を求めましたが、ぎりぎりのところでこの「二重の絞り」論をとったものです。（最高裁四・二判決に至るまでの全国の裁判状況は、第7章の2〔二〇〇頁以下〕の中で詳しく紹介している。）

こうして、私たちの大教組事件、京教組事件、高知北川村教組事件の各判決は、最高裁四・二判決の形成に寄与したといえると思います。これらの検察官控訴による高裁は、四・二判決後の一九六六年五月九日、検察官の控訴取下げにより、みな無罪が確定しています（二六四～二六七頁の無罪判決等一覧表の一二、一三、一九）。

4 勾留却下と検察官の準抗告、身柄の扱い

石川 一九五七年、五八年に、いっせいに捜索やら任意出頭の呼出し、逮捕、勾留という事件が頻発し、捜査段階の弁護活動が発展しました。東京も大阪も徹底して、大勢の若手弁護士ががんばった。その中の面白いものをいくつかお話しします。

一九五八年の五月頃、全逓大阪中郵事件で組合役員の逮捕後の勾留請求があった。全員勾留却下ですが、その最初の勾留請求で、私は勾留裁判官のところに張り付いて勾留尋問に立ち会わせろと要求しましたが、それは無理だ、廊下で待っていてくれ、と言われた。勾留尋問のあと、裁判官が「勾留却下、もうあなた方は帰っていいですよ」と言うので、「それでは一緒に帰ります」と。警察官は、「本人たちの荷物があるから警察署まで来てくれ」と渋っていたけれど、「そんなものはあとでとりに行くからいいよ、釈放になったんだから一緒に帰ろう」と言って、法律事務所まで帰ったのですが、警察官も付いて来た。

このあと、検察庁が猛烈な抗議を裁判所に行ったらしい。裁判所と検察庁の間で、弁護士会の関与のないまま協議をして、勾留尋問のあと、身柄をいったん裁判所横の天満警察署に戻し、そのあとに却下の告知をする。検察官の準抗告がある場合には、その時間を与えるという内容で協定を結んだらしい。検察庁に妥協した措置でしょう。

問題の本質は勾留却下についての準抗告、その間の身柄拘束の法的根拠はどこにあるのかという議論です。

5　佐伯先生の弁護士魂

石川　京教組事件の逮捕は一九五八年一〇月です。佐伯先生も弁護団に入っていただくことを捜索のあった段階からお願いしていました。私は、逮捕と同時に京都の宿屋に泊まり込んで、接見や勾留却下の交渉をやっていた。ここも全員勾留却下になった。

ところが検察官の準抗告の申立てがあって、身柄が釈放にならない。それで、佐伯先生がどこにいるかと問い合わせると、日本刑法学会で京都にいるという。そこで、刑法学会の懇親会の席上に乗り込んでいって、実はこういうことで勾留却下になったのに身柄が出てこないと申し上げた。佐伯先生は、団藤重光さんと一緒に飲んでいて「団藤君、あなたはこの刑訴法の立法をやったでしょう、勾留却下の決定に執行停止などという考えはあるのか」と聞くと、団藤さんは「いや、そんなものは全然想定していません」と。「そうだろうな。よっしゃ、石川君、それなら行こう」と、そこからすぐ京都地裁に行ったのです。

裁判官に面会を求めましたが、部屋に鍵をかけて、裁判官は中で合議中だから待ってくれ、というのが書記官の答えだった。佐伯先生が「大事なことを言っているのになんだ」と外から大きな声で言って、「入らせてもらうよ」と声をかけてグッと押したら鍵が外れたんです。体当たりしたわけではないのに（笑）。僕も一緒に入ったら、裁判長が顔を真っ赤にして、「佐伯先生ともあろう方がなんということをするんですか」と言って、住居侵入だといわんばかりでしたが、「そんなことはどうでもいいんだ、それより大事なのは、身柄拘束の根拠は一体どこにあるんだということだ」、

「今、われわれは準抗告の合議をしていますから、その結果を待っていただくしかありません」。このようなやりとりをかなりやったけれど、平行線だった。

佐伯先生は憤慨して部屋から出てきて、「石川君、今夜中に人身保護法による訴状をつくって、明日の朝一番に出せ」とおっしゃった。私は「はあ」と、宿屋へ戻って、そんな訴状は書いたこともなかったけれど、私が原稿を書いて、ほかの人にカーボン複写用紙で三部清書をしてもらった。翌朝一番に、裁判所の受付に訴状を出そうとしたら、「いや、その件はもう準抗告棄却で釈放指揮が出ています」と言われた。幻の訴状になったんです。

この事件では、佐伯先生の現場に乗り込む迫力と、身体拘束の法的根拠などについての怒りなど、目の前で見た佐伯先生の弁護士魂というものに感動したものです。

しかし、その後は、執行停止の決定がだんだん積み重なるようになりました。

6　身柄勾留問題への取組み

——この勾留問題の裁判所の処理はその後どうなりましたか。

石川　準抗告申立てがあると、原裁判官が執行停止をして、書類を準抗告裁判所へ送るケースがあった。それはおかしいと抗議すると、準抗告裁判所が構成されてすぐに執行停止をする。そして準抗告の審議に入る。準抗告棄却の結論が出るまで勾留却下の決定時から何時間もかかっている。その間の法的根拠についてはいろいろいわれてはいるが、まともに正当化できるものはない。

——勾留が認められたケースもありますか、その場合の勾留理由開示公判の狙いはどこにありますか。

石川　勾留請求が認められた事件もたまには起こりますが、それに対する勾留理由開示公判は、勾留の不当性を多くの傍聴人のいる公判廷で追及し、勾留の取消しなどを求めていく場です。

大教組事件では、全員勾留却下で、検察官の準抗告申立てもありましたが、執行停止は出ず、全員釈放された。ところが、何を間違ったのか、田中勇雄裁判長の第五刑事部（わりあいにましだとみられていた部）が準抗告を容認して、勾留状を発行して全員を収監した。その勾留理由開示公判が、二日間も終日開かれた。全部速記も入れて、十数人の弁護団がこもごも勾留の違法性などを述べた。これには裁判所も閉口したのでしょう。準抗告決定に対する最高裁への特別抗告を即時に申し立てていたことにかこつけて、二日目の夕方に、「特別抗告の決定が出るまで勾留の執行を停止する」と宣告した。これは却下の執行停止とは違って、勾留している状況からの執行停止で、これは当然あり得る。それでこの日に釈放になった。あとで聞くと、同じ部の下村幸雄裁判官（準抗告裁判所の構成には加わっていなかった）が、田中裁判長に進言したようです。

——いったん収監されたけれど、執行停止で出てきたということですか。

石川　そうです。われわれ弁護団は、勾留の取消しなどを求めていたが、執行停止という発想はなかった。とにかくこれ以上は裁判所も持たないし、勾留をそのまま続けるのも難しい中での智恵でしょうね。特別抗告のほうは長く据え置かれ、その間に在宅起訴があり、勾留状も失効した。

高知県教組の団交拒否（不法監禁）事件でも、第一次逮捕者についての勾留理由開示公判は朝から終日行われ、その被疑者らは釈放には至らなかったが、その後の逮捕者には勾留が認められないという効果に結び付いています。

勾留問題のエピソードもあります。和歌山県教組勤評事件で勾留却下を求めて待機していると、担当裁判官から呼ばれた。裁判官は「どうしたもんだろうね。ほかは全員黙秘しているのに、ある役員が私の前でみんなしゃべったんですよ。一応調書にとりましたけれど」と言われた。それは弾圧前の学習会で「公判になったら裁判所では堂々と正当性の主張をする」という話を勘違いして、勾留裁判官の前で言ったんですね。これは「勾留却下で出てくると、本人は責任感から自殺でもしかねない。ほかの人は却下してくれ。本人だけしばらく入れておいて」ということで、勾留して延長なしにしてもらった。あとで面会に行って、「お前さんの勘違いだよ」、「わかりました」で収まった。

――捜索現場ではどのようなことをしたのですか。

石川　捜索の立会いも何件かやりました。今捜索が入ったと、すぐに弁護士に連絡することになっており、捜索中に立ち会うことを求めましたが、なかなか弁護士の立会いは認めませんでした。組合員の立会いは拒否できませんから、警察官が多数いれば、警察官に組合員が一人ずつついて不当な捜索をさせないようにするとか、捜索令状の捜索場所と押収すべき証拠物の特定に注意する。事件捜索令状そのもののコピーはなかなかとれなくとも、手書きでも全部写し取るとかしました。事件に関係ない資料を押収していくケースも多く、押収物についての準抗告で返還させたこともいくつかやりました。

こうした捜査段階における弁護活動は、この勤評事件、それから全逓、国労など、いずれも正当性の確信に基づく行動ですから、捜査についての引け目や負い目は一切ない。想定できる限りの弁護活動を尽くし、それなりの成果を挙げた。その後の公安労働事件を通じて勾留状が出たのは例外的なことでした。

整理すると、搜索差押え関係では、現場での捜索令状の点検で捜索場所の限定、捜索すべき物の特定などに注意して不当な捜索をさせないこと、事後的には、捜索令状と押収物一覧表と対比しつつ、違法な押収物の還付を請求した。警察は、被疑事実とは直接関係のない通常の組合活動書類なども広く押収していく傾向があった。公安、警備のやり方ともいえるでしょう。これを刑事警察の原則に引き戻し、憲法上の権利の保障を強く求めたものです。大阪地裁、東京地裁で多くの決定が出ています。

身柄関係では、逮捕段階で弁護人届を出して検察官には勾留請求させない、請求すれば勾留担当裁判官に面接し、事案の本質と勾留の理由・必要性のないことを訴えて却下させる。勾留状が出れば、それに対する準抗告申立てと勾留理由開示公判で勾留取消しを求める。勾留延長に際しても同じ対応をする。

こうした一連のたたかいは、公安・労働事件だけでなく一般刑事事件でもできるだけ行う。事務所に迎えた弁護士の新人教育では、このワンセット全部やってみたら、などと言ったものでした。

起訴後の釈放を迫る活動についてですが、私は起訴後勾留の取消請求をしばしばやったものです。しかし、本来は、起訴と同時に、改めて勾留状の審査を行う制度とすべきだと考えています。その理由などは、第8章の日弁連活動の捜査に関する規制のところで述べることにします。

7　国鉄労働組合のたたかい

石川　国労（国鉄労働組合）は、当時の総評の労働運動の中核とされていましたし、鉄道関係という一番強い現場を持っていたわけです。そこが春闘のベースアップ要求やら、いくつかの権利問題の要求のため、最初は「遵法闘争」をやった。遵法闘争というのは、たくさんの運転その他の規定がある。それを文字通り守っていたら、結果として電車が遅れる。それくらい煩瑣な規定がたくさんあった。その「遵法闘争」から、次は「時間内職場大会」という時限ストライキが行われた。一九六〇年からは、きちんと組合内の全員投票をかけた上でストライキ宣言をして実行するようになっていった。国労は、全逓や教職員組合のような公務員組合に比べて大きな闘争力もあるし、総評の中心部隊でもあったわけです。

ストライキに伴うピケの問題については、尼崎駅事件と日韓条約反対の宮原操車場事件の二つの事件がありますが、その前に、東灘駅事件という公務執行妨害で起訴された事件の話をします。

兵庫県の東灘駅という三宮駅の少し東にある貨物駅で、列車の駅ではないんですが、ここで一九五八年に時間内職場大会をしたあと、警察から組合員につぎつぎと参考人呼出しがかかりました。不可解な列車妨害事件のようなものが、この周辺にも頻発していたという時期でした。警察と一体になって組合員の呼出しに協力しているのが助役じゃないかということで、分会長と分会書記長、その他分会員が助役室で助役に対する抗議行為をした。それが助役の朝の点呼業務を妨害したとして、公務執行妨害罪で起訴された。

一審では有罪でしたが、控訴審でいろいろと検討した結果、「時間的には点呼は終了しているのではないか」という争点を主張した。検察官は、点呼後場所を変えて、次の助役との引継ぎがある、点呼と引継ぎとは一体のものだと主張した。大阪高裁の判決は、点呼と引継ぎは別のもので、公務が終了した段階のことだとして公務執行妨害は無罪になった。そして暴行の点については有罪だが、罰金になった。判決後、裁判長からは「これは思い切って無罪にしたけれど、上告があるかもしれない、そうなったらもめるかもしれないが、がんばってやってくれ」と言われた。

やはり検察官の上告があり、しかも最高裁から口頭弁論を開くという通知がきた。これはまさに公務の問題で弁論が開かれるわけで、異例だったかもしれない。公務執行妨害罪については、公務の適法性の問題と、公務の時間的・場所的な限定の問題もある。調べてみると、いろいろな判例がある。公務の適法性を争う例はたくさんあるが、どこまでが公務であるかどうかという、公務の限定のような意味では、この事件は一つの先例だった。最高裁判決は四対一で上告棄却。棄却に反対した一名は検察官出身の裁判官だった。これは「判例時報」にも掲載された。

この事件は罰金だったから、国鉄の処分は軽くすんだ。執行猶予付でも懲役刑の判決だったならば、公務員と同様に免職であったから。

後に、刑法改正問題で公務執行妨害罪に罰金刑を、と提唱しましたが、その原点ともいうべき事件です。

8　刑訴法二二六条（起訴前の証人尋問）の濫用

石川　この東灘駅事件では逮捕・勾留された二人以外の組合員に、参考人として呼び出しがかかった。二人が勾留されている状況の下では応ずるわけにはいかないと拒否すると、刑訴法二二六条の起訴前の証人尋問請求が出された。私たち弁護人は裁判官に「立ち会わせよ」「尋問事項を明らかにせよ」と要求したが、なかなか立会いは認められなかったが、尋問事項を開示した例はあった。

その上で、四人の組合員が証言拒否罪で起訴されたのです。証人によばれた組合員には、自分も訴追の恐れがある場合には証言拒否できると説明していた。暴行とされる場面以外の部分についての証言拒否が起訴されたのです。証言拒否罪の起訴などはこの事件だけで、不当な起訴でした。法定刑が罰金だけという、いわば裁判所侮辱罪的なものでしょうか。かなり長い審理期間、起訴休職にされるなど不利益も受けました。判決は、現場関係の証言拒否は正当としつつ、事件と関係ない部分について有罪とするという不当なものでした。もともと刑訴法二二六条は「犯罪の捜査に欠くことのできない知識を有すると明らかに認められる者が」とかなり厳格に規定しているのですが、それ以外の部分の証言拒否が有罪とされたわけで、不当なものです。高裁でも認められず、悔しい思いが残る事件です。

――他の事件で、刑訴法二二六条の起訴前の証人尋問の弁護人立会いをした例はあるのですか。

石川　一九七二年頃、大阪の商都交通事件で立ち会うことができました。裁判官の尋問に異議は述べましたが、弁護人の尋問はできないし、尋問調書も交付してくれなかったですね。

このように、起訴前の証人尋問請求は、一九五〇年代から七〇年代初頭まで組合の組織弾圧の道具としてずいぶん濫用されたものです。

その上に、この二二六条請求によって裁判所が作成した証人尋問調書も、すべて検察官に送付され、裁判所には何も残らない。裁判所がいわば捜査の下請機関とされているようなものです。これらの経験が、一つには証拠開示命令に関する新判例の獲得につながりました（都島民商事件）。

これらの経験から、「捜査段階で裁判所が関与する手続の記録の整備に関する意見書」（日弁連意見書、二〇一四年五月）で、裁判所には二二六条関係の尋問調書の原本か謄本を置くよう求める提案につながっています。

9　尼崎駅列車前ピケ等事件

――つぎに尼崎駅事件というのはピケの事件ですね。

石川　尼崎駅の線路上で、列車前にピケを張るということをやったんです。一九六二年春闘で、国鉄当局が第二組合と先に交渉して、その妥結水準を国労に押し付けてきた。国労の団交権否認に抗議するもので、全国に数ヵ所の闘争拠点の一つに指定されたたたかいです。

この事件では、列車前のピケが威力業務妨害とされたほか、公務執行妨害の起訴もあった。それは、信号扱い所の組合員らがストライキ参加の意思を表明しているのに、管理者が外から鍵をかけて窓に釘を打って監禁状態にした上に、信号扱い所への階段には鉄道公安官がびっしり詰めていた。組合員が監禁された仲間を救出しようと公安官ともみ合ったことが、公務執行妨害とされた。この事実関係が一番の検察側の弱点だった。組合員の争議参加の自由を不法に奪ったものであり、公務執行妨害罪は成立しないという裁判官の心証が早く出た。

ピケの合法性については、一定の有形力の行為も認められることは労働判例で確立しています。民間の場合には多くが無罪になっている。この事件は、公労法一七条は違憲の疑いがあり、争議行為における説得、ピケで一定の有形力の行使が認められるとして無罪になった。この事件の神戸地裁一九六六年一二月一六日の無罪判決はなかなか立派なものでした。しかし、この判決も大阪高裁ではピケとして許される限度を超えているとして維持されなかったですね。

10　日韓条約反対宮原操車場事件

石川　日韓条約は一九六五年に締結されましたが、宮原操車場事件はこれに反対する政治ストライキの正当性を認めた判決です。この事件は、ピケの適法性論だけではすんなりといけない。日韓条約反対と労働者の権利がどう結び付くか、つながるか、かなりの苦労をしました。この部分は私が担当しましたが、吹田事件以来の国鉄労働者が置かれた軍事輸送と労働条件の悪化、国民生活への影響などと日韓条約の軍事態勢の側面を強調した。裁判所はそのまま入れたのではないが、次のように判断し無罪とした。

「経済、社会および政治が相互に密接な関連を有する現在の社会機構のもとにおいては、勤労者が労働条件および経済的地位の維持向上を図るためには、ある程度の社会活動および政治活動を行わざるを得ないから、労働組合の右目的の達成に必要な範囲の政治的活動も憲法二八条の保障する勤労者の団体行動権に含まれる」。

政治ストは使用者としてどうにも対抗できないのではないかという主張については、「その争議行為が憲法の民主的法秩序を根底から破壊する目的で、不法ないし不当な手段で行われない限り、刑法上の違法性の評価において、直ちに可罰的違法性を具備するとはいえない」として、私たち弁護団が主張した国鉄労働者の特別な性格というよりは、労働組合の社会的ないし政治的な活動の自由というものをかなり広く認めた。これは非常に素晴らしい判決でした。しかし、大阪高裁で維持できませんでした。

——大阪高裁ではどうなりましたか。

石川　大阪高裁では有罪とされました。目的の正当性について認めないということと、本件の宮原操車場におけるピケのやり方には行き過ぎがあり、業務妨害に当たるとしました、頭からピケは駄目とはいわないで、ピケの許される限度というものを超えたとしたんです。

11　民間運輸労働者と労働組合のたたかい

石川　労働事件の思い出といえば、平和タクシー事件があります。

一九五七〜五八年頃は、タクシー、トラック、自動車教習所関係という、それまで労働組合がなかったところに集中的にオルグが入って組合が結成された。組合をつくった途端に経営者は全員解雇するとか、企業閉鎖やロックアウトとか乱暴な措置をとることが非常に多かった。これらの経営者と警察の結び付きも強かった。特に自動車教習所の所長は警察官出身者が圧倒的ですから、組合をつくっただけで反発して、解雇、企業閉鎖、立ち入り禁止、そして告訴、こういう一連の策で刑事事件にしていった。

その一つが平和タクシー労組の争議で、組合が車のキー、検査証を保管して、車庫にある車も動かせないようにした。さらに、運転席のフロントガラスにビラを貼って、事実上運転できないようにしたことも問題にされた。普通のビラ貼りについて建造物損壊や器物損壊が適用されるケースもあるが、この事件では会社の不当労働行為のひどさを強調して、ピケの説得行為の延長線上にあると主張した。会社の車両整備に関する道路運送法違反について陸運局の監督行政がきちんと行われて、陸運局交渉に私も参加していたこともあり、自分で申請して、証人にも出た。無罪を勝ち取るためのキーポイントはこの証言にあるとの思いだった。幸いに、これらすべての論点について、組合行動の正当性を、使用者側の不当行為との対比の中で正当性の判断を行うということで無罪判決が出ました。

第6章　部落解放同盟の暴力、利権とのたたかい

1　矢田事件

(1) 矢田事件の背景

――部落解放同盟（解同）関係裁判四〇年ということで、部落解放同盟の暴力、利権とのたたかいについてお話をうかがいます。まず、石川先生がこの解放同盟関係の事件と関わられるきっかけは、どういうことだったのでしょうか。

石川　一九六九年四月の矢田事件ですね。矢田事件は、学校の先生たち三人が解放同盟矢田支部員らによって長時間監禁されたという事件です。当時、学校の先生も一般の社会の人も私たちも含めて、解放同盟は民主団体の一つだと思っていた中で起こりました。いろいろな戸惑いもありましたが、暴力などのひどさがはっきりしてきた。解放同盟はもう変質したということがわかってきて、その後の対応も決まってきたと思います。その契機となった事件です。

――解放同盟のその変質に至る経過で同和対策審議会答申（同対審答申）がありましたが、当時はどういう状況でしたか。

石川　一九六五年に、同対審答申が出された。そこでは、「現在まだ差別の実態はかなり残っていて、その環境や居住状況の水準なども非常に遅れたものになっている。そういう実態的差別が、心理的差別を拡大する要因になっている。心理的差別を解消するために、まず実態的差別の解消をはからなければならない。国の事業として、同和対策はもっぱら地域改善事業を中心として進めるべきである」という内容でした。その同対審答申に基づいて、一九六九年に同和対策特別措置法（同特法）が一〇年の時限立法で制定された。時限立法というのは、同和問題の解決を図る措置は永久的なものではなくて、一〇年間実態的差別の解消に力を入れれば、それで終了するというのが立法当初の考えだった。

この同対審答申の評価をめぐっては解放同盟の内部でも議論があったようですが、その内容は知らなかった。答申後の部落解放同盟の運動方針には、「行政に対する糾弾闘争を強める」ということと、「部落民以外の者はみな差別者であって、部落問題の解決にはわれわれの意見を尊重せよ」という、いわゆる「部落排外主義」が強くなってきていた。この頃から、糾弾闘争による物取り主義も強くなっていたんですね。他方で、部落問題の解決のためには、国民の民主主義運動と連携して行くべきだとする「国民融合論」というものがあった。しかし、このあと続く裁判闘争では、そうした理論からではなく、具体的事実から出発して道理によって裁判所を説得する大衆的裁判闘争を実践していったのです。

(2) 矢田刑事事件（不法監禁事件）

――矢田刑事事件は、どんな事件だったのでしょうか。

石川　一九六九年三月の大阪市教職員組合東南支部役員選挙で、書記次長に立候補した木下浄さんの立候補挨拶状（ハガキで書いた短い文章）の中で、「労働条件の改善や職場の締め付けに反対する」「同和のことや進学のことは大事なことですが、それを理由に労働条件や締め付けがいっそう厳しくなっているということでいいのだろうか」という訴えをした。これは大阪市教育委員会の管理強化に反対するものだったのですね。そのハガキが部落解放同盟矢田支部に持ち込まれ、解同は差別文書だと決め付けて糾弾の対象とした。市教組や市教委も同調して、木下さんに「反省しろ」「糾弾会に応じろ」という指導を続ける。木下さんらは、始めは呼び出しに応じたが、ひどいつるし上げにあい、以後はもう応じなかった。木下さんの推薦者の教員たちも、同じ立場に立った。

すると解同矢田支部が、多数の同盟員を動員して、四月九日に三人の教員を、二人は午前中、もう一人は午後の早い時間に、勤務先の学校から無理矢理連れ出し車に押し込めて、矢田公民館へ連れていった（木下さんの勤務先は知らなかったため、木下さんは連れ出されなかった）。矢田公民館では、同盟員約七〇名のほか市教組組合員約一〇〇人、市教委幹部一〇人もいた。矢田支部役員らが、ずっと三人を立たせたまま、ときには胸ぐらをつかんだりしながら、差別文書だと認めろと「糾弾」という名の集団によるつるし上げを続ける。体力的にもくたくたになった夜中の二時半になって、ようやく警察がこれ以上続けたら警察力を行使するぞと解同へ説得の形をとって解放させたが、なかなか警察力を行使しなかった。

――弁護士に連絡はあったのですか。

石川　要請を受けたのは午後八時半ぐらい。東中法律事務所に残っていた三人の弁護士（西井善一、石橋一兆、林伸豪）がすぐに矢田公民館に駆け付けた。警察へすぐに連絡をとり、人権侵害だから早く解放させろと迫ったが、結局、翌日四月一〇日の午前二時半過ぎにようやく解放された。
解放同盟大阪府本部に対し、被害教員の代理人弁護士三人から抗議と再発防止を求める内容証明を出したが、「糾弾あるのみ」との回答だけでなく、三人の弁護士の自宅周辺に「差別弁護士糾弾」というビラを張り出す有様だった。そこで、私ら弁護士二〇人の連名で、それらへの抗議と、反省、再発防止を求め、誠意を示されなければ刑事告訴もやむを得ないと通告した。こうした念を入れたあとに、弁護団は三人の教員の代理人として刑事告訴をしたが、大阪地検が「九日の午後から十数時間にわたる監禁事件」として起訴するまでには、一年以上もかかった。

――起訴に至るまでの苦労は。

石川　告訴を取り下げろという圧力が教組や市教委からかけられていた。それに応じないと、市教委は、木下氏と推薦者ら八人の教員を教壇から引き離して教育研修所などに配置転換した。こういう状況をみて検察庁は、告訴が取り下げられるのではないか、と見送っていたのでしょう。
しかし、その後、①矢田事件に関連して共産党主催の中之島公会堂での集会に市教委が会場使用許可取消処分をしたが、大阪地裁、高裁で執行停止決定が出される、②斉藤八尾市会議員の除名処分についての議員資格を回復する裁判所の執行停止決定が出されるという事態に続いて、大阪地検も、③斉藤市議への解同員らの暴行事件の起訴や、④岸辺小学校での暴行事件など起訴も相次いだ。矢田事件も翌一九七〇年六月一七日にようやく起訴されたのです。

――刑事の一審の公判廷はどんな雰囲気でしたか。

石川　矢田事件は、ようやく起訴されて公判になったのですが、当初は被害者の支援者側のほうでは傍聴、支援体制をとらなかった。三人の先生が証言するときも、解放同盟の被告人や傍聴者の怒号の中で証言していた。裁判長が「今日の法廷の雰囲気と、事件のときの雰囲気、どちらがひどかったか」とまで質問したという。「こんなものではない。もっとひどかった」と証言したのですが、このやりとりを公判調書に記載しなかった。この裁判長の訴訟指揮が被告人らに迎合していたことがよくわかるのです。

――被害者が証人として出廷するという場に、支援者や弁護士も行かなかったのですか。

石川　支援者側の見解が、こちらも法廷に出たら、傍聴席で小競り合いになる恐れもあるから、証人には大変だががんばってこいという送り出し方だった。傍聴の取組みもないし、弁護士も監視するということがなかった。

――刑事事件の判決はどうなりましたか。

石川　松井薫裁判長は無罪判決を出しました。判決は、挨拶状は差別につながるものだ、差別に対する法的な規制が十分でなく、当事者の自力救済も認められる。糾弾という言葉はそのまま使っていないけれど、ある程度の実力の行使も含めてやむを得ない、最終的には、可罰的違法性がないという理由で無罪とした。全く不当なものでした。

被害者の弁護団は一九七五年六月三日の判決期日も知らなかった。当日知り合いの司法記者から、「石川さん、今日矢田事件の無罪の判決が出たよ」、「知らなかったのか。検事の論告がまたひどかったからね」と判決要旨と論告文を見せてもらった。すぐに弁護団会議や支援者の対策会議を開いて、一審での被害者側としての裁判闘争が全くなされなかったことを反省した。被害者の権利を守り、違法行為を追及し、加害者に適切な処罰を与えるためにも、被害者の立場からの大衆的裁判闘争を確立しなければならない。矢田事件のここからが、いわば新しい経験の始まりだった。

まずは、二週間以内に検事控訴をしてもらわなければならない。論告をみると、「挨拶状は差別とみられても仕方がない、被害者らがいったん約束した日に出ていかなかったことなど、信義に反するとまではいえないが、被告人らの憤慨した心情も理解できないではない」というように解同被告を擁護するものであった。これじゃあ無罪判決が出されてもしょうがないかと思われる一審立会検察官のやり方だった。

二週間の間に検察庁へ何度も交渉をして、「いったん起訴したものを、無罪で確定させた事例はないだろう」と強く申し入れて検察官控訴になった。その後、大阪高検の担当の甲田検事には、私一人で四回、八時間も話し合いを重ねた。やっと「石川さん、わかった。要するに、普通通りにやれということだな」と応じてきた、「そうよ。解同だからと特別扱いするなということよ」と答えたが、このやりとりが象徴的であった。

一方で、配転命令の効力を争う民事訴訟で、刑事公判記録を全部取り寄せ、その審理の経過も分析した。まず、検察官の控訴趣意書に強調すべき雛形も手渡し、今後は緊密に連絡して、被告人・弁護側の主張に対して検察側が有効な反証をしてもらうようにした。特に、控訴審の途中で出た矢田民事事件一審判決(一九七九年一〇月三〇日)については、高裁の刑事裁判官に理解してもらうよう努力した。ほかにも解放同盟の暴力行為を批判する判決やその資料を検察官に渡して裁判官に理解を深めるよう努力をした。しかし、刑事控訴審で、かつ弁護側の主張に対する反証の立証はなかなか許容されないという制約もあった。

——矢田刑事事件の控訴審の公判法廷への取組みは。

石川　控訴審では、まず傍聴席を被害者側で半分確保することを要求し、実現した。その被害者側とともに一番前の真ん中に、弁護士が必ず数人は傍聴することにした。これはかなりの牽制にはなったと思う（その後の神戸地裁での八鹿高校事件で、「あれだけ弁護士がにらんでいると、やっぱりやりにくいもんやな」という裁判官の声も修習生から伝わってきた）。一般の支援者の傍聴も大事だが、告訴代理人弁護士が監視することも大事だった。

一審判決の不当な結論に対しては、「可罰的違法性の議論は、権力に対する国民の抵抗の中で認められてきたものであって、本件のような市民同士の間で、まして何の力もない三人の教員に対して、集団で暴力を加えた行為に可罰的違法性を認めることは許されない」と強調して高裁審理に対応していった。

高裁判決（一九八一年三月一〇日）は、「ある程度の実力行使は認められる場合もあるけれど、本件では、その枠を超えて、行き過ぎた言動がある、可罰的違法性による違法阻却は認めがたい」ということで有罪にはした。しかし、挨拶状の評価などは変わらず、量刑でみれば、懲役三月、執行猶予一年という、法定刑の最低刑で処断しており、あまりに軽すぎるものであった。

――被告人らは上告したのですか。

石川　有罪判決には上告したけれど、簡単に棄却された。解放同盟側は、上告理由書に「糾弾権」などはいっさい主張しなかった。最高裁で糾弾権を明確に否定されたら大変だと、事実誤認などを中心とした上告趣意書だったのでしょう。一年ぐらいで上告棄却になり、刑事事件は終わった。

矢田事件のこの刑事事件判決に対して、民事事件の判決との格段の違いを紹介したいと思います。

(3) 矢田民事事件、局面を打開した執行停止申立て

石川 矢田の民事事件というのは、一九六九年八月、木下さんら八人の教員に教育研修所への研修命令が出され、それが毎年度更新され七、八年も続いた。研修命令が一年ごとに発令され、そのつど取消訴訟を起こし、損害賠償裁判に切り替えて、逐次累積していく形だった。毎年八月一日付で更新されるのです。

あまりに長い民事裁判の審理に区切りをつけよう、もう我慢ならないと、一九七七年七月中旬、私は研修命令の執行停止申立書を起案して弁護団会議に提起した。同時に、原告の人たちに、教育委員会側が更新の理由とする「毎年レポートを出していない。研修の効果が上がっていないから更新せざるを得ない」という口実封じに「レポートを出そう。この研修がいかに違法であり、即時やめるべきだという意見でいい。そのコピーを裁判所に提出して、執行停止の理由にも付け加える」と提起した。七人の原告は理解してくれたが、ただ一人だけは「どんな形にせよ、出すことは不当な処分に屈することになる」という強硬派で、取っ組み合いになるところまでの大激論をやった。その上で、書いてもらって裁判所に執行停止を申し立てた。

審尋手続を経て、執行停止の決定期日が八月上旬と指定されるところまで漕ぎ着けた。そこで、「停止決定が出たら教育委員会の面子が丸つぶれだぞ」と大動員もかけて教育委員会を攻め立てた。その結果、教育委員会も七月三一日に、八人全員について、研修命令を更新せず職場へ戻すという決定を勝ち取ることができた。これは、解同問題の情勢を変えたばかりか、本案訴訟にも非常に大きな効果をもたらした。

——その結果、大阪地裁の判決はどうでしたか。

石川　大阪地裁は、一九七九年一〇月三〇日、配転処分、研修命令を違法として一六五万円の損害賠償を命ずる画期的な判決を言い渡した（上田次郎裁判長、判例時報九六三号、一九八〇年）。

判決は、「立候補の挨拶状は、労働条件の改善を訴えるものであって、差別文書といえるものではない」とした上で、「教育委員会のような考え方を採用すると、もともと、同和問題の解決に対する自由な批判や討論が不活発となり、開かれた自由な雰囲気がなくなって、反対する人々の存在を許さないことになる」、「市教委の処分は解同の要求に応じた恣意的な処分で、それは教育の自由を侵し公教育の中立性を侵害する不当な支配に屈したもので違法」と判示した。非常に水準の高い判決が出たわけです。ただ、この判決にも一部で不十分なところもあった。「挨拶状は第三者が見たらどう読むか」とか、あるいは「約束した日に出席を拒否したのは相当でない」としたところもありましたが、すべて高裁判決で是正されている。

このように、同じ矢田事件でも、民事と刑事で判決の大きな違いが浮き彫りになっています。刑事裁判では、被害者側は裁判の当事者とはなれず、主張を述べる機会がなく、刑事裁判官は被害者側の言い分をきちんと判断できていないこともある。民事裁判では、われわれ原告代理人が徹底的に事実と道理に基づくたたかいを展開でき、裁判官も虚心に聞いてくれるという素地がありました。

矢田事件の民事判決は、その後の地対協（地域改善対策協議会、同対審を改組）意見書に、「同和問題について自由な意見交換ができることが極めて重要である」などと大きく取り上げられています。この意見書は、政府の方針を転換させる転換点となりました。

2　八尾市市会議員除名事件

――同じ一九六九年に八尾市市会議員除名事件が起こっており、これも刑事事件と民事事件がありますね。

石川　八尾市市会議員除名事件は一九六九年に発生した、矢田刑事事件の起訴に踏み切らせた事件の一つです。八尾市議会の斉藤議員除名問題と同議員に対する解同の暴行事件です。

斉藤俊一議員が六月市議会本会議場で、「市営住宅が長い間空き家になっている。解同支部長に鍵を渡していて市が入居を決められない状況はおかしいではないか」と市長の責任を問うた発言が差別だとして、解同が市議会議員らにものすごい圧力をかけた。これに押されて、三二人の市議会が三〇対一（この「一」は共産党市議）で斉藤議員の除名決議をした。この不当な除名処分について取消訴訟を提起し、執行停止の申立てをした。裁判所は九月市議会の直前に執行停止決定を出し、議員としての活動は保障された。

一方、取消訴訟に先立って訴願前置主義に基づき大阪府知事への審決申請もしなければならなかった。その府知事の審決の審理も、一九七〇年春に審理は終わったのに、なかなか審決を出さない。これは解同への気兼ねでしょう。これに対しても大阪地裁に「不作為の違法確認」訴訟を提起し、その判決期日が七一年一月一九日と指定された。判決で審決を遅らせていることが違法だとされたら、府知事の面目も立たないぞと運動した。その結果、ようやく七〇年一二月二六日に「除名処分を取り消す」という府知事の審決が出た。斉藤議員の質問は必ずしも適切でないけれども除名は重すぎるという中途半端な理由であったが、審決については不服申立ての道はなく、除名の取消しが確定した。裁判所への取消訴訟も身分回復したということで取り下げた。解同事件の特徴としては、こうした面倒な手続をとことんやらないと、行政も裁判所も動かないのです。斉藤議員に対する暴行、傷害事件も起訴され、有罪になっています。

3　吹田二中事件

(1)　注目に値する吹田二中民事大阪高裁判決
——吹田二中事件も刑事、民事と裁判が重ねられていますね。

石川　大阪の吹田市立第二中学校の刑事事件は一九七二年六月に発生した、高田登美雄解放同盟吹田支部長が主導した吹田二中の教員への暴行事件です。高田支部長は、吹田高校事件、ことぶき保育園事件と合せて三件で起訴され、すべて有罪、執行猶予付判決を受けています。

吹田二中事件も、刑事事件だけでは解同問題の本質がわかりません。関連する民事事件の教員の配転処分取消訴訟判決もみることで、問題の本質がよくわかるでしょう。

一九七二年四月、一女性教員が「解放同盟の指導に従います」との念書を入れて、解同の推薦で吹田二中に採用された。まあ非正常なルートで採用されたのですが、教員として勤務してみると、解同の無理な指導には従えない。解同から詰問された、女性教員を応援する先生たちもいた。それがけしからんと、解放同盟が大量動員をかけて、六月二六日から学期末の試験の時期に二週間も学校を占拠して授業を妨害し暴力事件も引き起こし、教育上の大問題となった。刑事事件は有罪、執行猶予判決でした。

ところが、夏休み明けに、吹田市教委は支援した先生たちに市内の他の学校への転勤命令を出すという不当な処分をした。その転勤処分への取消訴訟を起こしました。一審判決は事態の沈静化のため、やむを得ないと請求を棄却した不当判決でした。

しかし、大阪高裁の判決（一九八〇年五月二五日）は、事実を直視して「解同支部が、中学生の教育現場に二週間も大量動員をして糾弾闘争をし生徒を巻き込んで教育現場に大混乱を発生させたことは法秩序を破る不法不当な行為である。市教委や校長は、毅然として解同に抗議し、警察力の導入をも要請すべきであった」と判示し、転勤処分を無効とした（判例時報九六九号、一九八〇年に掲載）。この判決に対して教育委員会が上告をした。

(2) 最高裁判決――「据わりのいい判決」とは

石川 吹田二中の上告審は、矢田民事事件上告審と同じく最高裁第一小法廷に係属していましたが、およそ六年間も判決されずに寝かせていた。私も最高裁調査官に面談し、早い判決を要請したのですが、調査官も「私も奈良修習で、同和問題は一応理解しているつもりです。今最高裁の裁判官はこの両事件について、据わりのいい判決をしなければならないと考えておられるように、私からはみえます」と言うんです。「据わりのいい」とはなんだろうかと判決を見守っていたのです。「同一市町村内の配転には、訴えの利益がない」という最高裁判例の立場からみると、吹田二中の大阪高裁判決も危ないぞという話も聞いていましたから。

最高裁は一九八六年一〇月一六日、矢田民事事件の判決を先に言い渡し、これはあっさり上告棄却（勝訴確定）した。問題の吹田二中事件判決は一〇月二三日と一週間あとにして、それは「原判決破棄。訴えの却下」という破棄自判で、形式的には敗訴確定です（判例時報一二一九号、一九八七年）。

――破棄自判、訴えの利益がないというのですか。

石川　同一市町村内の配転については訴えの利益がないという最高裁判例があって、それは変えられないというのです。

しかし、そのままで解同の不法行為を野放しにすることはできない。そこで、その判示のあとに、大阪高裁判決の事実認定を長文にわたって引用して、「市教委の解同支部に対する姿勢に非難さるべき点があるとする原判決の認定は首肯できないものではない」と特有の言い方でそれを是認したわけです。「据わりのいい判決」というのは、最高裁はこの事態は決して容認しないのだ、しかし、訴えの利益の問題について判例を変えるわけにはいかん、ということだったのですね。それは、取消訴訟でなく、損害賠償請求事件であったら十分通るということの示唆でもあるのです。

この大阪高裁判決の認定判断は、最高裁判決に裏付けられたものであり、地対協意見書に「教育現場に運動団体の介入を許してはならない。警察力を導入することも必要だ」という形で反映しています。

4　八鹿高校事件

(1)　事件の背景

――矢田事件の五年後の一九七四年に八鹿高校事件が起こったのですが、この事件の背景についても紹介いただけますか。

石川　解放同盟朝来支部（支部長の名前をとって解同丸尾派ともいう）は、一九七三年秋以来、兵庫県北部の南但馬地方（朝来郡、養父郡）の各市町村の教育や行政を制圧してきましたが、七四年になると、暴力行動を激化して解同に反対する人たちのビラ配布妨害や、兵庫県教組支部長宅監禁事件など十数件の刑事告訴がなされていました。それに引き続いて、兵庫県立八鹿高校事件が起こりました。八鹿高校の先生たちが、解同の集団暴力行為によって六〇名近くの重軽傷者を出したという教育史上例をみない事件です。

学校公認の部落問題研究会があるのに、解同青年部の指導の下に部落解放研究会を認めるよう学校に押し付けてきた。職員会議では一致して認められないとしたが、校長は独断でこれを認めて、校長室の隣の応接室を部室として提供した。解同は、教職員を差別者として、その子弟の高校生にハンストをやらせ、その応接室を「差別糾弾闘争本部」とし、校舎に投光機を据え付け、多数の同盟員を動員して大衆糾弾をかけようとした。教職員は、一九七六年一一月二一日から二二日（祭日）にかけて、集団で監禁され糾弾される恐れが顕著だと感じた。

そこで一一月二二日午前から授業を休講にして、先生たちは集団で下校し駅に向かった。解同員らは、それを追いかけて街の真ん中で阻止し、殴る蹴るなどの暴行を加えて、トラックの荷台に放り込んで校内の体育館へ連れ戻した。そこで、さらに殴る蹴る、冷水を頭からかぶせる、タバコの火を顔面に押し付けるなどの暴力を加えた。これを午後一〇時三〇分まで続け、自己批判書の作成を強要した。その結果、五六人が重軽傷、うち二九人が入院加療を受けるという大惨事となった。

生徒たちは、先生を守れ、と警察に助けを求めたが、警察署長は校門前に待機しながら警察力を行使しなかった。県教委幹部も校長室隣りの闘争本部に詰めていて、体育館での暴行を知りながら放置していた。

この集団暴力に対して、自由法曹団の弁護士が教職員らの代理人として刑事告訴した。解同はこの体育館での自分たちの暴行状況を8ミリカメラで撮影しており、警察がこれを押収して有力な証拠とした。こうして、八鹿高校事件は先に告訴されていた暴力事件七件とともに神戸地裁に起訴された。

ところが兵庫県教育委員会は、集団下校がけしからんと教職員らに対して懲戒処分をする有様だった。六一名の教員が原告となり、兵庫県を被告とする懲戒処分取消しおよび兵庫県と解放同盟幹部に対する損害賠償請求事件が、神戸地裁豊岡支部に提起され、進行することになった。

八鹿高校事件自由法曹団調査団
（自由法曹団団報特集号）

自由法曹団は、翌一九七五年一月、豊岡市で全国から百数十人の団員弁護士の集まり、対策会議を開き、さらに一メートルを越す大雪の中、八鹿町内を行進して町民を激励した。

(2) 神戸地裁での刑事公判と豊岡支部の民事裁判判決

石川 矢田刑事事件の苦い教訓をもとに、被害者の立場からする大衆的裁判闘争として神戸地裁でも実践し、大阪からもできるだけ裁判傍聴・監視をするようにした。八鹿高校刑事事件の神戸地裁判決は、有罪認定はしたが、争点の一つである「解放研」を職員会議では承認しなかったのに、校長が独断で承認したことについての適否には触れていないし、当日の集団下校についても教員たちを非難するような形だった。

しかし豊岡支部における民事訴訟（処分取消しと損害賠償請求）では、一九八二年三月、被告兵庫県は非を認めて、懲戒処分を取り消し、五七〇〇万円あまりの慰謝料を支払うなどの裁判上の和解をし、残る解同幹部らに対する損害賠償事件の判決（白井博文裁判長、一九九〇年三月二八日、判例時報一三五〇号、一九九〇年）では、集団下校は緊急避難行為として正当だ、校外の者の指導にかかるような「解放研」を認めるようなことは学校教育上許されないという当然の判断をし、さらに三〇〇〇万円の賠償を命じた。

われわれが関与した民事裁判では明確な答えが出るのですが、刑事裁判では被告人の言い分も情状として取り入れるという傾向があるのです。

八鹿高校事件は、被害者の多さ、被害の重大さからみても日本の教育史上例をみない大事件ですが、ほとんど報道されていないのです。日本共産党の村上弘議員が衆議院本会議でこの事件の惨状と教育行政の責任を追及する発言をして、それがテレビで放映されて、解放同盟の暴力のひどさが初めて全国に伝えられたのです。

私は、解同の暴力行為がここまでのさばってきたのは、一つには、警察の放任、二つには、マスコミがほとんど報道しないこと、三つには、当時の社会党が擁護していたことなどを挙げてきました。これに関連して、日弁連の見解を紹介します。

「当時の但馬地方における解放運動や同和のあり方については、新聞・テレビなど報道はタブーであるかのように扱われ、その実態が報道されなかったことは驚くべきことである。事実を事実として報道し、市民に判断材料を提供することは言論の自由、報道の自由を標榜するマスコミとしての責務であったはずである。報道がされることによってのみ国民の認識が深まり、同和問題の民主的解決への道が開かれるのであろう」(被害教員らの人権救済の申立てに対する「八鹿高校事件調査報告書」一九八二年七月)。

5 浪速「窓口一本化」訴訟

――刑事事件ではありませんが、「窓口一本化」事件も部落問題、同和問題にとって大きな意義を持つ裁判でしたね。

石川 そうです。解同の暴力・圧力により行政が私物化された状態を打ち破った裁判です。同和対策事業には地域改善関係の事業と地区住民への個人給付事業とがありました。いずれも解同の「窓口一本化」の要求に屈して、前者では解同員の企業が同和関連事業を独占し、後者では解同組織の推薦・副申がなければ給付を受けられないとされてきた。解同の同和利権の象徴とされたものです。

――特に大阪の浪速「窓口一本化」事件が重大な判例を生み出したのですね。

石川 大阪市では一九六九年六月、同和特別給付について「支給要綱」を制定し三〇種類にも及ぶ個人給付を実施していました。問題は受給資格として地区居住者で「解放の意欲を有する者」との規定があったことです。解同はこの規定を口実に、受給者を行政が選定することは「差別」を生むものだとし、解同を主体とする「地区協議会」と解同支部長の推薦(副申)がある者に限るとし

解放同盟窓口一本化訴訟報告集会

たのです。

一九七三年度の給付申請の際、矢田事件の解同の方針に反対し解同組織を離れた四家族一四人（従来から給付を受けていた人たち）に、解同が副申を出さないということで、大阪市は申請書を受理しなかった。給付を打ち切られた人が原告となって、同年一二月に大阪市を被告として申請書の不受理を「不作為の違法確認」訴訟として提訴したのです。妊産婦、特別奨学費、保育用品、入学支援金という四つの個人給付についての訴訟です。

――大阪地裁の一審判決はどのようなものでしたか。

石川　五年半もの審理を経て一九七八年五月二六日判決（石川恭裁判長）は「原告らには申請権がない」として訴えの却下という不当なものでした。「支給要綱は行政内部の事務処理基準に過ぎないから、法的な支給制度ではない」とする形式的な法律論に終始したものでした（判例時報九〇九号、一九七九年）。佐藤欣哉弁護団事務局長（現・山形県弁護士会）が判決のあまりのひどさに記者クラブでのコメントの際、悔し涙を流したという語り草が残っています。

――高裁でのたたかいはどう展開したのですか。

石川　この不当判決の影響を食い止めるためにも一日も早い逆転勝利判決をとらなければならない、私は弁護団長となって短期決戦の手立てを弁護団で確認しました。行政法学者の協力を得ながら、同和対策特別法制定以来の事業や支給制度、運営の実態などは既に論証されている、法令の「公布」と同視できるという事実を証明し、六回の口頭弁論、一〇カ月で結審しました。

――高裁判決はどうでしたか。

石川 一九七九年七月三〇日の大阪高裁判決（山田義康裁判長）は「原判決破棄。大阪地裁へ差し戻す」（判例時報九四八号、一九八〇年）と判決。なぜ差戻しかといえば、一審判決が訴え却下であるため訴訟法上は差戻し以外できない。裁判長は原告たちに「苦労の末、差戻しで申し訳ない。気の毒だが地裁での早い裁判に期待する」と原告らにねぎらいの言葉をかけています。

判決は、この申請は行政庁からの応答を受け得る利益を保障された、いわゆる「条理解釈による申請権」であると認めた。本件で申請に対する判断権は大阪市長にあり、「窓口一本化」について「副申の有無が市長の判断を法律的に拘束するとすれば給付行政を民間機関に委ねるだけでなく、市長固有の判断権を放棄するもので、行政の公平性、主体性を定めた地方自治法に違反する」と断定しました。

――高裁判決のあと、どう進展しましたか。

石川 大阪市側は不当にも上告しましたが、この時期には多くの裁判例の積み重ねもあり、地対協の意見の根本的転換もあり、これ以上先送りはできない事態となった。大阪市も全面的に原告の要求を認めて「裁判上の和解」になり、最高裁の委嘱による大阪高裁での和解が一九八〇年一二月一〇日に成立しました。「大阪市は原告らに支給すべき給付金金額プラス慰謝料を支払う」というもので、判決を超える解決を勝ち取ったのです。

この裁判の勝利は大きな社会的影響を与え、地対協意見の柱である「行政の主体性、公平性」確立に寄与したものです。しかし、同和行政の終結まではまだまだ時間がかかることになります。

6　部落問題と最高裁選挙無効判決

――部落問題についての最高裁の注目すべき判決はほかにもありますか。

石川　部落問題、同和問題について紹介しておかなければならないものとしては、一九七五年六月施行の埼玉県加須市長選挙の選挙無効事件です。選挙無効の事件は東京高裁が一審で、高裁判決でも、明確に選挙そのものの公正が疑われるとしています。

事案は、次の通りです。現職市長に対抗する候補者・元市長のスローガンは、「同和対策是か非か」という、それ一本だった。現市長の解同寄りの同和対策批判ですね。選挙ポスターにも候補者名の肩に、その文言を入れて張り出した。解同が、これは差別だと選挙管理委員会に押しかけた結果、選挙管理委員会も、自主性も主体性もなく候補者のポスターに紙を貼って、その文言を隠せという指示を出す。さらに解同と一緒に車を連ねて、候補者の選挙事務所へ押しかけ圧力もかけた。開票後、落選したこの候補者が当選無効ではなく、選挙無効を訴えた。選挙の公正自体が失われていると。

――東京高裁の判決の核心は。

石川　高裁判決（一九七六年二月二五日、判例時報八〇六号、一九七六年）は、同和問題が国民的課題だからといって、その議論は何ら制約されることはない、同和対策としてどのような施策をとるか、それはまさに言論の自由に属する。「同和対策是か非か」というこの文言が差別に当たるということはない。選挙管理委員会の対応は、選挙の公正を著しく損ねたもので、「不当な選挙干渉」に当たり、選挙無効である。

上告審の最高裁判決も、わずか六カ月ぐらいの後に、「同和政策批判の主張そのものを封じようとした」不当な違法なものだと、高裁判決を支持している（一九七六年九月三〇日、判例時報八二六号、一九七六年）

7　同和対策事業の政策の見直し

――これら一連の事件の判決がその後、政府の方針や施策を変えていったのでしょうか。

石川　同和対策事業は一〇年の時限法で、それで終わって当然だったはずです。奈良県部落解放同盟委員長、県会議員六期という山下力氏は『被差別部落のわが半生』（平凡社新書、二〇〇四年）という本の中で、「一〇年間の期限が切れる七九年あたりまでには部落内外の生活実態の格差は解消されていた。しかし解放同盟は、『まだ差別や格差が残っている』と言い立てて、同対法の延長や新法の制定などを求め、地域改善対策事業と名前を変えて同和施策が続けられた」と書いています。しかし、これだけ解同の暴力や利権を批判する判決が重なってくる中で、主管の総務庁（当時）もいつまでもこのままでいいのかという問題意識を持つようになり、一九八六年一月に、「地対協基本問題検討部会」を設置し、運動団体委員は含まないで専門学者と行政のメンバーだけで基本的検討を行い、報告書を出しました（一九八六年八月）。

その報告書の中で、次の五つの問題点を指摘しています。①同和問題について自由な意見交換のできる環境づくり、②同和問題に関する広報のあり方、③行政の主体性の確立と行政運営の適正化、④えせ同和行為の排除（それより前は、えせ同和「団体」の排除といういい方であったが、解放同盟のやることでも、えせ同和行為があるという認識に変わった）、⑤同和関係者の自立向上。

この①、③、④が非常に大きな前進であり、方針転換であったわけです。それには、①に関しては、矢田民事事件の判決や大阪中之島中央公会堂事件での集会の自由などの問題（会場使用許可取消決定の執行停止とその後の損害賠償判決）、③の行政の主体性確立は、浪速の「窓口一本化」事件大阪高裁判決の判断などが、見直しの報告書には引用されています。

ここに至るまでに、総務庁の地域改善対策室への要請に私も加わり、これらの判決を紹介すると、室長からは、「もうみんな承知しています。各判例は検討部会委員にお配りして、このままの事態ではいけないという認識はみなさん共有しています」という答えが返ってきた。印象に残っているところです。

——その基本問題検討部会の報告書はどのように生かされていくのですか。

石川　検討部会報告書のあと、同年一二月に地対協の意見書が出された。そこでは「民間運動団体の行き過ぎた行為が同和問題解決の新たな障害となっている」と書かれている。団体の名前は書かないけれども、解放同盟の行き過ぎた言動は、「同対審答申」の当時には予想されなかったが、今や部落差別解消の新しい障害となっている、その障害を取り除かなければならないということになった。政府の諮問機関として大きな政策転換です。

——時期的には、地対協意見書の直前の一〇月に吹田二中民事事件と矢田民事事件の最高裁判決があるんですね。

石川　そうですね。最高裁判決を目の前にして、行政として現状のままではいけないと痛感したのでしょうね。

――こういう意見書が出て同和対策事業はどうなりましたか。

石川　ここまで転換した地対協の答申を受けても、まだ一部事業を継続している。一九八七年四月には、同和特別施策の終了ではなく、新しい立法にまた変わる。しかし、その直前の同年三月、総務庁長官官房、総務課長名で「地域改善啓発推進指針について（通知）」が全国都道府県知事と、政令指定都市市長あてに発せられた。前にあげた①、③、④などを強調し、行政に反映させようとしたものです。さらに、一九八八年八月、法務省も「確認・糾弾会について」という人権擁護局長通知を出して、確認・糾弾会は私的なリンチになる恐れがあり、人権上重大で、そういう場へ公務員が出席すべきでないとしています。

解同組織は、「啓発推進指針」に大反対し、その圧力で、西日本のほとんどすべての自治体がこの通知の返上をしているのです。解同の暴力と利権あさりを批判してきた勢力が、この政府機関の大転換を国民的に大宣伝して、もっと早く世論を喚起すべきだったという残念な気持ちは残りますが。同和施策が全面終了するのは、二〇〇二年三月のことです。その理由中には、本来行政は全国民に公平に行われるべきもので、同和の特別施策をこれ以上継続することは有害であるという総務庁の認識が示されています。

それにしても、われわれの取り組んだ裁判闘争の成果が国の政策を変えることにつながったということは、四〇年あまりの間さまざまな裁判闘争に関わってきた者として、かけがえのないものです。とうとうここまできたか、という思いは強烈に持っています。

衆議院法務委員会（2016年12月6日、石川参考人）
（しんぶん赤旗提供）

しかし、また状況も変わるのですね。二〇一六年一二月に、「部落差別解消推進法」という名の新たな部落差別が復活しているかのごとき法律が出てくるのです。この法案について、私は参議院法務委員会の参考人として同和関係三団体のほかの学識経験者として意見陳述をしました（二〇一六年一二月六日）。特別な施策は行政の公平性を害し有害であることなど、裁判例の到達点を強調したのです。

この点では、参議院法務委員会の付帯決議が重要な意味を持っています。「過去の運動団体の行き過ぎた言動が部落差別の解消を阻害した要因となったことに鑑み、その対策を講じること、新たな差別を生むようなことのないよう留意すること」と釘を刺しています。

――最後に、解同関係裁判闘争の特徴をまとめてお話しいただけますか。

石川　矢田事件以来、「何が差別か」という判断の問題です。解同は「三〇〇万部落民以外は差別者であって、その判断はわれわれ以外にはできない」、「足を踏まれた者でなければ、痛みはわからない」という判断独占権を主張しています。

この論議はほかの分野でも、まだまだ影響を持っているようにみえます。しかし、そんなことはありません。すべての人権侵害に対して被害を受けた人がまず声を挙げる、それを理解し、支持する人びとに広がって、共同の運動が発展し、たたかいに勝利できるのです。それが、私たちがいう大衆的裁判闘争というものと同じことなのだと改めて思うのです。

一方、ここでも「事実の重み」を痛感しています。部落解放をめぐる理論などで裁判所を説得することには無理があります。具体的事実こそが人権と民主主義にどう関わっているか、そこを訴えてこそ、裁判官の理解、共感が得られるということは、この分野のたたかいでも痛感したところです。

さらに、最近判明した関西電力役員金品受領問題でも、贈主の森本英治元高浜町助役の強烈な特性のみが報道されていますが、実は、彼は町職員に採用された一九六九年から七二年まで部落解放同盟高浜支部書記長で、当時の解同の差別糾弾闘争を主導し、その威勢をもって町政を支配しました（山田孝男「風知草　関電高浜問題の意味」毎日新聞二〇一九年一〇月七日）。七二年以降、民生課長、総括課長、企画課長を歴任、七七年に収入役、七九年に助役となり、八七年の助役辞任後も実力者として君臨し、原発誘致運動や東日本大震災後の原発再稼働を主導しました。天下の巨大企業も、解同の威力を背景とする圧力の下に不当な工事契約を重ね、利権を提供していたのです。この解同の関与が全く報道されないところに、いまだ「解同タブー」にとらわれているマスコミの姿勢も問われるところです。

第7章　毛利与一先生、佐伯千仭先生に学ぶ

1　毛利与一先生に学ぶ

(1)　毛利先生の略歴

――石川先生が若いときに弁護士として多くを学ばれたのは、毛利与一先生と佐伯千仭先生だと思います。まずは、毛利先生のことをお聞きしていきます。

石川　毛利先生のことは、これまでの弁護活動の中でたびたび触れてきました。吹田事件（これは記録の上での追体験だが）や徴税トラの巻事件や勤評裁判などで、特に冒頭段階での証拠開示問題や求釈明論争など、毛利先生の追及は際立っていた。私はこれに深く傾倒しました。裁判闘争以外の分野においても大変お世話になった。最晩年には、佐藤哲君、柴田兹行君らと、毛利先生から生き方と弁護活動の神髄に触れるお話をうかがいました。

毛利先生が亡くなられたのは、一九八二年一月三〇日。その年二月二八日大阪弁護士会館での「毛利与一先生を偲ぶつどい」には、各界の名士三五氏の呼び掛けで二〇〇人以上の方が参列してくださった。私は準備段階から参加し、当日の司会も担当させてもらった。その最後に、「先生の

お人柄や業績をまとめて明らかにします」と述べました。しかし、それもできないまま三〇年余を過ごしてしまったので、その一端でも報告できたらという思いで、お話しさせていただきます。

——毛利先生の生立ちについてご存じのことをお話しください。

石川　毛利先生は、一九〇一年（明治三四年）四月一五日の生まれとなっていますが、実際にはその前年の七月七日生まれです。福岡県門司市（現・北九州市）で「陸軍の御用商人」として商売をしていた父君が一九一〇年亡くなられた後、その故郷である大阪府堺市に母堂と幼い弟と三人で移り住んだということです。

毛利与一先生

「堺市内の小学校に転校した。病弱であるにもかかわらず、生意気であったらしく、よそ者としていじめられた記憶があります。しかし、いつの間にやら教師に反抗する地金を現わし、小学五年生のとき、あわや退学にさせれそうになったことがある。中学校は母の郷里の京都一中です。家にこれという収入はなかったが、父が残してくれた株券や何やかやが生んでくれるわずかな利息を母がつつましやかに使ってくれたので、生活に事欠くということだけはなかった。中学五年生のとき、もう卒業という間際に退学処分になった。これも一言でいうと教師に対する反抗からでした。」（一九八一年七月二〇日口述、石川聴き取り）

幸いなことに、この年から旧制高等学校の受験資格が中学四年修了ということになり、その年、旧制第三高等学校（三高）に入学された。京都帝国大学に進まれるが、三高時代からボート部で活躍されるとともに、黄檗山大本山万福寺四九代山田玉田老師の指導を受けて参禅される。

「弁解がましいのですが、私は心から軍を憎んでいました。もとより反戦主義者です。しかし、何らかの反戦行動をやる勇気はありませんでした。大正デモクラシーの中で青春を楽しんできたものです。一言でいえば古典的民主主義です。旧制高校、大学を通じてボートの選手として瀬田川で明け暮れました。」(同上)（二〇一六年一一月四日の毎日新聞夕刊に、「琵琶湖周航の歌　一〇〇歳」という記事が出た。一九一七年六月、三高ボート部員・小口太郎の作詞で歌われはじめ、拡がっていったとある。毛利さんの入学の前年のことであろうか。）

「パンのための学問といわれていた法律学はもとより、一切の読書から遠ざかっていました。思想上のことについては話し合う人はいませんでした。一言しておかねばならないことは禅の影響です。禅というと、すぐに右翼的の武張ったイメージを受けやすいのですが、私がここで禅というのは、むしろ枯淡な涼しい仙郷に遊ぶてい（体）の境涯のことです。一瞬、瞬間をとらえて発言して、相手の二の句を告げないようにやる。まあ、寸鉄人を刺す。ときに妄言になります。それでだいぶ憎まれました。」(同上)

一九二五年京都帝大卒業、大学院に入学されます。二六年高文試験合格。二七年大学院退学、ドイツを中心に欧米遊歴されたのち、二八年三月弁護士登録、大阪弁護士会に登録されます。満二六歳（戸籍上、以下同じ）でした。

(2) 戦前の弁護士活動、東京裁判

――毛利先生の戦前の弁護士活動はどのようなものでしたか。

石川　主な事件としては、人民戦線事件、第二次大本教事件が挙げられます。その内容はお聞きしていなかったのですが、概要を紹介すると、第二次大本教事件というのは一九三五年一二月、京都府綾部市と亀岡市の教団員九八七人の逮捕に始まり、出口王仁三郎夫妻ら六一人が、治安維持法違反で起訴された事件です。裁判前に、内務大臣の解散命令、教団全施設の破壊命令で、ダイナマイトで跡形もなく破壊され尽くされました。

裁判については「私は、法廷とは水を打ったような静けさの中に、格好よく威厳に満ち満ちて進行せねばならぬものと信じ込まされてきました。戦前の法廷が重圧的であったということを、いやというほど私自身は感じたんです。ほかの弁護士諸君はあまり感じておられない。」と述懐されている。弁護団は、清瀬一郎、林逸郎らが活躍したと『日本政治裁判史録昭和・後篇』（我妻栄他編、第一法規出版、一九七〇年）は伝えるが、毛利さんの名前は出てこない。一審両罪とも有罪（王仁三郎・無期懲役）、二審は治安維持法違反無罪、不敬罪有罪。上告中、敗戦後の一九四六年免訴。

人民戦線事件というのは、一九三七年一二月、コミンテルンの反ファシズム統一戦線の呼び掛けに呼応して日本で人民戦線の結成を企てたとして、労農派の大学教授・学者グループが治安維持法違反で一斉検挙された事件です。被告人には、大内兵衛、美濃部亮吉らの名前もある。毛利さんが誰を弁護したのかは不明です。多くは、一九四四年の二審判決で無罪とされたが、有罪とされたものは、一九四五年敗戦後に免訴となる。

一九四一年、治安維持法の改悪（罰則に死刑を導入）、戦時刑事特別措置法の制定などで、治安

維持法事件の弁護人は法務大臣の指定した者に限られることになる。大阪弁護士会で約三〇人を指定。「私が一番若かったと思います。当時、私自身お覚えめでたかったんでしょう。」（「弁護人抜き裁判特例法を考える」大阪弁護士会報一四六号、一九七八年）

なお、禅については、一九四〇年に『禅思想の構造』（河原書店）を上梓されています（アマゾンで取り寄せたが、一万二〇〇〇円という稀少本。中身はとうてい歯が立たなかった）。

——東京裁判に参加し、アメリカ人弁護士に学び、弁護士開眼したといわれていますが。

石川　一九四六年、毛利先生は東京裁判に平沼騏一郎の弁護人として加わっています。日本人弁護団副団長清瀬一郎や林逸郎などで、大本教弁護団の縁もあったのではないでしょうか。

「私の法廷態度を変化させたものは何よりも東京裁判の経験です。法廷は生き物である。闘争の場であるということをつくづく経験しました。私が東京裁判で学んできたのは、当事者主義とか、何とかという主義の言葉でいえるもんじゃなくて、弁護士としての『闘魂』ですね。『強情』というふうに呼んでもいいと思いますね。特定の弁護士じゃなくて、全体の法廷の雰囲気ですね。私はひそかに詠嘆したんです。軍事裁判にしてこれだけ活発にやれるのやと。法廷秩序などというようなことで、裁判所はいばっていましたけれども、弁護士も平気で裁判所に喰ってかかっています。

こういうこともありました。軍事法廷であるにもかかわらず、アメリカの弁護士が、裁判長の発言抑制に対して、『今の裁判所の決定は、〝アンデュー・インタフエアレンスだ（不当な干渉だ）〟』と抗議した。裁判長が『それを取消せ』と弁護士に迫ってくる。『取り消さん』『今日は法廷から帰ってくれ』（退廷命令だ）それで帰った。次の日のこのこ出てくる。さすがの平沼騏一郎も『あの強情さは、尊いものだね、君』。『強情』という言葉を使いよった。『あの強情さはほしいな、弁護士に』。これは、冷水三斗をあびせかけられた気持ちだった。あのとき、私も、もう一つやらなけりゃいかんかった。あの官僚の権化、平沼騏一郎でも、黙ってついている弁護士より法廷から退去を命ぜられた弁護士に感心したんですね。

ここを学んだんです。これを大阪へ持って帰って、大阪の法廷でやろうと。私の瞬発力の好きな性格と合わせて。そして、大阪に帰って『よし、これからやってやるぞ』と、私流にケースバイケースに間に合わせていって『これが新刑訴だ、おれは東京裁判で見てきたんだ』ということで。しかし、私の法廷観、法廷活動というものは私の生まれつきのくせといいますか、反抗癖ぐらいなもんで。たとえば、岡林辰雄さんのような、火の玉になってたたかうのではなく、限界がありました」(同上)。

ともあれ、この場面から、「たたかう弁護士」毛利与一が誕生した。しかも毛利流のたたかい方を持って。このとき毛利先生は四六歳。

ちなみに、佐伯千仭さんは、後述するような経緯で、一九四七年一一月に大阪弁護士会に登録、ただちに東京裁判の武藤被告の弁護人になっている。大阪の岡本尚一弁護人の要請だということです。

(3) 毛利先生と佐伯先生の出会い

――毛利先生と佐伯先生の出会いは。

石川 佐伯千仭さんは、一九〇七年熊本の生まれ。五高(旧制第五高等学校)を経て、一九三〇年に京都帝国大学法学部を卒業。同年助手、三二年助教授。毛利さんの七歳年下に当たる。佐伯さんが助手か助教授の頃、毛利さんが京大研究室に宮本英脩教授を訪ねられた折が最初の出会いで、そのあと、弁護士嫌いで鳴らした宮本教授が、「おい、毛利君は別だぞ。あの人は立派な人だ」と。佐伯さんは驚いた。「あの先生とはおまえもつきあえよ」と言われたということです（一九八二年二月二七日の「毛利与一先生を偲ぶつどい」にて）。佐伯さんは弁護士登録後、毛利さんとは最も多くの刑事弁護をともにされ、親密な「戦友」ともいわれる間柄でした。

以下も「毛利与一先生を偲ぶつどい」での佐伯さんの話です。

最も印象に残る事件というのが、一九四八年発生の「大阪警視総監名誉毀損事件」である。大阪府警察の鈴木栄二警察局長は権力的な人で、東京並みに、大阪警視総監を名乗っていた。進駐軍の援助もあったのか、横暴で人権蹂躙もあって、ときの自民党府会議員髙野保が「権力を濫用して人権蹂躙や不正をやっている」と検察庁に告発し、そのコピーを新聞記者に見せた。それが新聞に大きく報道された。大阪地検は、髙野議員を名誉毀損罪として起訴した。

髙野被告には、弁護士で府会議員の有力者の声掛かりで、佐伯主任弁護人、毛利弁護人ら強力な弁護団が編成された。

検察側の立証が二年ほどで終わって、弁護側の反証に移ろうとしたとき、進駐軍から露骨な裁判干渉が行われた。西尾貢一裁判長が、進駐軍に呼ばれて帰ってきて、「どうも難儀なことを進駐軍に言われた。それで相談がある」と、佐伯、毛利、塩見弁護団事務局長の三人に話をした。「弁護側の立証、弁護、弁論を含めて二週間で終われ。これは進駐軍の命令である。そうでなければクビを覚悟せよ」と言われたと。とんでもないことだ。普通、弁護側の反証は、検事側の倍はかかるものだ。

相談の結果、次の法廷で、あなたが弁護側の立証、弁論を終われと命令したら、弁護人が釈明を求めるから、あなたははっきりと「占領軍の命令でこういうことを命令するんだ」と言いなさい。西尾さんは「もちろん言う。これはどこかに残しておかなならん」と。次の公判廷で、こうしたやりとりを記録に残した。毛利さんと佐伯さんらは、占領軍の司令官コワルスキー大佐にこの経緯についてのメモランダムを送った。その前に京都でやられかけたことがあるので、私どもはおらんことにした。（著者注：京都地検次席検事であった前堀政幸さんが、占領軍の意向に反したということで一九四九年にやめさせられたこともあり、毛利さんらは一時身を隠されたのである。）

ところが、この司令官が偉い男で、赤面して、「私の部下がこういうバカなことをやったということは、司令官として非常に恥じる。深くお詫びする。私が許すから、どうぞ自由に、思う存分弁護側は立証、弁論をしてください。時間の制約などいりません」と言ってくれた。

それで、延々と立証をやって無罪になった。毛利先生には、あの占領の最中、ささやかな抵抗の跡を残すように努力していただいた。

控訴審でも無罪が確定するが、名誉毀損についての刑法三二〇条の二の新しい判例ができた。大阪高裁の判決（荻野益三郎裁判長）です。髙野氏が新聞記者に見せた告発状に記載された事実のうち、細かい事実は立証できっこないが、誰がみてもそういうことを思わせるような状況は立証されている。厳格な意味の真実の証明は要らないとして、無罪を言い渡した。この高裁判決が真実の証明に関する最高裁昭和四四年判決を導き出したといえます。

この控訴審判決を探してみたがみつからない。佐伯法律事務所には、一九四七（昭和二二）年の弁護士登録後、担当された刑事事件の判決が、年次別に目録もつけて保存されているが、どうしたことか、これだけ記憶に残るといわれたこの事件の判決だけが、その綴りにありません。

佐伯先生自身が語られる毛利先生の弁護活動については、「偲ぶつどい」での言葉を引用したいと思います。

「毛利先生の刑事弁護というのは、実に目の覚めるような、その法廷の一つひとつが劇であります。そこにはちゃんと一つの展開される山があり、谷があり、峠があり、みんなをぐんぐん引きずっていくんですね。」

(4) 吹田事件、京都破防法事件、第二次国会乱闘事件

——吹田事件と毛利さんのことをお聞かせください。

石川　吹田事件の裁判長であった佐々木哲蔵さんは、「偲ぶつどい」で次のように回顧しています。

「毛利弁護人による起訴状の一部削除の申立てによって、裁判所をして起訴状の一部無視宣言をさせたということは弁護側が実質的に勝利しているものではないか。私、弁護士になって感ずるのですが、これは、後に吹田事件が無罪になったことに通ずる、最初の勝利ではなかったかと思うのです。」

「また、その後の訴訟進行の段階で、検察官が裁判長の訴訟指揮について非常に不満を持っている。今後の裁判長の訴訟指揮いかんによっては、検察側として重大な決意を持っていると述べたのです。そのとき、毛利先生が突然起立すると、『重大な決意とは一体何か。それは裁判所に対する恫喝で

はないか。その理由と根拠を示せ』と鋭く迫られたのです。相当の応酬の結果、検察官は『重大な決意』なるものを引っ込めたのです。今、考えてみまして、毛利先生のこの活動は単に一裁判長をかばったという問題ではなくて、正しい意味においての法廷の権威、あるいは裁判の権威を守ったものであると、非常に敬意を表する次第でございます。」

このとき毛利さんは、裁判長を忌避するなら忌避せよ、訴訟上の手続に乗せずに恫喝するとは何事かと。まさに瞬発力を発揮されたものでした。

――毛利先生は、京都破防法事件の弁護にも当たられました。

石川　破壊活動防止法は、一九五二年七月公布されました。その第一号として起訴されたのが、京都破防法事件といわれるものです。事案は、「京都のハタ」の記載が内乱を実行せしめるものとして、京都地検が九月六日の配布行為を、一〇月三日、破防法違反として起訴しました。

激しい法案反対闘争の末、強行された破防法の適用第一号事件ということで、全国的な大弁護団が結成された。毛利さんは、その中心を担う一人でした。多くの弁護人の違憲論主張の中で、毛利さんは、この起訴状を「六〇時間」かけて読み返したと前置きして、「この起訴状には、証拠の内容がそのまま記載されている。刑訴法二五六条六項に違反する公訴の提起であって公訴棄却さるべきだ」と鋭く迫った。今、その記載内容は、労働年鑑一九五四年版でみることができる。大論争になったようですが、裁判所はその判断を保留してか事実審理に入ったようです。京都地裁判決は一九五六年一二月二七日、破防法自体は合憲としつつも、被告らの内乱の目的性は客観情勢からみて犯罪に当たらずとした。冒頭での大論争が効果を発揮したものと思う。この無罪判決は、最高裁判決（一九六七年九月二二日）で確定した。他の同時期の破防法事件もすべて無罪になった。宮内裕教授（京都大学）は、『戦後治安立法の基本的性格』（有信堂、一九六〇年）で「これらの事件は、破防法の思想弾圧的側面の危険性を世に示した」と指摘されています。

――第二次国会乱闘事件とはどういう事件でしたか。

石川　国会乱闘事件として起訴されたものが二つあります。

第一次事件は、一九五五年七月三〇日の参議院議院運営委員会における憲法調査会法案・国防会議構成法案をめぐって、社会党参議院議員三名が公務執行妨害・傷害罪で、同年七月三〇日に起訴されました。第二次事件は一九五六年五月三一日と六月一日、参議院議場において、社会党議員らの教育二法案反対行動が公務執行妨害・傷害罪で、同年一一月九日起訴されました。被告人は亀田得治議員ほか三名。

第一次事件の判決は、一九六二年一月二二日に東京地裁刑事第三部（安村和郎裁判長）が、三人全員無罪を言い渡し、確定している。憲法四一条の保障する議員の免責特権は、言論のみならず付随行為にも及ぶ。本件ではそれを超えたものではあるが、二名には証拠不十分、一名は実質的違法性を欠くとし無罪とした。判例時報二九七号（一九六二年）では七～一一〇頁に及ぶ詳細かつ長文の判決で、判例百選に取り上げられたのをはじめ多くの評論があります。

第二次事件の弁護団には、在京中心の弁護士のほか、亀田議員が大阪選出であるところから、毛利与一、菅原昌人、和島岩吉、佐伯千仭弁護人らが加わって、第一次事件とはかなり違う展開をみせています。

以下は、相磯まつ江（八期・弁護団事務局長）他編『検察権の敗北――立法と司法の限界』（宮益坂法律事務所、一九七一年）と、相磯さんからの手紙によります。

弁護団の基本方針は、第一次事件の審理で安易に事実審理に応じてしまったことの反省の上に、あくまでも憲法上の議員の発言保障、院内自治権・院の告発のないことなどを中軸として公訴棄却を求めることとし、公訴棄却に関する証人、鑑定人の請求をした。東京地裁第二刑事部（河本裁判長）はこれらの申立ておよび証拠申請を却下したが、一九五九年九月、江崎太郎裁判長に交代後の公判では、毛利弁護人の公訴棄却の申立てに基づき、公訴棄却の申立権を認め、弁護人申請の佐藤功、鈴木安蔵、斉藤秀夫の鑑定、職権による兼子一の各鑑定を採用した。これらの鑑定書と佐藤鑑定人尋問後、一九六一年一月の公判では、これらを引用した毛利弁護人の公訴棄却論を聞いている。その後も、公訴棄却に関する証人尋問を重ねたが、一九六三年一二月、再度の裁判所の訴訟指揮で、その判断を留保しつつ事実審理に移行した。

判決は一九六六年一月二一日、四名全員無罪であった。判例時報四四四号一九～六五頁（一九六六年）に及ぶ判決は、「弁護人の公訴棄却の主張に対する判断」「当裁判所が証拠によって認定した事実」「以上認定の事実関係に対する当裁判所の判断」と題して、免責特権の行使等に当たる事案ではないとし、構成要件該当事実を認めつつも、実質的違法性なしとして無罪判決に導いている。

検察官は、亀田、松浦両被告について控訴したが、東京高裁（飯田一郎裁判長）も、一九六九年一二月一七日、「可罰的違法性を欠き罪とならないもの」として控訴棄却（判例時報五八二号、一九七〇年、一八頁）。可罰的違法性を欠くとして公務執行妨害罪の成立を否定して無罪とし、確定した。判決理由の冒頭に、「検察官の控訴趣意に対する答弁は、弁護人毛利与一作成の『答弁書に代えて』と題する書面記載のとおりであるからこれを引用し」と書かれているのが目を引く。

相磯さんは、「毛利先生の弁論は未だに耳に残る名弁論で、駆け出しの私には岩間の清水の流れる如く鮮烈にひびき、刑事弁護の弁論とはかくの如きものかと深い感動を覚えたものである」。「毛利先生はまさに法曹界の巨人でした。先生らの薫陶を受けたことは私の一生に大きな影響を及ぼしました。」と書かれています。

2　佐伯千仭先生に学ぶ

(1)　佐伯先生の略歴と弁護士登録のいきさつ

――次に、佐伯千仭先生についてお話しいただけますか。

石川　これまで述べたように、私が一九五七年四月の弁護士登録後、民法協の先輩弁護士として佐伯先生を知ったのは、翌年の全逓大阪中郵事件、大教組事件、京教組勤評事件などで、弁護団の一員として直接、佐伯先生に接することができました。国鉄労組の尼崎駅事件などでも、佐伯弁護団長の下で弁護活動につきました。勤評裁判では、和歌山、大阪、京都、高知県北川村教組事件などです。この間、松川事件では、最高裁判決のあとの差戻審の仙台高裁の審理にもご一緒しました。このように、一九七〇年代前半までの公安労働事件では、最も多く佐伯先生の驥尾に付してたたかった一人と自負しています。

他方、佐伯さんには、一九六〇年に始まる刑法全面「改正」作業に反対する大阪弁護士会の委員会に、私を最年少の委員として抜擢していただきました。その後、私は日本弁護士連合会刑法「改正」阻止実行委員会（現・刑事法制委員会）の委員長代行・委員長として、また法制審議会刑事法特別部会委員として働くことになります。佐伯先生は、こうした場に私をつないでいただき、また早くから日本刑法学会で報告する場も与えてくださいました。

佐伯先生から弁護士魂や刑事弁護のたたかいの薫陶を受けましたから、先生へのご恩は限りなく大きいものです。

――佐伯先生の略歴と弁護士登録のいきさつについてお話ください。

石川　佐伯先生は、一九〇七年一二月に熊本で生まれ、旧制五高を経て、三〇年に京都帝国大学法学部卒業、助手として宮本英脩教授の下で研究活動を行う。三二年に同大学助教授、三三年に瀧川事件で辞職、立命館大学教授。三四年に京都帝大助教授に復帰。四一年に同大学教授になられる。五一年に「刑法における期待可能性の思想」で法学博士となられた。一九四七年一一月、大阪弁護士会に登録をされ（当時三九歳）、二〇〇六年に九八歳で亡くなられるまでの約六〇年間会員でした。

佐伯千仭先生

佐伯先生は一九九六年一月、大阪弁護士会における新年祝賀会での米寿の表彰に対する答辞の中で「弁護士の仕事こそ精神的緊張の連続で、それが健康の秘訣だった」と述べられ、満場の弁護士の共感を呼んだものです。

戦後間もない時期に、佐伯先生は弁護士登録をされましたが、その弁護士登録にからむエピソードを紹介したいと思います。

一九四七年七月、佐伯先生は教職不適格の指定により、心ならずも京都帝国大学教授を退官された（この間の経緯は、松尾尊兊『瀧川事件』（岩波現代文庫、二〇〇五年）に詳しい。以下はそれによる紹介である）。佐伯先生の公職追放は、京都帝大法学部に設置された審査委員会（委員長は瀧川幸辰法学部長）の瀧川氏その人によってであった。瀧川氏による指定の理由は一応、佐伯先生の戦時下の著作を問題としているが、実質は一九三三年のいわゆる「瀧川事件」における京大教官らの退官後、翌三四年四月、佐伯先生ら助教授陣が京大に復帰されたことに起因する、つまり、瀧川氏は復帰組の中心にあった佐伯先生に打撃を加える意図であったと、松尾氏は推測している。

このような経緯があったにせよ、佐伯先生の弁護士としての生涯にわたるご活躍と業績は素晴らしいものでした。後に公職不適格取消し後、立命館大学教授として刑事法学界をリードされたことと相俟って、戦後の刑事裁判における理論と実践の両面にわたる成果は極めて大きなもので、この「追放劇」こそが、偉大な刑事弁護士を誕生させ、戦後の刑事裁判史上まれにみる存在をつくり出したものということができるでしょう。

――東京裁判の弁護人として活動されたのですか。

石川　東京裁判では、佐伯先生は弁護士登録後まもなく、同郷の熊本出身の武藤章の弁護人として一九四六年五月三日から一一月一二日、刑の宣告までつかれた。A級戦犯に関する裁判の弁護人は、当時の大日本弁護士連合会総務理事の林逸郎弁護士から要請を受けて、大阪の岡本尚一弁護士の推薦で、佐伯先生が武藤章の日本側弁護人に、毛利先生が平山騏一郎の日本側弁護人になるという経過がありました。

なお横浜でのB・C級戦犯裁判には、大阪から菅原、阿部、和島先生ら多くの弁護士が参加しています。

――占領下の公安、労働事件の弁護人として活動されたのですか。

石川　佐伯先生は政令三二五号違反事件や、朝鮮戦争前後のレッドパージ事件（被解雇者の職場への立入り・抗議闘争が起訴された住居侵入事件など）も、弁護を担当された。

第一は、京都市交労事件（政令二〇一号違反事件）です。この事件は、一九五一年の年末闘争をたたかった京都市電従業員のストライキが政令二〇一号違反として起訴されたものです。政令二〇一号は、一九四八年七月にマッカーサー書簡を受けて、公務員の争議行為を禁止し、参加者を処罰するという稀代の悪法であった。しかし、その後、国公法、地公法の改正で、争議行為をあおりそのかした者を処罰し、参加者自体は処罰されないことになった、また公労法・地公労法も制定されて、現業公務員らは争議行為は禁止されるが、処罰はないことになった。その後、公労法も廃止されています。

佐伯先生は、政令二〇一号そのものが憲法一四条の法の下の平等に反し、すでに無効となったものであると主張した。一審京都地裁（一九五二年一一月一五日、『講義録・裁判記録Ⅰ（佐伯千仭著作選集　第六巻（上））』（信山社、二〇一八年）三七二頁）は、これを入れて免訴判決をした。しかし、検察官控訴を受けて、大阪高裁は、政令二〇一号はなお有効だとして、被告全員を有罪とし、最高裁もそれを維持した（一九五八年七月一六日最高裁大法廷）。佐伯先生は、この判断は今も納得しかねている、と述べられる（佐伯『刑事法と人権感覚――ひとつの回顧と展望』（法律文化社、一九九四年）二八八頁および佐伯『法曹と人権感覚』（法律文化社、一九七〇年）二三頁）。

第二は、電産湊川分会納金スト事件です。一九五〇年、電気産業労働組合（電産）湊川分会が争議手段として一カ月にわたり集金した電気料金を会社に納入せず、これを分会委員長名義で銀行に預金したいわゆる「納金スト」が、業務上横領等として起訴された事件です。佐伯先生の事件簿には、一審神戸地裁一九五三年九月二四日（不法領得の意思なしとして）無罪となり、検察官控訴も大阪高裁一九五四年七月一〇日判決で控訴棄却、上告審は最高裁二小一九五八年九月一九日判決で、上告棄却、無罪が確定した（判例時報一六二号、一九五八年）とあります。同じ日の電産熊野分会事件の同小法廷判決が「納金スト」の違法性を断じて、破棄差戻ししていることと対照的です。湊川分会事件判決も争議行為としては違法であるが、横領罪は成立しないとしたものです。佐伯先生の違法の相対性、実質的違法の弁論の成果ということができるでしょう。

――実質的違法・可罰的違法論が佐伯先生の刑事弁護の特徴ですね。

石川　全逓東京中郵事件、東京都教組事件の最高裁大法廷判決で、違法の相対性を明らかにし、実質的違法・可罰的違法論によってそれまでの最高裁判例を変更させました。この二つの大法廷事件における佐伯先生の弁論を紹介しておきます。

(2)　全逓東京中郵事件の最高裁弁論

石川　東京中郵事件では、争議行為としての職場離脱行為（単純労務不提供）を郵便法違反として起訴しましたが、公労法一七条の違憲性と、労組法一条二項の適用問題が最初から厳しく争われた。

東京地裁は、一九六二年五月三〇日、公労法により禁止されている争議行為についても、労組法一条二項の適用はあるとして無罪を言い渡した（判例時報三〇三号、一九六二年）。しかし、東京高裁は、全逓松江郵便局事件、国労桧山丸事件で最高裁第二小法廷（一九六三年三月一五日）の判例に従って、六三年一一月二七日に一審判決を破棄した。この最高裁判例は、公労法違反の争議行為について、違法一元論の立場から、労組法一条二項の適用を一律に否定したものである。東京中郵事件の高裁判例はこれに従ったものである。

被告人側の上告により、最高裁大法廷は六日間の弁論を開いた。佐伯先生は、一九六五年四月七日、「違法の相対性」と題して、「本件行為は、仮にそれが郵便法七九条の構成要件に形式上該当し、且つ公労法一七条で禁止せられた違法行為であるとしても、それは、可罰性のないものとして刑罰を科せられないものというべきである」、「もしそれが、民間労働者が行なったならば、正当な争議行為として認められるであろう集団的労務不提供である」、「公労法は、その一七条の禁止規定に違反して争議行為を行った職員は解雇されるものとする旨の制裁規定を設けながら(一八条)、一般公務員の場合のような刑罰規定を欠いている」、「これらの者の争議行為は、違法だとしても可罰的違法でない」と結論付けた(前掲『法曹と人権感覚』二一三頁以下に収録)。

最高裁大法廷一九六六年一〇月二六日判決は、上告を入れて破棄・差戻しをした(判例時報四六〇号、一九六六年)。松田裁判官、岩田裁判官の補足意見は、佐伯弁論を正面から受け止めて、「公労法上の違法性は刑法上の違法(可罰的違法性)の程度に値しない」としていることが注目されなければならない、とのコメントがされている。

この最高裁大法廷判決に至る過程で、東京地裁判決や大阪地裁判決など下級審判決の積み重ねがあったことも銘記されなければならないので、簡単に紹介しておきます。

(3) 東京都教組事件最高裁大法廷判決に至る道

石川 一九五八年、全国的に教職員に対する勤務評定は、当時の文部省の指導の下、各都道府県教育委員会が強行実施した。各都道府県の教職員組合は、休暇闘争という名目での争議行為で、その撤回と実施しないことを求めた。佐賀、東京、群馬、福岡、和歌山、大阪、京都などの七都府県教組事件、さらに、関連する高知県北川村教組事件で、いずれも組合役員が、争議行為の遂行をあおり、そそのかしたものとして地公法六一条四号違反で起訴された（北川村事件では共謀の訴因追加も）。

下級審では次の通り無罪判決が相次いだ。

① 一九六二年四月一八日、東京地裁は、一連の事件のトップを切って、争議行為に通常随伴する行為は罰せられないとして無罪の言渡しをした（判例時報三〇四号、一九六二年）。この事件では、弁護団は、「教育裁判」と位置付け、勤評がいかに教育を破壊するか、教育学者、教育法学者ら四一名を証人尋問し、最初に勤評を実施した愛媛県の教育現場の荒廃した状況を、現地証人尋問で裁判官に体感してもらうことを重視した。

② 同年八月二七日、佐賀地裁は、この争議行為に違法性がないものとして無罪とした（判例時報三一〇号、一九六二年）。

③ すでに述べたように、大教組事件の大阪地裁一九六四年三月三〇日判決は、地公法六一条四号の違憲性を明らかにした初めての判決となった。

④ 高知県北川村事件の一九六四年一二月二八日の高知地裁判決は、可罰的違法性ある争議行為についての違法な関与行為のみが処罰の対象となるとの、いわゆる「二重のしぼり」という限

定解釈の手法をとった。

⑤　これらのほか、福岡県教組事件・福岡地裁一九六二年一二月二一日判決（判例時報三三四号、一九六三年）、群馬県教組事件・前橋地裁六七年七月二六日判決、京教組事件・京都地裁六八年二月二二日判決（判例時報五二一号、一九六八年）と無罪が続いた。唯一、有罪としていた和教組事件・和歌山地裁六三年一〇月二五日判決（判例時報三六三号、一九六四年）も、大阪高裁六八年三月二九日判決（判例時報五二一号）で無罪となった。

⑥　こうした一連の判決の流れに逆行したのが、東京都教組事件・東京高裁一九六五年一一月一六日判決（判例時報四三七号、一九六六年）である。争議行為の原動力となって共謀、教唆、煽動した者を処罰することは合理性があるとして、一審判決を破棄、有罪とした。

(4)　東京都教組事件における最高裁弁論

石川　この東京高裁判決に対する上告審で、最高裁大法廷は一九六八年九月に三日間の弁論を開き、一七人の弁護人の弁論が展開された。

佐伯先生は、「地公法六一条四号は、その内容が不適正であり、しかもその規定する犯罪類型が不明確であるから、憲法三一条に違反するものといわねばならない」として、まず、原動力論を批判し、ついで、地公法六一条四号の処罰対象である共謀、そそのかし、あおりの構成要件が不明確であること、しかも、それらが単純な争議行為を行った者は罰せられないという法原則との関係で、通常随伴する程度かどうかの限界も曖昧とならざるを得ない、と論ぜられ、「地公法六一条四号は、どう解釈してみたところで、不明確であるというむしろ絶望的な叫びに、最高裁判断はどのような教示を与えるであろうか」と結んでおられる（前掲『法曹と人権感覚』二二三頁以下に収録）。

最高裁大法廷一九六九年四月二日判決（判例時報五五〇号、一九六九年）は、「争議行為が違法性の強いものであることを前提とし、そのような違法な争議行為のあおり行為であって、違法性の強いものであることが必要であり」と二重のしぼりをかけて、「争議行為に通常随伴して行われる行為のごときは、処罰の対象とされるべきではない」とした。

――最高裁の両判決に対する佐伯先生の評価はどのようなものでしたか。

石川　佐伯先生は、この最高裁一〇・二六判決と四・二判決とでは、論理の進め方が違っている、「一〇・二六判決の刑法における違法性の理論判決は、行為そのものは郵便法七九条の構成要件に該当し違法でもあるが、可罰的違法性がないから罪にならない」というのであり、「四・二判決は、行為は一見構成要件に該当しそうに見えるが実は該当しないと解しなければならないから罪とならない」というのである、とされています（佐伯千仞『刑法における違法性の理論』〔有斐閣一九七四年〕四二三頁）。

それぞれに該当する実例として、私が担当した大証デモ事件大阪高裁判決と大阪学芸大学事件大阪高裁判決を挙げておられます。まず、構成要件該当性なしとされた例としては、大証デモ事件大阪高裁判決（昭三九年五月三〇日）です。大阪証券取引所労働組合員の夜間デモに際し、私服警官が至近距離からフラッシュで写真を撮ったので、組合員が何のために写真を撮るのか、一体誰だと詰問したところ黙って逃げ出したので追いかけて引き止め、組合事務所まで連行したことが不法逮捕として起訴された。一審判決は、実質的違法性を阻却するとして無罪としたが、大阪高裁は、その行為は「可罰的違法性を欠く程度の軽微なもので、逮捕行為としての定型性を備えていない。」

とした（判例時報三八一号、一九七四年）。（この高裁の審理には、検事側証人として藤木英雄助教授、職権により大塚仁教授が尋問され、いずれも、可罰的違法性の理論を述べられたことも印象深い。）

佐伯先生が構成要件に該当するが可罰的違法性がないとして紹介されるのが、大阪学芸大事件大阪高裁判決（昭和四一年五月一九日）です（判例時報四五七号、一九六七年）。警察官の学生運動へのスパイ活動をとがめ、学内にひっぱり込み追及した行為が暴力行為等処罰に関する法律違反として起訴された事件です。一審判決は、東大ポポロ事件と同じく、超法規的に違法性を阻却するとした（判例時報三〇七号、一九六二年）が、大阪高裁は、「法益侵害の程度は極めて軽微で可罰的評価に値するほどのものとは認められず」として、本暴力行為法一条の構成要件に該当するけれども、同罪が予定するような可罰的違法性はないとしました。

大証デモ事件は、検察官の上告はなし、大阪学芸大事件は、検察官の上告も棄却されて、いずれも無罪が確定した。これらは、いずれも公訴事実の縮小認定と被告人側の行為の正当性を認めるところに、この結論に結び付いたものといえましょう。

最高裁裁判官の入替え後の一九七三（昭四八）年五月二五日、全農林警職法事件大法廷判決による判例変更があり、それ以降あたかも可罰的違法性の考え方そのものまで否定されたのだと説く論者も現れている。しかし、佐伯先生は、「変わったのは違法評価の基準の立て方であって、可罰的違法性という考え方が展開される土台となった理論は変わっていない」と説かれています（前掲『刑事法と人権感覚』三四二頁）。

第8章　日弁連での刑事立法への取組み

1　刑法「改正」阻止のたたかい

(1)　刑法改正問題への関わり

――石川先生の今までの弁護士会活動で長く携わられた活動として、刑法改正反対運動があると思うのですけれども、先生がこの反対運動に関わられたきっかけとか、関わり方についてお話しいただきたいと思います。

石川　一九六〇年に法務省が改正刑法準備草案（未定稿）を発表したんです。そのとき、大阪弁護士会がすぐに特別委員会をつくり、若手では、弁護士四年目の私と井戸田侃さん（七期）、熊谷尚之さん（一〇期）の三人が入って、あとはほとんど戦前派からの弁護士たちで委員会をつくった。その中心は、佐伯千仭先生、毛利与一先生などでした。佐伯先生は昭和二二年から大阪弁護士会の会員になって、毛利先生と一緒にずっと弁護活動をやっておられた。その人脈もあって、特別委員会ができた。

一九六三年に大阪弁護士会の反対の意見書ができるんです。それまでは毎週土曜日に弁護士会館に集まって議論し、意見書の総論は佐伯先生が起案され、各論については井戸田さんが書かれた。こういう形の草案に対する反対意見書は、学会も含めて全国で初めて公表されたものでした。

――佐伯先生は、法制審議会の審議にも参加されたのですね。

石川　法制審の刑事法特別部会（一九六三年発足）で、ずっと論議が進んでいくのです。それに佐伯先生が委員として出られることになった。日弁連推薦ではなく、全部一本釣り。よく佐伯先生が一本釣りに入ったものだと思いますが、無視できないお力だったのでしょうね。

――当時はそういう日弁連から推薦を受けるという慣例はまだなかったのですね。

石川　特別部会の段階では全然それはなかった。これは余分な話なのだけれど、佐伯先生は「地方からの委員のうちで、私だけは一度も旅費宿泊料の支給を受けたことがなかった」と言われています（『刑法改正問題の十年』日弁連刑法「改正」阻止実行委員会、一九八四年）。後に私が刑事法部会の委員をしたときは、旅費が出るようになったのですが。

佐伯先生は、かなり無理をしてでもすべての会議に出る。学者の平野龍一さん、平場安治さん、それから九州大学の井上正治さんが幹事として出ていたのが、途中で大学紛争もあるといって辞められた。だから佐伯先生にしてみれば、全くの孤軍奮闘となった。

佐伯先生は反対の志というか、意見を持つものは、絶対に途中で辞めてはいかんということを、あとで講演の中でも言われた。いろんな事情があったにせよ、途中で辞めたこの三人については厳しい批判的な意見を持たれた。そんなことがあって、刑事法部会の採決は一九七一年にあり、二七対一です。これは佐伯先生ただ一人、反対でした。

――席は、最後まで立たなかったのですね。

石川　佐伯先生は席は立たない。それで最後まで意見を言う。その後に親総会という、法制審議会総会（一九七二年四月発足）が始まる。そのときに工夫したことがあります。

総会には東京三弁護士会の会長経験者と大阪弁護士会の会長経験者が委員として出ることになっていて、その予定の大阪の先生のところへお願いに行った。もう大変なこの刑法問題の取り組みの総会だから、申し訳ないが先生からの推薦ということで、佐伯先生を推してくれ、と頼み、了解していただいた。それで佐伯先生が総会にも出ることができたんですね。

そうしたら、その親総会の会長も、部会長も小野清一郎さんで、小野さんが全部仕切っていた。その小野さんが「佐伯君、また出てきたのか。もう君の意見は散々聞いたから、ここで同じことを繰り返してもらいたくない」と言われた。

佐伯さんは「いやいや、これは立場がまた違う。ここでまた新しく議論いたしましょう」と応じ、東京三会から出た三人の先生と四人のチームワークで親総会の論議をリードされた。三年間総論、各論、逐条審議まで論議をして、最後に一九七四年五月に答申となるのですが、このときの採決は一五対五になったのです。

その「五」というのは、弁護士四人と東京大学（憲法）の宮澤俊義さんです。宮澤さんが反対票になったのは大変素晴らしい成果だという思いです。

親総会審議の始まる段階で、日弁連は、当時の司法委員会の中の刑事法部会がこの親総会の四人の弁護士をバックアップすることになりました。東京弁護士会の渡辺脩さん（一三期）がその委員として、バックアップの中心になっていたのです。特別部会のときは、まだ佐伯さんへの日弁連のバックアップ体制はなく、日弁連のバックアップは一九七二年以降で、それまでは「刑法研究委員会」という形で佐伯先生と連絡をとっていました。

(2) 日弁連刑法「改正」阻止実行委員会の発足と活動

――日弁連はどのような態勢で反対運動を展開したのですか。

石川 親総会の結論がもう出るという直前の一九七四年三月に、日弁連の実行委員会がつくられました。これはほとんど渡辺脩さんの提案に基づいて、東京で組織の骨格案ができたのでしょう。この委員会が「刑法『改正』阻止実行委員会」という、それまでの日弁連の常識では考えられないような、はっきりした名前の委員会ができた。

――普通は調査研究のための委員会という形になっていますが、実行委員会とはめずらしいですね。

石川 今は対策本部とか実現本部とかいうのは、実行運動を含むものですけれど、その走りとして、阻止実行委員会で、論議だけでなくて運動を担っていく、そういう委員会としてできたのです。

――それで委員会事務局体制ができたのですよね。

石川 ええ。これも、日弁連で初めてのことかと思います。

――委員が一〇〇名もいたのですか。

石川 委員が一〇〇名で、全国の単位会から最低一人は出す。大きい会は複数の三～四人とか五人とかでした。全体で一〇〇人。会長は元日弁連の会長経験者を持ってくるような、大型の委員会だったのです。東京弁護士会の山本忠義さんが初代の委員長、事務局長が渡辺脩さんでスタートしたわけです。

――それで、こういう阻止運動という、初めての日弁連の経験なのですけれど、石川先生はこの中ではどういう立場で活動されたのでしょうか。

石川　最初、私は日弁連のその運動について、そんなに大きな力になるとは思っていなかったのです。大阪から副委員長には前川信夫さん（一四期）を推薦した。私は大阪の委員長代行みたいな副委員長で、日弁連では平委員だった。だからこの委員会の当初の議論には、実質的には加わらなかった。

――この委員会で、いろいろな基本方針の確立など、その一番中心になったのは渡辺脩さんですか。

石川　そうです。それと実質的な中心になったのは、副委員長の第一東京弁護士会の原秀男先生。それから、若いけれど福岡弁護士会の高木茂さん（二一期）、どちらかといえば保守系の方々が、こと刑法問題については全力を挙げて取り組んでいる。オールジャパンでなければいけないということを特に強調されていました。

――原先生は、たしか戦争中は軍法会議の司法官をされていたと聞きましたが。

石川　そうです。原先生が中心になられた意義は、第一東京弁護士会は、検事総長経験者が辞めて弁護士登録をすると、みなさんが入る会ですが、その先生たちのところを回って、先生たちの意見はいろいろあるでしょうけれど、弁護士会としてはこういう方向でまとまって、これから動こうとしているから見守っていてください、とおっしゃっていた。いってみれば、声を上げないで、われわれのやることをどうか見ていてください、ご意見は私のところへ言っていただければ、いつでもうかがいます、という形で。

――そういうところの信頼を得るのにすごくお力を発揮されたのですね。高木さんは刑事法にはどういう関連で詳しかったのですか。

石川　高木さんは九州大学大学院の井上正治さんのところで刑事法を研究していた経歴がある。今度の刑法改正は許すわけにいかんということで、その当時の一番若手で副委員長に推されて出てきて、委員会の中枢の一人になったのです。

――この委員会では最初に基本方針を確立したといわれていますが、これはどのような意義があったのですか。

石川　委員会は、運動の最初に、わかりやすく明確な方針を立てました。第一は現行刑法を超える重罰化に反対する、第二は処罰範囲の拡大に反対する、第三は保安処分の新設に反対するという三本柱でした。

当時の議論でも、国家主義的だとか、全体としての逆コースの一翼としての刑法改正だという視点からの反対論もかなりあったのですが、日弁連としては、より一致しやすいものとして重罰化と処罰範囲の拡大、保安処分の新設に反対すると明確にしました。

同時に、現行刑法は漢文調のカタカナで難解なので、現代用語化には賛成する。また最高裁判決も違憲と判断している尊属殺関係の変更（削除）には賛成するという方針を出したのです。

この最初の方針が極めてわかりやすく、かつ骨太で、運動を進める上でこれが一番大きな力になったでしょうね。

――それを理事会で日弁連として確認していって、運動につなげていくわけですね。

石川　市民集会とか国民的な運動の中で、これを阻止していくという方針も出てきたんです。もう一つの大事なことがあります。この委員会は原理、原則を最も大事にし、常にそれを確認しつつ、現実的な課題には柔軟に対応するというスタイルを確立し、ずっと引き継いできています。

(3)「刑法改正について意見を聞く会」とパネルディスカッション

――その頃、法務省はその法制審答申を受けたので、すぐに法案を出そうという動きはなかったのですか。

石川　国会でやる前にはもっと議論が必要だということで、「刑法改正について意見を聞く会」というのを法務省が企画し、それは高裁所在地ごとに順次やっていき、名古屋、大阪、東京を最後に残しながら、ほかの各地でやっていたんです。

――「意見を聞く会」に集まる人は、市民ですか。

石川　もっぱら学者とマスコミ。そういう企画を日弁連にも示してきた。それに参加することについて「向こうの土俵じゃないか」という異論はありました。

――日弁連もそこに参加する、ということについてですか。

石川　うん。それで、どこの主催の会であっても日弁連も積極的に参加して、草案による「改正」に反対するという実行委員会の方針に対し、「改正案を通すための単なるお膳立ての手段だ」という委員会内での反対論や「意見を聞く会をつぶせ」という市民の運動も一方にはありました。

――それで日弁連は「意見を聞く会」に参加したのですか。

石川　日弁連は積極的に参加しました。日弁連の代表を一人は出すし、日弁連が推薦する学者なども、その意見表明者に入れろと要求しました。

公開された会場で、賛成派と反対派がそれぞれの意見を表明する、必ずしも刑法の専門家には限らないでやるけれど、専門家も入るわけです。それで市民の判断をあおぐというものです。

――日弁連としては市民運動をやっていくということになりましたね。

石川　一九七四年三月に実行委員会ができて、最初に東京の日比谷公会堂で市民集会を開きました。一〇月に大阪の中之島公会堂大ホールをいっぱいにする刑法改正反対の市民集会を開き、一五〇〇人くらい集まりました。作家の野坂昭如氏を講師の一人に呼びましたが、彼は出演する前に控室でウイスキー一本くらい飲んで出てくるから不評も出て、それ以後は、ああいう人は呼ばないということになりました。いくら著名な文化人であってもね。こういったハプニングもあったけれど。日弁連の運動方針の中に、各地の集会を日弁連負担でやり、単位会に負担をかけないというのを出している。もう一つは、刑法改正に反対するという映画をつくりました。

――パネルディスカッションもやりましたね。

石川　法務省の「意見を聞く会」のあと、今度は日弁連主催でパネルディスカッションを三回やりました。賛成、反対の意見を紹介するため、法務省にも呼び掛けて、東京、大阪でやった。三回目の名古屋のときに、いわゆる過激派といわれる人たちに演壇を占拠されて中止になりました。日弁連の会員もそれに加わったということで、実行委員会の中でその人たちに懲戒請求をするかどうかという議論も起こりましたが、「実力で会議をつぶすことは許されず、それが成功することもない」ことが共有されて、あえて会員に対する懲戒請求はしないことになりました。

大阪では、大手前にあった國民會館でパネルディスカッションをやって、警察への警備は一切頼まないで自主防衛で朝早くから数十人の弁護士にお願いして、みんなに協力してもらった。反対する人たちは「法務省のお手伝いをする日弁連反対」と叫んでいました。

――市民の前で法務省との討論を進めて、その主張の問題点を明らかにするという方針、ひいては法務省との意見交換会に応ずる方針については、賛成の委員と反対の委員で会議ではいつも論争していたのですか。

石川　委員の中には市民の過激な行動も是認するし、日弁連の基本方針に反対するという数人の人が積極的に発言していました。だから、それを乗り越える議論を尽くしました。その結果、非常に大きい力になりました。

(4)　法務省との意見交換会

――刑法改正反対運動の新たな取組みとしての法務省との意見交換会が始まるのですね。

石川　このあと取り上げる弁護人抜き裁判法案の問題が出てきて、刑法委員会のメンバーも中心になって対応をしていましたし、法務省もそちらに集中していたから、刑法問題の動きは止まっていたのですが、その決着が着いたあと、一九八〇年に法務省が日弁連と協議をしたいといってきました。私たちは「協議」ではそれに応じるかどうかという形になるから、「意見交換会」という言葉にしようと、私が提案しました。

――この言葉は石川先生の発案だったのですか。対等に議論できるように、というお考えでしたか。

石川　日弁連は、あらゆる場で、あらゆる機会をとらえて、意見を表明していくということをずっといってきました。当初から記者クラブでの一方的な発表ではなく、マスコミの論説委員との定期協議をやっていました。論説委員は社説を書く立場だし、社内での力があるので、日弁連の意見を理解してもらうのに最適な方法でした。

――マスコミを味方につけることができたということですね。

石川　弁護人抜き裁判法については、マスコミは「日弁連はそこまでやっている。今度は法務省が答える番だ」という論説ですからね。法務省は困ったでしょうね。

それで廃案になったあと、今度は刑法改正について協議をやっていきたいと申し出てきた。そうではなくて、「意見交換で」ということをいったのです。

――日弁連内には、意見交換会に参加することに反対の意見もあったのですね。

石川　一二〇〇名の反対署名がありました。当時の全国の会員数の一割くらいで、その署名の筆頭が第二東京弁護士会の会長経験者でした。

意見交換会の予備会談を五回やって、いろいろなルールを決めたりしたのですが、そのときにわれわれは「これだけの反対署名があるのだから、本会談に入ったって、いい加減な妥協的な形と受け取られるようなことがあっては、われわれとしても意見交換に臨むことができない」と交渉の中で反対意見があることを生かして臨みました。

――その意見交換に臨むかどうか議論しているとき、石川先生はどういう立場だったのですか。

石川　私はただの委員だったけれど、それまでの弁護人抜き裁判法案のたたかいの実績と、まあ委員の中での年配者ということで、その後委員長代行として議事進行をまかされるようになりました。

予備会議でいろいろ詰めて、日弁連は「自主・民主・公開」という三原則を出したのです。これは原子力問題の論議のときにいわれた言葉をそのまま借りて、日弁連は自主的にその内容についてまとめる。議事録を双方の合意でつくることが難しいので、それぞれの責任において議事録をつくることとなり、日弁連は速記のできる弁護士を入れてつくっていくということも、予備会談の中でいったのです。

これは戦前の治安維持法事件のときに蓬田武弁護士が早稲田式の速記術を活用して、非公開の治安維持法事件の公判速記録をつくっていたという話を聞いていたから、「われわれのほうだって誰か探せばいるだろう」と提案し、守川幸男さん（千葉、二六期）や國本敏子さん（大阪、三〇期）などに協力してもらい、本会談の最初から立ち会って速記録をつくってもらいました。

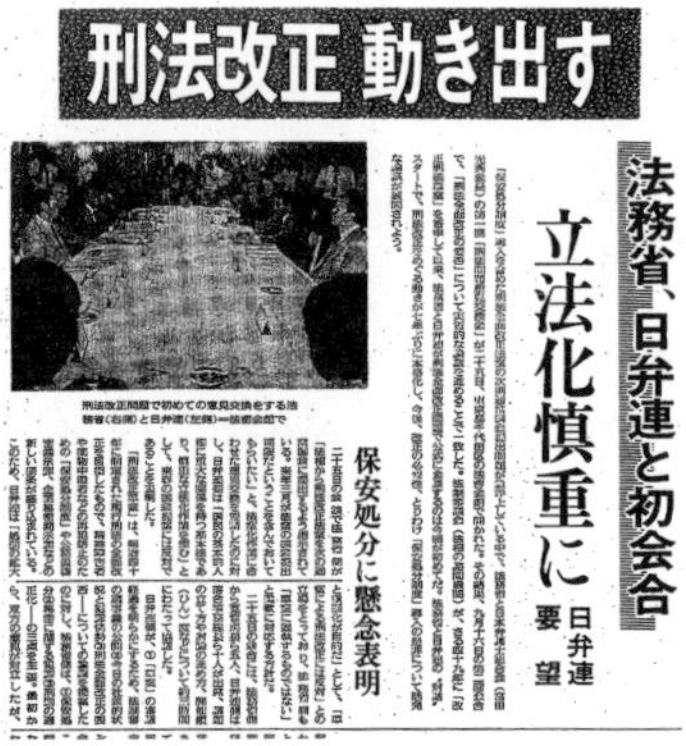
刑法改正 動き出す
法務省、日弁連と初会合
立法化慎重に
日弁連要望
保安処分に懸念表明

第1回意見交換会の新聞記事
（読売新聞 1981 年 7 月 26 日付朝刊）

(5) 最初の成果

石川　意見交換会の第一回が、八一年七月二五日。日弁連側一〇人で臨みました。全部で二三回の意見交換会をやりました。第一回に出席した日弁連側委員は、原秀男（刑法「改正」阻止実行委員会委員長代行）、渡辺脩、前田知克、石川元也、稲垣清、高木茂、小野寺照東、永盛敦郎（委員会事務局長）、音喜多賢次（日弁連理事）、落合修二（事務総長）の一〇名。法務省側のメンバーは、筧栄一（官房長）、千種秀夫（司法制度調査部長）、土屋真一（官房参事官）、宇津呂英雄（刑事局参事官）、古田佑紀（刑事局付検事）の五名でした。

第一回は日弁連の改正刑法草案に対する基本的態度の表明。原秀男委員長代行が日弁連側の代表として表明しました。

席順がおもしろくて、法務省は、最初は、右から左に官房長をトップに肩書順に座りましたが、日弁連は代表の原委員長代行を真ん中にして両脇を私と渡辺脩副委員長で固めるという態勢で座ったところ、それを見て、法務省側も同じように官房長を真ん中に座り直すということがありました。

日弁連側の司会は私がやっていましたが、二、三回やっているうちに、法務省側には直接の司会者がいないものだから、私が両方の司会者になって、「石川さん、今度ここら辺でテーマ変えたいな」などとか法務省が言うようになってきました。

法務省の席におられた古田佑紀さんは、後に最高裁の判事になりました。

第一回、二回、三回で、処罰の重罰化と処罰範囲の拡大がいかに問題であるかを、実例でもって論証していったのです。

それで第四回の意見交換会で、法務省が「今日は重大な意見を表明します」「当面の方針を示します」と言い、それまでの方針を変更して、「対立の甚だしいものについては、それを現行法通りにし、重罰化と処罰範囲の拡大は撤回する。ただ、保安処分の新設と、秘密保護の関係で、企業秘密とか国家秘密とか、秘密保護規定については論議を続けたい」というものでした。大きな前進を獲得しました。

——それが一九八一（昭和五六）年一二月二六日、法務省から「刑法改正作業の当面の方針」「保安処分についての刑事局案の骨子」が示されたということですね。

石川　大きな前進を勝ち取ることができました。私も、何の肩書もないと具合が悪いとのことで、委員長代行という肩書をもらいました。

(6)　改正草案の棚上げを勝ち取る

——四回目で法務省がそういう重大な方針変更をしたということは、一回目から三回目までの意見交換の内容は、それなりに大きな力を発揮したということですね。

石川　充実していましたね。だから、それからあとの二三回目まで、よくそれだけやったものだと思います。その中で、保安処分と秘密保護関係のものは何回かやって、結局これもやめてもいいということになったのです。

保安処分の問題については、日弁連は「精神医療の改善方策について」という対案を提起して法務省にぶつけていきました。さらに保安処分についてヨーロッパ調査団を派遣して、その成果を『揺れ動く保安処分――ヨーロッパの精神医療・保安処分を調査して』（高千穂書房、一九八三年）という本にまとめ、これも意見交換会に活用したのです。こうした諸活動の結果、一九八四年六月八日、第二三回意見交換会で、法務省側から「意見交換会は休会にしてほしい」ということで実質終了して、草案に基づく刑法改正はついに棚上げするということになりました。

それまでは、一回の意見交換会をやるのに二回ないし三回、最低二回の準備研究会があって、それには委員も出るし、報告者はみんな分担してテーマごとの分担をやっていた。これは大変な勉強の場でしたね。

――意見交換会速記録によると、最終の第二三回（一九八四年六月八日）は、法務省の「なお慎重に検討中だ」との発言を受けて、日弁連側から「今後の進展については、ふさわしい問題が出た場合は、意見交換の場で論議することを確認して、一時休会にするということで、双方合意しよう」と言うと、法務省が「休止はまずいね」となって、最終的に日弁連側の「一時休会としては」で終わっていますね。

石川　それで同日、日弁連の石井成一会長の談話が出て、法務省から一時休会したいとの申し出があり、日弁連はこれを認めることにしたと記録されています。

――この声明では「意見交換会が刑法改正問題に対する論議の対立点を国民の前に明らかにする上で大

きな役割を果たしていることを高く評価する」といっています。また「精神障害者と犯罪をめぐる問題については、もともと日弁連と法務省の意見交換だけで論点を真に深めることはできないのであり、両者ともこの点に対する精神医療関係者も含めた冷静な論議を実現するよう努力すべきものである」と書いています。

石川　阻止運動について関わられた弁護士会の副会長の一人、中坊公平弁護士が総括文書に書かれた意見があります。「刑法改正問題の一三年」という日弁連運動の総括文書に、昭和五九年度の担当副会長ということで、私の同期の中坊弁護士がなかなかすばらしいことを書いてくれています。

――それはどんな内容ですか。

石川　簡単に紹介すると、会内合意を本当に大きく形成していき、国民の支持を得られる内容であったこと。その合意にしろ、国民運動にしろ、当初から三本柱の明確な方針が立てられていることが、日弁連という強制加入団体でさまざまな意見があるのをまとめるのに、非常に大きな役割を果たした。また意見交換会が果たした役割として、従来の日弁連は、協議といえば相手方と妥協することという受け止め方があったが、一八〇度転換させて、日弁連の主張を貫く場としての意見交換会という場を設定し、内容的にも充実して、こういう成果を得ることができた。「しかも、政府の主張を撤回させることが数の力でもなく、政治の力でもなく、金の力でもなく、説得の力によって、これをなし得たことに最高の価値がある」と。

だから新しい日弁連運動の原型がここに始まるとして、国民の支持という捉え難い概念を、まずマスコミの論説委員との定例懇談を通じて把握していく。それからさらに精神医療の充実を図るという形で、医療関係者の同意や支持を得た。ここでも新しい手法を開発して臨んだ。中坊弁護士は、マスコミの支持と関係者の支持を得る努力をしたことが、この成果に結び付いていったと評価してくれています。

しかし、同時に彼は、「君らは勝った、勝ったと言っているだけで、それでは日弁連全体のものにならないじゃないか。この意見交換会の報告会を各単位会で開いたらどうだ」と示唆してくれました。これを受けて、意見交換会の報告会を各弁護士会でやることを決め、五二単位会のうち、四二会で実施してくれました。各会で、かつてない多くの参加者で大きな運動の成果をお互いに確認し合ったものです。

――その後の委員会の活動はどうなりましたか。

石川 一九八七年一二月、刑法「改正」阻止実行委員会は、その目的を達したとして「刑法改正対策委員会」と名称変更し、その後の対応に当たりました。さらに九六年二月、刑法問題だけでなく、刑事法全般に対応するために「刑事法制委員会」と名称変更しました。私は九六年から三年間、委員長を務めました。

(7) その後の個別立法

――法務省は、全面改正は断念して、個別に必要なところは個別立法で改正していくという方針に変えていったのですね。

石川 その一番皮切りがコンピュータ犯罪です。法務省も、草案自体が観念論の産物であったために、意見交換を通じて最も実務的な弁護士側の反論でつぶれていったことを教訓に、法務省も個別に改正を進めていく手法に転換したのです。

それ以後は、個別立法で重罰化と処罰範囲の拡大を実現してきたのです。ときの情勢の産物という形をとりながら提案してきたので、それ以後の反対は非常に難しくなりました。

――その後は、法務省は、常設的な法制審議会刑事法部会をやめて、個別改正について法制審議会の部会で議論する場に日弁連から委員が参加するという方式になり、刑事法制委員会からも委員や幹事として参加し、日弁連の意見を述べていくことになりましたね。

石川　今言われたコンピュータ犯罪から始まり、支払用カードの偽造罪、危険運転致死傷罪、人身売買罪の新設、国民以外の者の国外犯の規定、自動車運転過失致死傷罪などですね。法制審議会刑事法部会の学者委員の人選も、法務省寄りの学者を一本釣りしていて、偏りがあった。刑事法制委員会は、人権派の学者の方々から助言を受けることができたので、刑事法制委員会推薦委員の発言は、内容においても一目置かれていました。

――**（岩田）**　私が「国民以外の者の国外犯規定」の新設を審議する部会（平成一五年）に関与したときに、相互主義の立場から「行為地法による処罰」（行為地で犯罪にならないものについては、日本刑法を適用すれば犯罪になるものであっても犯罪にしない）、「軽い法の原則」（刑法の適用に当たり、行為地において、その行為に該当する罪について定めた刑を超えないものとする）、「死刑適用に関する特則」（刑法の適用に当たり、行為地において、その行為に該当する罪の刑について死刑が定められていないときは、死刑を適用しないものとする）の修正提案を日弁連推薦の委員、幹事で行いました。この修正案は、刑事法制委員会やバックアップ会議で助言者の浅田和茂先生や足立昌勝先生から示唆を受けて作成しました。

この問題提起で活発な論議も起こり、部会に参加されておられた松尾浩也法務省顧問からも、「国際刑法の広い意味におけるトレンドに合致したもの、あるいはその延長線上にある」とか、「事柄を非常に大きく把握して、国外犯の問題あるいは外国法における処罰の問題一般に広げて議論したいとして提案された」と評価されました。結論としては、修正案は否決されましたが、部会終了後に、松尾さんから日弁連の委員・幹事を法務省の赤煉瓦棟の顧問室に誘っていただき、コーヒーをご馳走になったことがあります。そのとき松尾さんが「このような議論は、実務家の弁護士さんではなく、外国法制にも通じた学者委員が問題提起しなければならないものですね」と言われたことが印象に残っています。

ここで、刑事法制委員会でお世話になった助言者について、ご紹介いただけますか。

石川　刑法改正反対のたたかいでは、吉川経夫（法政大）、中山研一（大阪市立大）、中義勝（関西大）、澤登俊雄（國學院大）、小田中聰樹（東北大）、足立昌勝（関東学院大）、浅田和茂（大阪市立大）、村井敏邦（一橋大）、金澤彰（愛媛大）といった先生方に助言者としてご協力いただきました。

その後は、新しい世代として、松宮孝明さん（立命館大）、渕野貴生さん（立命館大）、斉藤司さん（龍谷大）に助言者として委員会に協力をいただいています。

また研究者で弁護士登録をされた新倉修さん、斉藤豊治さんも幹事として委員会活動に参加していただいています。

――法制審議会の刑事法部会の財産刑小委員会ができたときに、石川さんと岩村智文事務局長が委員で参加されて、論陣を張られたということでしたね。

石川　公務執行妨害について罰金刑をつけるべきだというが私の持論で、労働紛争で使用者との間で発生する実力行使の問題が、民間なら威力業務妨害（罰金刑あり）になるが、公務員などの場合の公務執行妨害罪には罰金刑がなく、有罪判決が職員の身分喪失につながるという問題がありました。私が関与していた公共企業体に変わった国鉄でも、身分関係は執行猶予付きでも有罪判決なら免職になる。罰金刑があったらそれ以外の軽い処分ですむという経験をしてきたものですから、その提案もしました。

――部会委員の名前の公表で問題が起こったと聞いていますが。

石川　「自由と正義」（一九九四年一月号）に財産刑問題小委員会の論議状況の報告をした中で、「学者委員が、自分の学説・教科書で書いてあるのと違うことをいっているのはおかしいじゃないか」ということを書きました。

名前を出して書いたわけじゃないのですが、福田平部会長から「自由と正義」が出た次の部会で、「石川委員と岩村幹事に厳重注意処分を言い渡す。部会委員の名前を確認させるような記事を公表したから」となったのです。そんなものに応じるわけにはいかんと反論した上で、持ち帰って日弁連刑事法制委員会で論議してもらって、日弁連の「自由と正義」に載せた論文について非難されるいわれはないという日弁連としての申入れをし、白紙撤回となったのです。

――あの頃、刑事法部会はすべて議事録も匿名になっていたのですよね。だから誰が何を発言したかというのはいってはならないという前提なのですよね。

石川　それがきっかけで、その後刑事法制委員会委員が刑事法部会に参加すると、必ず第一回では「議事録については顕名にせよ」という提案をして否決されますが、必ず毎回それを提案して、取調べの可視化などの刑訴法改正の法制審部会で初めて顕名になったのです。

もう一つは、刑法の現代用語化の問題があり、これはこちらの従前からの提案でもあったし、個別に意見交換会もしました。

——法制審議会答申まで手にした法務省に、なぜ日弁連は勝てたのでしょうか。

石川　法制審の答申に出た草案自体が、観念的な学者の議論で、現実の日本社会に適合するかが十分に吟味されていなかった。そこを弁護の激戦を経た日弁連の意見が説得力を持ち、最終的には現行法通りとするということになった。それが勝った一つの理由だろうと思います。

それから日弁連の奮闘によって、法務省側は全体の改正をする必要性について、マスコミをはじめ世論の同意を得ることができなかった。国民の支持、具体的にはマスコミの論説委員クラスが日弁連の意見にほとんど同調してくれました。

——石川さんは委員会の議事進行の司会を長くやっておられたのですが、会内合意の形成で、委員会の運営で反対派の人たちも意見を言わせた上で、きちんとまとめていかれたのですが、一番留意したことは何ですか。

石川　全体委員会をやるときに、その会の終わりに次の会議の課題を設定して、これについて各単位会の委員会で論議をしてきてほしいと伝えた。次の会議には、まず先にそれぞれの単位会の報告をしてもらった。そうすると、そのテーマについての支配的な議論というものが出てくる。反対意見の人には最初から言いたくてうずうずしているのはわかっているけど、待ってもらった。

そのあと委員個人の意見をうかがいますというと、一番先に反対意見が出る。反対意見が二、三人続くようなことはやらないで、賛成・反対の意見を交互にやるなどの工夫をしました。

発言を聞きながら顔を見ていて、今の発言に適切に答えそうな人を見ていると、だいたい期待通りに手が上がって、すぐに反論が出る。その次にまた反対の意見を聞いてバランスをとりながらやりました。

会議運営で考えたのは、反対意見が出たら反対意見に反論する意見をうかがうより、多くの会員が、どちらの意見が自分の意見に近いかを、普段だとサイレント・マジョリティといわれる委員にも発言してもらう。反対派の意見との空中戦をやるのは控えてくれということもお願いして、そういう運営になるよう心掛けた。それには、ずいぶん時間がかかるものです。午後一時閉会の委員会が午後八時過ぎになっても終わらない。新幹線で帰れなくなるから続会に、ということが何回もあったのです。

そうやっていると、委員の大多数はお互いの意見をわかり合うような、サイレントの委員がなくなるくらいまで議論が徹底すると、自ずから「大方の合意」点がみえてくる。こうして合意形成のために苦労もしたし、工夫もしたのですが、それで本当の意味でのまとまった委員会になっていったし、同時に反対意見をいってくれることが議論を深める上で役に立つことも実感できました。

議長は単なる中立派であってはならないというのが私の信念です。正副委員長の方針を実践しながら公正に議論を深め、より高い全体委員会の意見に持ってくるのが議長の役だという一心だった。

ただ手が上がったら当てたらいいという司会運営では物足りない、議論を深める役だと考えていました。日弁連の場でいろいろな役をやらせてもらったということは、私にとっては大きな財産です。渡辺さんや高木さんからは、「石川さんは結論が早すぎる、自分で大方の合意を先取りする傾向がある」と言われ、個人的なその癖みたいなものを克服しながら、自分も成長したし、反対派からは「司会権の濫用」とかもいわれましたが、反対派の人も、これだけ言う場を得てもなお反対意見が大方の理解を得るには至らず、やむを得ないということはわかってくれたと思います。

——保安処分に関連して、二〇〇二年に心神喪失者等医療観察法ができますが、刑事法制委員会は、どのような対応をしたのですか。

石川　政府が国会に提出した法律案では、処遇要件として「心神喪失又は心神耗弱の状態の原因となった精神障害のために再び対象行為を行う恐れがあると認めるとき」としていました。これは、歴史的に否定された改正刑法草案の保安処分の「再び禁固以上の刑に当たる行為をする恐れ」と類似の要件であることから、日弁連は保安処分につながると反対運動を展開しました。その結果、国会審議で修正がなされ、「対象行為を行った際の精神障害を改善し、これに伴って同様の行為を行うことなく、社会に復帰することを促進するため、この法律による医療を受けさせる必要があると認める場合」として、保安処分ではなく、患者の治療を充実させる医療法として法案の性格を修正させる成果を挙げました。

また法律が保安処分として機能しないように運用を監視する立場から、日弁連の反対運動本部を刑事法制委員会の「医療観察法部会」として再編成し、部会をつくったのです。この部会は、全国の付添人活動の質を高める論議を深め、その成果として『Q&A心神喪失者等医療観察法解説』（日本弁護士連合会刑事法制委員会編、三省堂、二〇一四年）を発行するとともに、毎年、全国付添人交流集会を開催しています。

——石川先生は、委員長を辞められたあとも、幹事として、現在まで委員会や合宿には参加していただいていますが、二〇一四年の取調べの可視化（録音録画義務）を導入した刑事訴訟法改正については、どのようにみておられましたか。

石川　可視化それ自体は必要なことですが、あの法案はわずかな一部の可視化とバーターで、弁護士会が反対してきた通信傍受法の対象犯罪の大幅拡大や第三者立会を廃止し効率的に盗聴可能とする改悪がセットにされていました。刑事法制委員会は、委員長の岩田研二郎さんが日弁連常務理事も兼ねていたことから、岩田さんのバックアップをしながら、法制審議会部会の最終盤における日弁連委員の対応について、通信傍受法改悪には毅然と反対すべきとの意見を貫くよう求める署名運動を委員会の有志で展開しました。その結果、理事会では、セットの提案を丸飲みするという執行部案へ批判が相次ぎ、その賛否は五二単位会のうち、賛成二九、反対二二、棄権一で、四四%に当たる二二単位会が反対ということになりました。法制審議会部会での課題別採決を求めることは、提案すらされていないのです。

――**(岩田)**　私は、全国の単位会の会長とともに、理事会での執行部案への批判を展開し、筋を貫くことこそ日弁連の団結と市民の信頼を獲得できると奮闘しましたが、何よりも刑法「改正」反対運動で培った委員会の運動への確信が大きな力になりました。その力をバネに、法案の上程時には、全国の一八弁護士会の会長が連名で「通信傍受法の対象犯罪拡大に反対する共同声明」を公表し、市民の人権を侵害する通信傍受法改正に反対を貫く姿勢を明らかにしました。

2　弁護人抜き裁判法案反対のたたかい

――石川先生は、弁護人抜き裁判法案反対運動にも取り組まれていますね。

石川　はい。これは刑法「改正」阻止運動のさなかに起こったもので、日弁連挙げての反対運動を展開することになったたたかいです。

一九七七年九月、ダッカ事件（赤軍派が日航機をハイジャックし、勾留中の赤軍派九名の釈放要求に対し、福田首相が「超法規的措置」として釈放に応じた事件）を契機に、政府が刑訴法二八九条の例外規定の新設を提案して、必要的弁護事件でも、弁護人不在であっても、審理を強行できるようにしようとしました。これには、六八年頃からの東大裁判などで弁護人がとった公判廷を開かせないための不出頭戦術や、一方的に退廷して公判を続行できなくする退廷戦術などに対抗して法務省が提案したものですが、最高裁刑事局が弁護人不在の審理の理論的根拠を与えていたことも背景にあります。

政府は、法制審議会での日弁連委員の反対を押し切って、一九七八年三月には法案を国会に提出したのです。

――日弁連はどう対応したのですか。

石川　日弁連は一九七七年一一月、会長声明で「弁護人の弁護を受ける憲法上の権利を侵害し、公正な裁判の保障が損なわれる」と反対を表明し、七八年三月には「『弁護人抜き裁判』特例法阻止対策本部」を立ち上げ、運動の基本方針も定め、臨戦態勢に入りました。

五月九日には、東京・イイノホールで臨時総会を開いたのですが、これには弁護士会員出席一二二九名という画期的な多数の参加で、満場一致の反対決議をし、弁護士会初の国会要請のデモも行います。渡辺脩さんは、対策本部事務局次長として、これらの基本方針の策定などに関与していました。私も大阪弁護士会推薦で対策本部事務局次長となり、参加していました。この次長という立場は、あらゆるレベルの会議に参画していくもので、まさしく運動の渦中にいることを実感します。刑法「改正」阻止実行委員会のメンバーもほとんど全員がこの対策本部に加わりました。

——対策本部の活動はどのように展開していきましたか。

石川　一九七八年八月、対策本部合宿では、全国から一三八名の出席で、政府の立法理由とするいわゆる「過激派事件」の審理経過と弁護活動についての調査報告に基づいて率直な討論を交わしました。この中で、「他人の弁護活動にくちばしを挟むべきではない」とする一般論を排して、審理経過の慎重な調査に即して、「弁護活動の実質を尽くしているか、その職責を究めているか」という観点から論議を尽くしたのです。ここから弁護士自治の答申書が生まれます。

——弁護士自治の答申とはどのようなものですか。

石川　本部会議を重ねて、同年一一月二五日、日弁連理事会で採択された答申書です。焦点となった訴訟指揮と弁護活動については、

①　本来、訴訟手続は、流動的なものであって、個別的、具体的な妥当性の追求が重要である。

②　特に、弁護人の独立した地位と弁護活動の実質を保障することが重要であり、訴訟指揮権は弁護活動を保障しつつ、公正に行使されるべきである。

③　違法不当な訴訟指揮に対して弁護人があらゆる方法により是正を図り、訴訟手続のあらゆる段階で粘り強い主張と説得を続けることを基本とする。

④　審理そのものを拒否したり、安易な不出頭、退廷など実質的な弁護活動を放棄したりする行為は許されない。それは弁護人としての職責を充分に果たしていないものと批判される。

⑤　弁護活動への相互批判や、弁護士会の適切な援助、指導、監督などの措置。

という内容です。

これは、とかく、弁護士自治を綱紀、懲戒の問題にのみ狭く捉える立場を克服して、弁護活動のあり方を論じ、その上での綱紀だと示し、また、懲戒手続の改善も提案しています。

この答申書の原案は、渡辺脩さんが起草し、私は議長役として支えています。

これらの論議も強硬な反対派もあり大変でしたが、特徴的であったのは、原案に対する修正意見は本質を変えない限りほとんど取り入れて、文言の修正に応じていく態度を貫いたことです。往々にしてみられるような「その趣旨は原案に入っていますから、このままでご了承ください」というやり方はとらなかったことです。本質を変えるような意見には、論議して採決に応じていくのですが。こうして、発言者は自分の意見も入っていると、熱心な推進者となっていくことを体感したものです。

――国選弁護制度についても検討されたのでしょうか。

石川　いかなる場合においても、弁護士会が国選弁護人を推薦する制度を実現する、「特別案件受任者名簿」の準備などの答申を一九七八年一二月一六日、日弁連理事会で採択しています。

――そうした答申の反響はどうでしたか。

石川　これらの日弁連の答申は、国会を始め報道機関でも、建設的提案と評価され、新聞各紙の社説は「今度は、裁判所・検察庁が姿勢を改めるべきで、話し合いによって決めるよう努力すべきだ」と対応の変更を求めたのです。

このような経過を経て、一九七九年三月、法曹三者協議会で、国選弁護人問題と綱紀・懲戒問題での協議が成立したのです。

そして、同年五月の日弁連定期総会に、「刑事法廷における弁護活動に関する倫理規程」の制定、懲戒委員会における外部委員の増員、綱紀委員会への外部委員を加える議案が提出されます。かなりの反対論も強く、審議は夜八時になって、継続審議となりました。この間、来賓挨拶に来た最高裁長官、法務大臣、検事総長も控えていて、午後八時になってようやく来賓挨拶を受けるという状況でした。六月二三日の継続総会で可決されました。

そうした経過を見守っていた国会では、同年六月、法案を廃案としました。

――このたたかいは、国会に上程されたものを廃案に持ち込んだわけですが、このたたかいの教訓はどのようにとらえていますか。

石川　廃案に持ち込んだことは異例であり、特筆すべき成果であるといえましょう。その要因としては、運動の当初に正しい基本方針を確立したこと、広く国民運動を展開して世論の支持を得たこと、二つの答申のように日弁連として具体的解決方策を提示したことなどが挙げられます。ただ、その後の展開において、弁護士自治の答申に示された弁護活動のあり方をめぐって、相互批判などはなかなか実現されがたい状況にありますね。

3　日弁連法廷委員会での活動

――法廷委員会でも委員長をされていますね。これはどういう経過だったのですか。

石川　弁護人抜き裁判法案反対運動で弁護士自治の検討をしたときに、かつて自由法曹団の先輩弁護士たちが弁護活動ゆえに懲戒の対象となったが、その事案を審議したのが法廷委員会であるということを知りました。そこで弁護士自治の答申の実践の一つの場として、日弁連法廷委員会に加わったのです。それは一九八五年のことで、大阪弁護士会推薦ですので、当然のように副委員長になりました。

委員になって調べてみると、裁判所法、検察庁法によって新憲法施行と同時に裁判所・検察庁が発足しましたが、日弁連の発足は新弁護士法制定への保守勢力の抵抗が強く、結局、政府提案ではなく、議員立法としてようやく成立し、一九四九年九月一日に発足となったことがわかりました。そして、同年の松川事件や労働公安事件が頻発し、いわゆる「荒れる法廷」に対して、法廷の秩序を維持し、不詳事件の発生を予防するという目的で、日弁連は早くも同年一二月三日、中央法廷委員会を設置します。その目的は「法廷等における秩序が適正に維持され、審理が公正に運行されるよう協力すること」と規定され、委員が問題となる法廷を傍聴し、その見分に基づいて適当な対策を講ずるものとされました。実際は裁判所の下請的に弁護活動を監視する役割のようでした。各高裁所在地に地方法廷委員会の設置も決められました。弁護士自治の実態は、当時はそのようなものであったのでしょう。

――その後、法廷秩序維持法なども制定されますね。

石川　一九五二年四月の講和条約発効に備えて、破壊活動防止法などの法律が準備され、メーデー事件などもその口実に利用され、同年七月、破防法、法廷等秩序違反法の処罰規定が成立しています。法秩法は、安保闘争、三池闘争の弁護活動について適用されます。いずれも自由法曹団員弁護士に対してです。

一九六二年三月、会員五三三名による「法廷秩序維持法廃止決議」を求める日弁連総会招集請求が出され、五月の高松での定期総会に付議されますが、審議継続となり、一一月の東京継続総会の審議では賛成多数は得られず、理事会の検討に付議することになっていましたが、その後は有効な対策や運動は続けられていません。

その後一九六九年以降の東大裁判以降の審理の迅速化、期日の集中指定、高圧的な訴訟指揮や警察力の導入など、「荒れる法廷」対策の強行から弁護人抜き裁判法の上程へと進みますが、日弁連挙げての反撃で、これを阻止したことは先に述べました。こうした経過を経て、法廷委員会に入ったわけです。なお、中央法廷委員会という名称は、八五年、日弁連法廷委員会と改称されています。

――石川先生は法廷委員会でどのような活動をされましたか。

石川　弁護士自治の答申書の立場から、中央法廷委員会当時からの法廷委員会の活動を検証し、裁判所の下請的監視活動から自主的な弁護活動擁護への進展している現状を見届けて、この委員会の目的条項を「委員会は、弁護士の使命を達成するため、法廷等における弁護活動の擁護、公平な裁判および適正な手続の確保を図ることを目的とする」と大転換するのに寄与しました。

さらに、法廷委員会委員長時代には、一九八二年以降続いていたアメリカ人弁護士ローレンス・レペタ氏の傍聴メモ禁止に対する国家賠償請求事件を支援し、八七年「法廷傍聴人のメモの自由は憲法上の権利であり、規制されてはならない」とする意見書をまとめ、日弁連理事会の承認を受けています。この意見書は、同年一二月号の「自由と正義」に掲載され、全裁判官に送付されています。私の個人論文も「自由と正義」に寄稿しています。そして、この国賠訴訟では、七九年三月八日の最高裁大法廷判決で、「メモをとることは憲法上の権利であるとはいえないが、憲法二一条の精神に照らして尊重されるべきであり、原則として傍聴人の自由である」と判示され、同日午後から全裁判所で解禁され、裁判所廊下の掲示文が変更されました。私は、その変更状況を大阪の裁判所で目撃しています。これは、国民の知る権利の一つとして傍聴人の権利を確立したものですね。この委員会は、九五年の日弁連機構改革で、刑事弁護センターに吸収されています。

4　脳死と臓器移植問題

——脳死と臓器移植問題に関わるようになったきっかけは、何だったのでしょうか。

石川　一九九〇年に脳死臨調、正式には「臨時脳死及び臓器移植調査会」が法律に基づいて設置されました。委員には原秀男弁護士、幹事に光石忠敬弁護士という日弁連関係者が出ていた。原さんは当時、刑法「改正」阻止委員会の委員長でした。刑法「改正」阻止委員会の中で論議することになり、私がその小委員長に選ばれ、この問題に関わることになりました。

——光石さんは日弁連の人権擁護委員会の医療部会の部会長をしておられて、この医療問題に詳しかった。原先生は、なぜ脳死臨調の委員になられたのですか。

石川　原さんは天台宗の比叡山や東京の寛永寺の顧問弁護士をしておられて、一家言持って発言もされていたので、選ばれたと思うのです。

——日弁連内で当時、この脳死移植の問題はどういった取り組みがあったのですか。

石川　一九六八年に和田心臓移植があって、日弁連は人権擁護委員会で調査し、人権侵害として七三年三月に警告書を和田寿郎教授に交付するという措置をとりました。それらは、人権擁護委員会の中の第四部会を中心に論議されていました。ただ、人の死との関係で日本刑法学会でも論議される状況の中で、刑法改正対策委員会の委員長であった原秀男先生の臨時脳死移植調査会委員への選任もあり、刑法委員会の中に小委員会がつくられました。

――日弁連の人権擁護委員会の部会では、脳死移植には一切反対というスタンスできていたように思います。脳死臨調での原先生をバックアップするに当たり、刑法委員会ではどういうスタンスで議論していったのでしょうか。

石川　原先生の意見は、本当に脳死判定が正確にきちんと行われるならば、それはそれとして信用して、その段階以前の健全なときに臓器提供の意思を表明している場合に限って、その人の臓器提供を受けて移植することは許される。これは違法性阻却の理論でいけるのではないかというものでした。

原先生には、「お医者さんは、仏様のお気持ちと一緒で、ありがたく手を合わせていただくという気持ちで受け取ってほしいものだ」と言われました。法律論としては違法阻却でいけると。脳死を死とするという必要はないということでした。この考え方には、委員会のみなさんも抵抗はなく、なるほどというスタンスでした。

――提供者本人の同意が確認できれば、それを許す道もあるというスタンスで日弁連の意見をまとめていけないかということですね。

石川　脳死臨調の答申自体が多数意見で脳死を一律に人の死として臓器移植を認めるという形になったけれど、原先生と梅原猛さんの二人が頑強にがんばって、少数意見として「脳死を人の死としない。提供者本人の意思が確認できれば、臓器移植の道は認めることができる」という少数意見が併記されたのです。

――**（岩田）**　私は、日弁連の委員会の脳死臓器移植小委員会の事務局をやらせてもらったのですが、原先生は、「あなたのご友人が脳死判定されたときにお見舞いを持って行かれますか、お香典を持って行かれますか」とわかりやすく聞かれ、人の死に関する社会的合意とは何かを考えさせられたことを覚えています。

――脳死臨調の答申のあとは、どのように立法が進んでいったのですか。

石川 脳死臨調の答申が出た後、国会の中に生命倫理研究議員連盟が一九八五年にでき、動き出した。その頃には、いわゆる竹内基準という脳死判定の基準も公表された。当時の厚生省は、議員提案の立法という形をとり、政府としての責任を回避する中で立法されていった。

――脳死臨調答申のあとに「ジュリスト」（二〇〇一年六月号）の座談会でも、石川先生が登場して議論されていますね。加藤一郎さんが司会で、脳死臨調の委員であった平野龍一先生と、中山研一先生、石川元也先生、医師の福間誠之先生というメンバーです。

石川 一九九〇年一〇月に、私も脳死臨調に参考人で呼ばれています。衆議院厚生委員会の審議でも参考人で平野さんと私とが出席して、法律家としての意見を陳述しています。

「脳死を一律に人の死とするか」という点で、平野さんと私の意見が対立したのです。当時、法務省の調査で、脳死を人の死と変更したら「死」に関する関係法令が一五〇〇を超えるものがあることがわかり、医療と関係のない場面でも、たとえば相続の開始の時期でも大きな法律問題が起こる。脳死を一律に人の死とするのには反対するというのが刑法委員会の反対理由で、脳死移植を可能にする手段についてはいろいろな考えがあってもいいのではないかという形で弁護士会内の議論を進めていきました。

――一九九四年四月に初めて議員立法で脳死移植法案が提案をされて、日弁連が「脳死を人の死としないけれども提供者の書面による同意があれば臓器提供ができる」という案で意見書をつくりました。法案は九五年、九六年と衆議院が解散で廃案になった後、九六年一二月に三度目の上程がなされました。議員連盟の中心であった中山太郎議員の名をとって「中山案」といわれて、審議に付されていきました。

石川　中山案に対し、金田誠一さん（日本新党から民主党に移った議員）とあしなが育英基金出身の山本孝史さんという議員が、日弁連提案と同じ内容の対案を出すグループの中心となりました。この金田修正案は日弁連案をもとにしたものだったと思いますけれど、これをつくるときに衆議院法制局からそういう法案はつくれないといわれたというので、日弁連と衆議院法制局とで意見交換をしたことがありました。私たち日弁連が衆議院法制局と相対して、われわれから憲法違反ではないという議論をたたかわせて、やっと衆議院法制局が金田案の議員立法の条文化をするに至ったのです。

——石川先生は、衆議院厚生委員会で参考人として出られましたね。

石川　一九九七年四月八日、私が自分でつくった臓器提供意思表示カードとともに別の「脳死判定が正しく行われた場合には臓器を提供する」という書面も用意していたことが、非常に興味を引いたらしいです。同時に、一律に人の死とするとどれだけ不都合が起こるかと説明しました。平野さんの意見はあまり興味を引かなくて、私に対しては違法阻却という考えはどうなんだという質問が多く出ました。結局、同年四月二四日の衆議院で通った法律は、脳死体という用語を用いて、脳死を人の死とした上で、本人の臓器提供の意思を確認して臓器摘出をすることができるという内容でした。

――参議院で重要な点が修正されましたね。

石川　法案が参議院にいってから、たしか公明党の議員の猪熊重二さんらがまとめた、いわゆる猪熊案が出されました。これは、脳死は一律に死とせずに臓器提供の意思を表示した書面のある場合に限り脳死判定ができ、その二回の判定ののち人の死として臓器提供を受けることができるという妥協的立法でしたが、結論的には日弁連も異議を唱えないでよいということで収まり、成立、施行されました。

――実際にはなかなか移植件数が伸びなかったために、後に、この提供者の同意というのも外れる立法がされました。

石川　子供の場合に、臓器提供の意思は一五歳以上が普通の観念だとされていましたが、それを一二歳までにするといった議論をしているうちに、家族の同意で十分だという議論が出てきた。そういう中で、家族の同意のみで臓器を摘出できるという改正案が二〇〇九年にできて、一五歳以下の子供からの臓器提供が可能になりました。それでも、二回の厳格な脳死判定は維持されているし、臓器提供の場合のみ死とするという基本は変わっていません。しかし、その後の状況をみても移植件数は増えないんですね。これはやはり家族からでも提供しにくいのでしょうかね。

――人の死という社会的合意がまだまだ未成熟なままで、その状態で人工呼吸器を外すということに対して、やはり社会や家族の抵抗があるのではないでしょうか。

5　捜査の記録化に関する法律案の提案

(1)「犯罪捜査の記録に関する法律の制定を求める意見書」

――石川先生は「捜査の記録化」というテーマを日弁連の刑事法制委員会で提起され、二〇一四年五月に意見書になっています。委員会内に捜査問題小委員会をつくり、石川先生が中心になってやってこられました。捜査の記録化や裁判所が関与する令状手続の記録をちゃんと裁判所に置けという問題意識を持たれたのは、どういうきっかけだったのですか。

石川　一九九七年一〇月の日弁連人権擁護大会（下関）で、私が第三分科会の実行委員長になり、「刑事司法と憲法再発見」を取り上げました。岩村智文さんが分科会事務局長で、スタッフとしてテーマと論議のポイントをかなり絞って事前準備をやったんです。その中で、憲法の視点を貫いて刑事司法の現状を変えていくポイントは人質司法の打破で、具体的には、第一は、令状主義と保釈の問題の改革が必要だということになりました。

第二は、捜査過程を客観化し可視化する。取調べの可視化は、その中の一つであるけれど、捜査過程の可視化のもう一つの柱は、捜査に関する記録をきちんとすべて明らかに記録化していくことが本筋であるはずだということで、この人権大会のシンポジウムも盛り上がったわけです。

そのシンポジウムの結果、残された課題として、刑事法制委員会が捜査問題小委員会をつくってフォローすることになったのです。

――**（岩田）**　私もその当時はよく位置付けはわかりませんでした。しかし、捜査状況をすべて記録化して保存することは、その後に弁護人からの証拠開示請求の問題ともつながっていくわけですね。捜査状況が記録化されていなければ開示請求できないということで、証拠開示制度の前提にもつながっていく論点だったのですね。

石川　そうですね。捜査の過程というのは、犯罪の現場の分析から犯人が推定されてA、B、C、Dといろいろな容疑者が浮かんでくる。その後の捜査で合理的に絞っていって、最後に被疑者が特定される。その過程も全部明らかに記録化すべきです。ここで記録化というのは、すべての捜査関係書類と証拠物の目録をつくることです。

ところが今の捜査の現実は、容疑者を絞ってしまったら、それ以外の当時浮かんだ容疑者なりの記録は検察官のところにも送らない。そうなると合理的な絞り方であったのか、思い込みによる特定、絞り込みだったのか、それすら検証ができないようになっている。そういう点からいって、そのほかのものも含めて全部記録化して、その記録化されたものを検察官へ送り、そして弁護人の開示要求の基礎になる資料とする必要があります。

――まず一つ目の「犯罪捜査の記録に関する法律の制定を求める意見書」（二〇一四年五月八日）についてですけれど、立法化の提言をするのに工夫をされたのは、どんな点でしょうか。

石川　「犯罪捜査規範」という総括的なものが、国家公安委員会規則にあります。公安委員会規則あるいは警察庁の規則などを調べてみると、膨大な数のものがあり、記録のつくり方という技術的な規定は山ほどあるけれど、「漏らさず記録化する、目録をつくる」という視点が欠けている。そのために公安委員会規則では駄目で、法律できちんと決めなければいけないという内容です。一覧表に書くべき目録として作成者、作成年月日、書類の標目、そこまでは普通当たり前にあるのだけれども、それだけでは何のことかわからない。特に犯罪捜査復命書とか犯罪捜査報告書というような表題のものは、何について復命しているのか、何を報告するのかという概要、要旨を、その中身を簡潔に書くべきだということを法律の中に規定する。ここが一つの目玉です。これは、日野町事件の一覧表開示の経験によるものです。

この提案では意見書という形ですけれど、提案する法律の条文と、それから目録の書き方の例文もくっつけたというのが特徴です。意見書末尾に「要旨」記載を例示している証拠一覧表は、日野町事件再審で開示された証拠一覧表をもとに作成したものです。条文案を紹介しておきます。

犯罪捜査の記録に関する法律（案）

（目的）

第1条　この法律は、憲法及び刑事訴訟法（昭和二十三年法第百三十一号）に定められた捜査に関する諸手続が適正に行われることを担保し、公判及び再審手続等における検証に資するため、捜査に関する記録（電磁的記録を含む。以下同じ。）の作成及び管理が適正に行われることを目的とする。

（記録の作成に関する基本原則）

第2条　検察官、検察事務官及び司法警察職員は、犯罪の捜査において、その全過程について必ず捜査に関する記録を作成しなければならない。

2　検察官、検察事務官及び司法警察職員は、前項の記録の作成にあたって、事実をありのままに、かつ、簡潔明瞭に表現することを旨とし、推測、誇張等にわたってはならない。特に、被疑者に有利な事実についても漏らさず記載しなければならない。

（捜査に関する記録の範囲）

第3条　前条第1項の捜査に関する記録とは以下のものをいう。

一　捜査の端緒に関する記録

二　立件に至る経緯に関する記録

三　基本的捜査方針の策定に関する記録

四　捜査資料の収集過程及び収集した資料の検査（鑑定及び鑑識を含む）、保管及び利用に関する記録

五　被疑者の身体拘束手続に関する記録

六　取調状況報告書

七　捜査本部を設置した場合には、捜査本部日誌及び捜査本部会議録

八　任意捜査の経緯並びにその実施した内容及び結果に関する記録

九　強制捜査の経緯並びにその実施した内容及び結果に関する記録

十　その他前各号に掲げるものに類する記録

（司法警察職員の責務）

第4条　司法警察職員は、全ての捜査に関する記録を完全に管理及び保管する。

2　捜査主任官及びこれに準ずる者は、全ての捜査に関する記録の目録を作成しなければならない。
3　前項の目録には、記録ごとに書類の標目、作成年月日、作成者、供述者、丁数 及び要旨を記載しなければならない。
4　司法警察職員は、検察官への事件の送致時に、第2項の目録を送付しなければならない。送致後に作成された第2項の目録も同様である。

（検察官の責務）
第5条　検察官は、司法警察職員から送付を受けた記録及び自らが作成した全ての捜査に関する記録を完全に管理及び保管する。
2　検察官は、自ら作成した全ての捜査に関する記録の目録を作成しなければならない。
3　前項の目録に記載すべき事項は、前条第3項を準用する。

意見書にさらに補強してほしいのは、証拠物に対する扱いですね。証拠物も同じで目録にしたらいいのです。デジタル化が非常に進んでいますから、先ほどの目録の書き方でも証拠の形態とかデジタルでどういう形で保存されているかがわかるようにする。立証趣旨的なものの書き方を工夫すれば、証拠物のほうもすぐに記録化ということは可能だと思うんです。証拠物の保存の不十分さということはよく話題になるけれど、保存の前に記録化ということが、まだ議論が十分にされていないから、その点についても注意を喚起したいものです。

(2)「捜査段階で裁判所が関与する手続の記録の整備」の課題

――次に裁判所の令状実務で改善すべき点として、日弁連は「捜査段階で裁判所が関与する手続の記録の整備に関する意見書」(二〇一四年五月八日)を出していますが、これはどんな問題意識で提案されたのでしょうか。

石川　憲法で人身の拘束あるいは捜索関係、権利の制限、抑圧に関わるものは、裁判所の令状を必要とし、令状の審査はきちんとしないといけないということは当然ですが、実務では裁判所の役割は、捜査の下請機関になっていて、裁判所が出した令状そのものや令状審査の基礎資料になったものは、何も裁判所に残らない扱いになっている。令状は逮捕状、勾留状、捜索令状は原本による執行が必要だというので、原本を捜査機関に渡して、あとは裁判所へ報告もこない状態です。

弁護実務で最初に必要になるのは逮捕状の写しですが、ほしいといっても絶対にくれない。勾留状は謄本請求すれば渡すということになっていますが、裁判所に原本も写しもない。弁護人が一刻も早く容疑事実を知りたいと要求しても、裁判所が検察を通じて令状を保管する警察から取り寄せ、写しを弁護人に渡すまで、早くて丸一日かかる。場合によっては二日間ぐらいになる。こんなことで、時間単位で身体の拘束が進んでいくのに、裁判所に全くないという状況がおかしいことではないか。これは弁護での体験からの提案です。意見書は「捜査機関が裁判所に令状請求する際に、請求書に添付資料の標目(作成年月日、作成者、供述者、立会人、丁数、要旨)を記載させること及び請求書と添付資料の謄本を提出させ、令状謄本とともに裁判官が保存すること」を求めています。

――もう一つは、請求した資料が裁判所に記録として残されていないことですね。

石川　令状請求資料として何を警察・検察が裁判所に出したかを逮捕状請求書にどこまで具体的

に書くか、特定されていない。小委員会の当初の考えでは、記録の標目で全部特定をすることとしていました。しかし、委員会の議論ではそれだけでは不十分ということで、疎明書類の写しをつけて裁判所に提出させ、その写しを裁判所に残すということにしました。こうすれば、たとえば令状発付に対する準抗告をした場合でも、裁判所はすぐに令状部にあった記録で判断ができることになります。

今だったら準抗告裁判所は記録を取り寄せるか、あるいは取り寄せないでも準抗告の判断をする形になる。民事事件でも執行関係でも原本が裁判所にあり、必要な場合は正本で渡すという形でなっています。しかし、刑事事件で令状関係のものは裁判所に何もない。本当に充実した令状実務をやるには、受付簿が裁判所の記録に残るだけという現状は改善しなければなりません。

——公判前の証人尋問制度の改善も提案しているのですか。

石川　刑訴法二二六条の公判前の証人尋問請求は、一時ものすごく乱用され、横行したことがあります。この点は、本書でも労働公安関係弁護の項目でいくつか紹介しているところです。

刑訴法二二六条は、捜査段階で捜査に必要な知識を有する者が任意出頭に応じないと、裁判所に証人尋問を請求することができるとしています。しかし、二二六条の請求書とそれに関する疎明書類もないし、肝心の裁判所が作成した証人尋問調書が全部、請求者の検察官に渡されて、裁判所に何もない抜け殻だけとなっている。そういうことで、裁判所は、捜査側の下請機関のようになっているというほかありません。

最高裁昭和四四年の決定は、訴訟指揮で証拠開示ができると認めていますが、これは私が主任弁護人をした都島民商事件です（第4章Ⅳの3）。開示を求めたものが、二二六条の公判前の証人尋問の裁判官面前調書だったのです。警察、捜査機関が集めたものを弁護人がのぞき込むと、いわれるものとは違うぞ、裁判所に頼んでつくったものを開示しないとは何事だ、というのが、あの開示要求の最大の問題でした。最高裁は、これは認めなくてはならんとなったわけです。

本来、裁判所にあれば、裁判所から弁護人が取り寄せて閲覧できるのに、起訴前尋問の調書ではそれができないという弁護体験からきた提案です。そういうものは全部原本を裁判所に残せ、検察官に渡すのは執行上、原本でなければいけないなら、裁判所に写しを残すことは必要だという提案で、これは刑事訴訟規則の改正でいけるという内容でした。

——ドイツでは、弁護人は捜査段階で証拠資料にアクセスする権限を有すると聞いています。今の日本では、目録までが実現できる限度だろうということで、この提案をされているのですよね。

6　公訴提起時に勾留状の再審査手続を

石川　もう一つ、私がどうしても提起しておきたいのは、今の法制では起訴前の勾留が何らの審査を経ずに起訴後もそのまま勾留の効力を有していることです。起訴前の勾留と起訴後の勾留とは、同じく刑訴法六〇条を使っているけれど、実質は内容が違うのに、明文の規定もないのに、刑訴法二〇八条一項の反対解釈でそう運用されているのです。起訴後の勾留は二カ月、その後一カ月ごとに更新になっている。

——起訴時点でさらに勾留する必要があるかについて司法審査がないことですね。

石川　そうです。現行法には、明文の規定がないのに、刑訴法二〇八条の反対解釈で当然に勾留が継続するとされています。私の提案では、捜査段階の勾留はその期間で失効するとして、起訴時に改めて求令状とすべきだとしています。私はかなり前からいっていますが、日弁連の改革提案の一つに入っていない。私の実践経験では、起訴されて勾留の取消請求をすると、裁判官が「石川さん、そんな取消しより、保釈のほうが弁護報酬の担保にもなるし、そのほうがいいじゃないか」と言うので、「いや、筋が違う。保釈中の被告と在宅起訴の被告とでは社会的にも違って受け止められる」と答えたのです。取消しが認められなければ保釈も請求するけれども、まず勾留を取り消すべきだとやってきたのです。捜査段階での「証拠隠滅の恐れ」は、公訴提起で基本的には解消されているケースが多く、起訴時点できちんと審査すれば勾留継続の必要はない事案が多くあります。

この私の提案と同趣旨の提案をされているのは白取祐司教授です。白取さんは、二〇〇九年、「起訴前勾留と起訴後勾留」という論文（福井厚編『未決拘禁改革の課題と展望』〔日本評論社、二〇〇九年〕。後に、白取祐司『刑事訴訟法の理論と実務』〔日本評論社、二〇一二年〕に収録）です。その両者は性質を異にする、憲法的観点から、起訴後の勾留に際しては、改めて勾留質問が必要だとされています。同論文では、小田中聰樹教授が、糾問的捜査観に対し「捜査手続の弾劾化」を提唱されていることを紹介されています。それは、被疑者の権利や弁護権の拡張の趣旨のはずですが、刑訴法六〇条の勾留を起訴前も起訴後も同じだとされるのには、全く賛同できないのです。私は、起訴前勾留は、起訴・不起訴の判断への資料収集のため捜査のために認められているが、起訴後の勾留は、被告人の公判出頭の確保のためのものであると思うのです。その実態を直視して、そこに歯止めをかけるべきだと思うのです。私は、勾留質問の前に、弁護人が裁判官に面接して、勾留の理由・必要のないことを具体的に説明することが最も重要な活動だと思っています。

今、被疑者国選の対象範囲が、すべての勾留されている被疑者に拡大された制度が実現し

（二〇一六年法改正、二〇一八年六月施行）、起訴前弁護の充実が図られつつあり、検察官に適正なる公訴権の適用・不起訴を求める弁護活動も強められている。公訴の提起があれば、当事者たる被告人に対する勾留の理由・必要性について、改めて裁判所に勾留状審査の厳格な適用を求める基盤もできてきたといえるのではないかとも思います。先に提案の逮捕勾留時の疎明資料に加え、捜査資料が裁判所の令状審査の疎明資料として提出される。弁護人は、裁判官に面談して、勾留の理由も必要性もないことを明らかにし、さらに勾留質問に立ち会う（勾留質問への立会いは、日弁連「新たな刑事司法制度の構築に関する意見書」二〇一二年九月一三日、その三）ことなどに努めて、適正な令状審査を求めるべきです。

その審査と相俟って、令状が発付されるならば、同時に保釈請求に対する判断もなされ得るようにすべきでしょう。

この制度が実現すれば、今の別件逮捕、あるいは一罪ごとの逮捕、勾留、起訴の積み重ねによる長期勾留にも、一定の歯止めがかかることを期待できるのではないでしょうか。

日弁連は、二〇〇七年以来の刑事司法改革に関する数多くの意見書を公表しています。その中には、すでに述べた捜査記録法や裁判所の関与する記録整備なども含まれ、かつ取調べの録音・録画のあり方や取調べ立会権の確立を求める意見書もあります。

日弁連は、二〇一八年一〇月二三日、これらの改革の課題を総合して「冤罪を防止するための刑事司法改革グランドデザイン」にまとめ、公表しました。

しかし、この起訴と同時の勾留再審査の課題は、取り残されたままです。近い時期に、ぜひ取り上げてもらいたいと願ってます。

第9章　自由法曹団の活動について

1　自由法曹団への入団と同団の全国的発展、大阪支部の結成

――団体活動でいえば、石川先生が弁護士会とともに力を入れてこられた自由法曹団の活動についてお聞きします。先生が自由法曹団に入られたきっかけや自由法曹団の全国的発展についてご紹介いただけますか。

石川　僕が社会的に目覚めたのは、非常に奥手で、修習生時代でしょうかね。修習時はゆっくりとした時間があったから、リベラルなグループで読書会などをやったりしていた。そういう中で、自由法曹団の先輩に当たる弁護士たちとの交流もあり、団に入ることは修習時代から自明のこととしていました。研修の終了と同時にその足で東京の団本部を訪問して、同期の橋本敦さんと二人で入団を申し込んで、それから大阪へ弁護士として来たという経過は、先にお話しした通りです。

――自由法曹団の結成以来の活動を紹介してください。

石川　自由法曹団とは、「一九二一年（大正一〇年）、神戸における労働争議弾圧に対する調査団が契機になって結成された弁護士の団体。大衆運動と結びつき、労働者、農民、勤労市民の権利の

擁護拡張を旗印とする。」と広辞苑は書いています。当時東京、大阪を中心とした団員は、労働争議、小作争議の支援、そして治安維持法被告の弁護などに忙殺されます。一九三三年には、その弁護活動が、治安維持法違反（目的遂行罪に当たる）ということで多数の団員弁護士が検挙、同法違反で起訴有罪とされ、弁護士資格も剥奪されて、事実上自由法曹団は壊滅させられます。戦後の一九四五年秋に自由法曹団は再建され、松川事件をはじめ占領下の多くの弾圧事件とたたかっています。担当する事件数に比べて団員の数が少なく、みなさん苦労していたのです。

――そういう時期に大阪へ来られたのですね。

石川　そうです。大阪に来てみると、民主法律協会が中心で活動していて、あらゆる労働事件、公安事件を扱っていました。自由法曹団員と思われる人は非常に数が少なかった。しかし、弁護士としてのスタート（第三章）のところでお話ししたように、一〇期以降の人も毎年相当数が団員になっていますし、各都道府県にも若手の団員が急速に増えました。一九五〇年代の終わり頃までの自由法曹団の全国総会は東京弁護士会の地下食堂でやる程度で、総会といっても在京の二〇数名の参加者で、地方の団員の参加は少なかったのですが、一九六四年の全国総会（静岡県伊東市）では、総会議案書も、全国の団員の投稿を含め電話帳ほどの厚さのものが配布され、出席団員も一〇〇名を超えるような状況になりました。常任幹事会も毎月定期的に開かれ、私も大阪代表として出席するようになりました。

――大阪支部の結成はそのような時期ですか。

石川　そういう中で、一九六六年に大阪支部が結成されました。団員はかなり増えて、大阪支部結成時には団員四五人になっていました。労働組合や民主団体関係の人にも参加してもらい、大阪

自由法曹団大阪支部結成集会（旗を持っているのが著者）
（「自由と人権のために」自由法曹団大阪支部 10 周年記念誌）

支部結成集会を盛大に大手前・国民会館で開きました。僕が壇上に出ている写真が残っています。大阪支部の初代の役員は、加藤充支部長、石川元也幹事長、福山孔市良事務局長でした。

――当時、自由法曹団員として取り組むような事件はあったのですか。

石川　支部結成につながった事件としては、一九六四年の4・17問題という、ゼネストに対する共産党の対応が正しくなく、全電通・全逓・国労など公労協関係組合の共産党員が組合から統制処分されることが起こりました。

特に全電通の処分が非常に厳しいということで、東中法律事務所の弁護士が担当して処分取消しを求める法的手続をとったのですが、それに対して、民法協の団体会員であった全電通から民法協に対して「会員弁護士が会員団体を訴えるとは何事だ」という強い抗議があって、民法協の弁護士全員会議で論議をした。弁護士として代理人に就任してやることは当然のことだという弁護士会員の一致した意見でしたが、全電通組織はこれを不服として民法協を脱退してしまった。これに関連して、組合員個人の思想信条による差別に反対するたたかいの相手方には、企業だけでなく、一部の労働組合もあったわけです。

こういう状況の中で、やはり全国組織である自由法曹団の支部をつくろうという機運が高まったのです。一九六六年当時、自由法曹団の創立四五周年行事が全国的に展開されていた。その大阪での行事に合わせて大阪支部も結成となったのです。私も民法協会員としてずいぶん多くの事件をやってきたけれど、気持ちの上では自由法曹団の団員として取り組んできたという経緯もありましたね。

2　自由法曹団規約改正問題

――自由法曹団の活動で、新左翼活動家とか過激派の弁護をめぐって議論がありましたね。

石川　自由法曹団の規約改正は一九六九年一〇月、和歌山・高野山の宿坊で全国総会が開催され、規約が改定されたのですが、この問題の発端は六〇年安保闘争の弾圧事件などの公判闘争で、たたかう仲間を誹謗するような一部の人たち（新左翼とか過激派）が出てきたのに対し、自由法曹団はそれを批判して民主勢力の統一、団結を深めようと務めたのです。その自由法曹団に対して、いわゆる新左翼、極左暴力グループといわれる人たちや一部のジャーナリストから「自由法曹団が彼らの弁護をやらないのはおかしいのではないか」「所属政派や信条の如何にかかわらず人権を擁護するという規約に反するのではないか」と批判や非難が提起され、一部の団員弁護士も「朝日ジャーナル」という雑誌などで、自由法曹団の姿勢は「弁護拒否の黒い思想、死の思想だ」と喧伝していました。それに対する反論の中で、自由法曹団の弁護活動の基本理念を明確にしようと規約改正を提起したのです。

もともと従前の規約も、民主勢力に敵対するものの弁護をすることなどは考えていなかったのですが、その趣旨をもっと明確にしようと論議が始まり、規約改正小委員会がつくられて、委員長が小澤茂さん、副委員長に石島泰さんと大阪から私が選任され、何度か議論し、二年間かけて毎月の本部常任幹事会の議論と各支部での議論を深め、さらに五月と一〇月の全国集会での議論を重ねて、大方の合意の下に六九年秋の高野山総会を迎えたのです。

――どのように規約は改正されたのですか。

石川　規約第二条の目的条項を、「団は、あらゆる悪法とたたかい、人民の権利が侵害される場合には、その信条・政派の如何にかかわらず、ひろく人民と団結して、権利擁護のためにたたかう」と改定しました。当時の団員は四七九名でしたが、その半分を上回る二四〇人が高野山総会に集まったのです。これはすごいことです。委任状等含めての採決で、記録によれば投票総数が四〇九（委任状の数は一七〇で、欠席者全員の委任状がきていたわけではないのだが）。賛成四〇二、反対三、保留三、白紙一と、圧倒的多数で可決されました。この時期に、新宿事件という学生を中心とする騒乱事件があり、ことさら暴れて騒擾罪を引き出したことは成功だという人たちもいたのです。私は「吹田事件の弁護を担当するものとして、騒擾罪がいかに大衆運動を抑圧するひどい法律であるかを身を持ってたたかっている中で、『騒擾罪を引き出すことが成功だ』という過激派の論理には絶対に容認できない」と発言したわけです。

この大会では、規約改正に反対する団員の発言も十分に保障されていました。

この総会で採択された規約第二条は、決して個々人の団員の弁護活動を拘束したり縛るものではない、個々の団員が自分の信条で、いわゆる新左翼の人たちを弁護をすることをとがめたりするつもりは毛頭ないということも確認されています。

自由法曹団としては、人民と団結してやる、人民の団結を破壊するような行為を弁護、擁護することはできない、同時に団員個人の弁護の自由は保障する、こういう形になっているんです。この規約を制定したことが、その後のさまざまな複雑な局面でも、団と団員のよりどころになり、非常に素晴らしい成果を発揮し、さらに充実・発展へとつながっています。

3　大衆的裁判闘争の発展

――大衆的裁判闘争の弁護活動についてうかがいます。

石川　一九七六年から二年間、私は団本部の幹事長をしました。首都圏以外からは初めての幹事長です。その期間に力を入れて取り組んだのが、「大衆的裁判闘争をすべての分野の弁護活動に活かす」ことでした。すでにお話ししたように、松川事件や吹田事件、メーデー事件など、弾圧反対闘争における大衆的裁判闘争というものは進んでいました。
当時、盛んになっていた公害訴訟弁護団では全国的によく活動していましたが、一部には「弾圧事件は終わった。これからは公害裁判だ」という声もあったのです。そこで公安・労働事件など刑事弾圧事件の弁護士たちと公害訴訟を担当する団員と一緒に議論しようと、初めて討論をしたのです。先輩団員たちにも大勢出てもらって、弾圧反対闘争における大衆的裁判闘争に学び、それを活かす裁判闘争のあり方を議論した。それが、団報一九八九号（一九七九年二月）に「公害における大衆的裁判闘争の発展のために」としてまとめられています。

この論議は、後にすべての分野の大衆的な裁判闘争に拡げられていきます。

4　自由法曹団における弁護士自治の論議の深化

――自由法曹団で弁護士自治の問題の議論はしましたか。

石川　はい。私は当時、日弁連の弁護人抜き裁判法案対策本部次長を兼ねていて、渡辺脩さんと一緒に活動をしていましたが、その論議を自由法曹団内に持ち帰り、団内で研究会を組織しました。そして、先輩団員たちの弁護活動に対する制約の歴史を振り返りました。すると、一九五〇年から五二年頃にかけてのいわゆる第一次荒れる法廷といわれる時期に、全国で四名の団員（福岡、広島、東京、長野）が弁護士会からその弁護士活動を懲戒処分されていたことがわかりました。

これは、五鬼上堅磐　最高裁事務総長が一九五二年八月五日、日弁連会長あてに「法廷における弁護士の態度について」という通知を発し、この四件の事案を挙げ、善処を求めてきたのです。すると、日弁連会長は八月七日、中央法廷委員会の議を経たとして、「断固たる処置をとる」ように各弁護士会長あてに通知した。自由法曹団は、九月一三日に声明を出し、その中で四つのケースについて、その実情を明らかにして「最高裁は裁判官の行き過ぎた愚かな言動についてもよく監督せよ」、「日弁連は真相を調査し裁判所に警告していただきたい」と述べ、一〇月一日付の「団ニュース」に四人の団員の真相報告を掲載している。しかし、福岡県弁護士会では「戒告処分」、長野県弁護士会では「業務停止一年」(異議申立てにより日弁連で「戒告処分」に変更)など処分され、東京弁護士会では、綱紀委員会が「懲戒相当」としたものの、懲戒委員会は「懲戒にあたらず」とした(広島弁護士会は不詳)。

当時の日弁連執行部や中央法廷委員会(一九四九年に法廷における弁護活動監視のために設立された)、そして各弁護士会の多くも、最高裁の意のままに動かされていたといえるでしょう。

また、一九五九年一二月一二日には最高裁から日弁連あてに「荒れる法廷」二〇件あまりを上げての善処方要請もあった。しかし、今回は、各単位会ともよく調査して、処分はしなかった。一九六〇年安保闘争事件にからんで東京地裁で法廷秩序維持法違反として、団員一名に過料三万円、一名に監置二〇日間、福岡地裁で過料三万円という不当な措置がとられたが、弁護士会がこれに同調することはなく、裁判所に抗議するようになっていた。弁護士会の民主化が進んでいた結果でしょう。日弁連の「弁護士自治の答申」をより深める論議が重ねられました(団報八七号、一九九〇年一月に掲載)。拡大常任幹事会や全国総会でも論議を深めています。

5　大衆的裁判闘争についての大阪支部の取組み

――自由法曹団大阪支部として独自の論議はしましたか。

石川　東京中心の論議だけでは広がらないと思い、大阪で取り組もうと、団本部幹事長を終えた一九七八年、大阪支部で吹田事件のたたかいを素材に三回の研究会を開き、その結果を『吹田事件と大衆的裁判闘争』（石川元也著）として大阪支部の自主出版物として、七九年五月に刊行してもらいました。克明な記録の関係部分を配布したことで討論も深まりました。再版も含めて二〇〇〇部近くを全国の団員に普及させました。

——大阪支部で「弁護団活動の基本一四ケ条」をまとめたことがありますね。

石川　はい。大衆的裁判闘争を展開していく上での弁護団の役割は極めて重要な役割があると強調してきましたが、「一四ケ条」はこの論議を深めて弁護団の任務と責任を条項化したもので、次の通りです。

「弁護団活動の基本一四ケ条」（大衆的裁判闘争における弁護団の任務と責任）

① 裁判闘争をはじめるにあたって、対決点、争点、見通し、どこで勝負するか、を弁護団全員で十分に議論しているか。

② 事実を正確につかみ、これを分析、総合して主張を組み立てることに不十分な点はないか。

③ 法廷で、迫力のある、相手を圧倒する弁護活動になっているか。とくに弁護団全員が心をひとつにしてあたっているか。

④ 裁判所の動向（心証）を十分に見極めながら、それに的を得た主張。立証をしているか。この点について弁護団全員の白熱した討議がされているか。

⑤ 前記②と関連するが、事実から出発することを軽視し、法理論に偏りすぎることはないか。

⑥ 十分な論議を弁護団全体でしないで、項目と担当者を決めて書面（訴状、準備書面、弁論要

旨、控訴趣意書など）を作成するといったことをしていないか。
⑦ 同じことは証人尋問の担当者を決めると担当者まかせにしてしまい、全体でよく論議したうえでその方針にもとづいて尋問することになっているか。
⑧ 以上のことをよくやるために主任、事務局がよく習熟し、又は自覚的に努力しているか。
⑨ 弁護団会議において、問題提起者が重要であることはもちろんだが、その問題提起をしっかり受けとめる者も必要である。どちらか一方だけでは力は発揮できない。
⑩ 弁護団会議における打撃的批判と説得的批判の区別の重要性。人によっては、説得的でも、他人には打撃的な場合がありうる。いずれにしても、そこまで行くほどのシビアな会議も勝利に向けて必要な場面がある。
⑪ 裁判闘争には、常に二つの偏向が起こりうる。一つは政治主義であり、一つは技術主義である。弁護団会議における真剣な討論と相互批判、実践の中で克服しなければならない。
⑫ 当事者、運動体との関係で、弁護団は主体性を確立しているだろうか。事件が「政治的」になればなるほど、この問題を忘れてはいけない。ある場面では、弁護団が前二者に対して指導性を発揮しなければならないこともありうる。
⑬ 前記①とも関連するが、対決点の設定のしかたに関して、漠然とした釈明をしていないか。
⑭ 法理論の軽視はいましめなければならないが、一人ずもうの理論展開をしていないか。使用者側、会社側の理論、判例を知り尽くした裁判官にどういう理論を展開するのかは、前記⑤の「事実から出発する」ことの重要性とは別に大切な問題である。

このうち①〜⑧は一九七八年支部総会で制定したもの、⑨〜⑭は八〇年支部総会で追加されたものですが、いずれも団員のたたかいの経験を通じて集約されたものです。前著でも多くの団員から反応が寄せられたところでしたので、あえて再録させてもらいました。今後の論議で、現在の状況に見合ったものに改訂してもらいたいと思います。

――裁判の場でも、大阪支部全体の力を集中して勝利した経験がありますね。

石川　この「弁護団活動の基本一四ケ条」の論議のあと、一九八五〜八八年にかけて大阪地裁で不当な有罪判決が続きました。それに対して、大阪支部団員の総力を結集して、弁護団を強化してたたかい、大阪高裁での逆転無罪判決を勝ち取り、それを確定させたのです。それが無罪判決等一覧表（二六四〜二六七頁）の二八（東大阪市全解交渉連弾圧事件）、二九（勝共連合辻事件）、三〇（大阪電通大高校事件）の各事件です。二八の事件は、私も一審から担当していたのですが、二九、三〇の事件は支部全体で論議を重ねて弁護団強化の中で私も弁護団に加わり、一緒に勝利したものです。簡潔に説明しておきます。

まず、勝共連合辻事件というのは、一九七九年四月、黒田革新府政二期目の投票日の前日の国際勝共連合の選挙妨害的行動に抗議したのが、傷害罪として起訴された事件です。勝共連合の実態は霊感商法などで明らかにされていますが、自分で壁にあたったのに、「現場で突き飛ばされて、モルタル壁に打ち当てる暴行で顔面に傷を受けた」という被害者の証言の信憑力や傷害の事実が争点となった。一審判決は、訴因変更もせずに、公訴事実と違う認定で有罪。控訴審では、訴訟手続の法令違反とともに事実誤認で無罪。控訴審でも被害者証人の申請をして問い詰めたこと、傷害の鑑定など事実関係、勝共連合の本質も証言の信用性に影響させ自傷行為ではないかとの疑いもあって、無罪。弁護団内の厳しい議論で乗り越えた事件です。

東大阪市全解連交渉弾圧事件というのは、一九八〇年五月、同市立意岐部小学校の著しく不正常な同和教育の是正を求めて、全解連の地元支部長らが市教委交渉を行った際、教育長に暴行、次長に傷害を負わせたとして、支部長が起訴された事件です。特徴的なことは、弁護人の検察官交渉の際、不起訴の約束があったのに起訴されたということで、公訴棄却問題での弁護人と検察官の証人尋問が行われたことです。公訴権濫用に基づく公訴棄却は認められなかったが、裁判所に大きい影響力を与えています。一審判決は、暴行無罪、傷害有罪、罰金五万円。控訴審で傷害の点も無罪確定。傷害についての医学的鑑定、運動工学的鑑定などを含め、報道陣の目の前で交渉の実態を明らかにするのに苦労しました。

大阪電通大高校事件は、一九八一年五月、学校法人の団体交渉拒否に対し、組合が抗議行動を行った際、学校法人本部の課長が隠し持ったテープレコーダーからテープを抜き取り喝取（恐喝）し、同課長を約五〇メートル先まで不法に逮捕したということで、六人の教員が起訴された事件です。

一審判決は、団交拒否も正当、テープレコーダーの持込みも正当、羽交い締めしてテープの抜き取りは恐喝で違法、不法逮捕も成立と全く不当なものでした。高裁段階で強化された弁護団は、問題のテープを繰り返し聞いて、その衣擦れ音から羽交い締め行為が認められないこと、このテープには、この現場に至るまでの学校法人側の組合員挑発の準備行為などを裏付ける言動が記録されていることを明らかにし、控訴審で供述の変遷として提出させた学校法人側証人の供述調書などから、法人の不当労働行為と、それに基づく事件のでっち上げ性も明らかにさせた。勝共連合辻事件と同じ裁判部でもあった。

これらの事件を通じて、証拠開示、徹底した求釈明、公訴権濫用の主張、相手側の行為の解明、適切な鑑定の活用などが、逆転無罪判決を引き出したことを、みんなで実感したのです。これらの裁判闘争の経過は、『裁判闘争の活性化のために――三つの逆転勝利と大衆的裁判闘争一四箇条』（自由法曹団大阪支部、一九九〇年）や『逆転無罪判決の意義と弁護活動の教訓』（大阪電通大高校刑事弾圧事件弁護団、一九九一年）にまとめられています。

さらに、一九九〇年に『起訴前弁護の活性化のために――悪戦苦闘の報告集』も大阪支部で刊行されています。これに、大阪支部長として私が序文を書いていますが、その序文では前年（一九八九年）の刑事訴訟法四〇周年を期しての日弁連人権擁護大会のシンポジウムと人権大会宣言を引用し、また自由法曹団全国総会の論議にそなえて、大阪支部団員の活動の報告をまとめたことを述べています。

こうした集団的な取組みの事件ばかりでなく、個人の人権闘争にも、当事者（刑事事件では被告）こそが主人公であるとしてその奮起を促し、その成長とともに、裁判の勝利を目指したのですが、その場合、本人の事情に応じてそれを求めていかなければならないのに、私の描く当事者像を性急に求めたことがいくつかありました。関西合同事務所発行の『三十年のあゆみ』（一九八四年）には、「よくやってくれたが、怖い先生であった」と何人かの事件当事者の投稿が載っています。また、弁護団内の議論でも、きつすぎる発言もあったかと思います。

6　団長時代の思い出

――一九九四年から三年間、石川先生は自由法曹団本部の団長を務められたわけですが、どのような思い出がありますか。

石川　自由法曹団の団長は、一九七四年、戦前派の岡崎一夫団長の退任から、戦中派の上田誠吉さん（二期）が一〇年、佐藤義弥さん（四期）が五年、小島成一さん（四期）が五年、務められました。その後九四年、東京以外から初めて、昭和生まれで初めての団長に、私が選任されたのです。

阪神淡路大震災での法律相談
（自由法曹団大阪支部ニュース165号、1995年）

団長として最初の取組みが阪神淡路大震災（一九九五年一月七日）ですね。すぐに対策本部を立ち上げて、その本部長も兼ねました。自分自身も宝塚市の被災者で苦労しました（居住するマンションの管理組合理事長で、一部損壊の判定を受けたマンション六四戸の大修理で大変だった）。毎月一回は全国の団員と現地に行きました。まだ神戸市東灘区の青木駅まで阪神電鉄が通っているだけの時期で、青木駅から三宮を越えて長田まで歩き、住民の要求を聞いては県庁や市役所に立ち寄って、改善要求を重ね、政府への交渉もやりました。

――当時、大阪支部の幹事長だった伊賀興一さんが、被災者

自由法曹団総会での挨拶。団長退任時
（自由法曹団大阪支部ニュース 178 号、1997 年）

生活再建支援法の制定運動に尽力しましたね。神戸の作家の小田実と一緒の運動でした。

——ほかには、どんな事件がありましたか。

石川　大きな事件としては、一九九五年九月に沖縄少女暴行事件があり、一〇月二一日は県民大集会に一〇万人以上が集まりました。沖縄での最大の集会がこのときから組織されるようになったと思います。で、すぐに拡大全国幹事会を那覇で開催して、基地関係の弁護団に大阪・東京などをはじめとして全国的に参加をするという体制になっていった。現在も基地弁護団に多くの本土の弁護士が加わっています。

団長職も五年は務めるつもりでしたが、大阪からの団長の活動は激務で、三年目の途中に体調を崩してしまいました。そのため三年で退任させてもらい、公害弁連の代表であった豊田誠さん（一三期）に引き継いでもらいました。以降、ほぼ三年で交代するようになっています。先輩の団長はすべて故人となってしまいましたが、私以降はみな健在です。

——自由法曹団では『憲法判例をつくる』を出版しています

ね。

石川　この本は一九九八年、憲法施行五〇周年を記念して、団員が取り組んださまざまな分野の憲法問題を争う事件での弁護活動とその成果である憲法判例を五一件集めたものです。

最高裁事務総長や高裁長官経験者以外で、現場裁判官から初めて最高裁裁判官になった岩田誠氏（一九六四年任官、一九七二年退官）は、青梅事件の上告審裁判長として一、二審有罪判決を覆した人ですが、よく「自由法曹団の弁護士は新判例をつくる人たちだ」と言っていたことを想起します。この本には、全国のさまざまな年齢の団員が取り組んだあらゆる憲法分野での新判例が網羅されています。私は「法の下の平等」の項で解同関係の大阪高裁判決を取り上げ、大阪「窓口一本化」訴訟「法律による行政と法の下における平等」という一文を寄せています。

——自由法曹団も、近く創立一〇〇年を迎えますね。

石川　再来年の二〇二一年が創立一〇〇周年になります。一〇〇周年記念行事の一環として、新しい『自由法曹団物語』『自由法曹団一〇〇年史』『年表』の出版も企画されています。

自由法曹団は、これまで、創立四五年の一九六六年に『自由法曹団物語——解放運動と共に歩んだ四五年』（労働旬報社）を、一九七六年に『自由法曹団物語　戦前編』と『自由法曹団物語　戦後編』（ともに日本評論社）の二冊を、さらに、二〇〇二年に『自由法曹団物語——世紀を超えて（上・下）』（日本評論社）の二冊を発行してきました。

新しい『自由法曹団物語』と『自由法曹団一〇〇年史』は、これらの伝統を踏まえながら、さらに発展した自由法曹団と団員弁護士たちの活動をいきいきと伝えてくれるであろうと思います。私もその制作に関与しています。

そして、一〇〇周年記念行事に健在で参加することができたら、まさに「わが人生に悔いなし」といえましょう。

公安・労働事件では弁護団で担当するが、主任弁護人、弁護団事務局長などの役割を分担した事件が多い。

判決日	裁判所	裁判官	掲載号
昭 34. 4. 9	松山地裁	合議部	
昭 37. 6. 5	高松高裁		
昭 34. 8. 10	最高裁大法廷		判例時報 194 号
昭 36. 8. 8	仙台高裁(差戻審)	門田実、細野幸雄、杉本正雄	判例時報 275 号
昭 38. 9. 12	最高裁一小	斉藤朔郎、入江俊郎、下飯坂潤夫	判例時報 346 号
昭 34. 10. 3	大阪地裁	西尾貢一裁判長	判例時報 202 号
昭 34. 12. 26	最高裁三小	垂水克己、島保、高橋潔、石坂修一	判例時報 212 号
昭 40. 4. 30	大阪地裁	西尾、武智保之助、小河巌	判例時報 418 号
昭 45. 10. 23	大阪高裁		
昭 35. 2. 9	大阪地裁	田中勇雄、原田修、武智保之助	判例時報 215 号
	大阪高裁		
昭 35. 2. 15	大阪地裁	網田覚一、西田篤行、岡次郎	判例時報 218 号
昭 35. 8. 5	大阪高裁	小川武夫、柳田俊雄、古川実	判例時報 236 号
昭 35. 4. 6	大阪地裁	網田、西田、岡	判例時報 223 号
昭 37. 4. 26	大阪高裁	松本圭三、三木良雄、吉川實	下刑集 4 巻 3・4 号
昭 42. 5. 11	大阪地裁(差戻審)	松浦秀寿、小河巌、清田賢	判例時報 485 号
昭 48. 10. 11	大阪高裁	原田、栄枝、青木	判例時報 728 号
昭 52. 12. 19	最高裁二小	吉田、大塚、本林、栗本	判例時報 873 号
昭 36. 9. 8	大阪地裁	原田修	下刑集 3 巻 9・10 号
昭 36. 7. 4	大阪地裁	今中五逸、吉川寛吾、児島武雄	判例時報 273 号
昭 38. 6. 22	大阪地裁	今中、吉川、児島(補充・下村)	判例時報 357 号
昭 43. 7. 25	大阪高裁	杉田亮造、野間礼二、西村清治	判例時報 525 号
昭 37. 1. 29	大阪地裁	網田、西田、井関正裕	判例時報 287 号
昭 39. 5. 30	大阪高裁	児島謙二、畠山成伸、松浦秀寿	判例時報 381 号
昭 37. 5. 23	大阪地裁	網田、西田、仙田富士夫	判例時報 307 号
昭 41. 5. 19	大阪高裁	田中、三木良雄、木元繁	判例時報 457 号
昭 38 年ごろ	大阪地裁	森山淳哉	
昭 39. 3. 30	大阪地裁	吉益清、石松竹雄、喜多村治雄	判例時報 385 号
昭 44. 5. 9 控訴取下	大阪高裁		
昭 39. 11. 28	高知地裁	呉屋愛永、野曽原秀尚、吉田訓康	判例時報 422 号
昭 44. 5. 9 控訴取下	高松高裁		
昭 41. 12. 9	最高裁二小	奥野、城戸、石田、色川	判例時報 466 号
昭 50. 9. 11	大阪高裁(差戻審)	瓦谷末雄、尾鼻輝次、小河巌	判例時報 803 号
昭 41. 3. 30	大阪地裁	吉益、石川正夫、梶田英雄	判例時報 449 号
	大阪高裁		
昭 41. 12. 16	神戸地裁	長久一三、金澤英一、石田実秀	労旬 631 号
昭 49. 4. 24	大阪高裁	杉田、矢島好信、松井薫	判例時報 743 号

石川元也　無罪（免訴・再審開始を含む）判決一覧表（1/2）

番号	事件名	罪名など	無罪確定事件	判示内容
1	愛媛県庁前テント事件	公務執行妨害、労組員3名	無罪確定	無罪 控訴棄却・無罪確定
2	松川事件	列車往来妨害罪	無罪確定	原判決破棄、差戻し（石川・弁護人届のみ） 全員無罪 上告棄却、無罪確定
3	全逓大阪中郵事件	建造物侵入、公務執行妨害		証拠開示命令 検察官特別抗告を入れ取消し 無罪判決 殆ど検察控訴棄却・一部有罪
4	白山丸事件	出入国管理令違反・公務執行妨害		免訴（時効完成）、公務妨害・有罪 管理令違反破棄自判・有罪
5	白山丸事件	出入国管理令違反・暴力行為	一部無罪確定	免訴（時効完成） 管理令違反破棄・有罪、暴力行為・無罪確定
6	徴税トラの巻事件	国家公務員法違反		無罪 破棄差戻し 無罪 破棄自判、有罪 上告棄却
7	劉永懐（小野福太郎）事件	外国人登録法違反	無罪確定	無罪、確定
8	吹田事件	騒擾罪・威力業務妨害罪	無罪確定（主たる訴因無罪）	検察官調書の大量却下決定 騒擾、威力妨害は無罪 破棄自判、騒擾罪無罪、威力業務妨害有罪（罰金。猶予付）
9	大阪証券労組事件	不法逮捕罪	無罪確定	無罪 控訴棄却、無罪確定
10	大阪学芸大スパイ摘発事件	暴力行為処罰法違反	無罪確定	無罪 控訴棄却、無罪確定
11	窃盗幇助事件（医師）	窃盗幇助		無罪・確定
12	大教組勤評事件	地公法違反	無罪確定	無罪 検察官控訴取下げ。無罪確定
13	高知県北川村教組、校長降格処分抗議休暇闘争	地公法違反事件	無罪確定	無罪 検察官控訴取下げ。無罪確定
14	宮操事件	爆発物取締罰則違反等	無罪確定（主たる訴因無罪）	破棄差戻し 爆発物無罪、暴力行為有罪（猶予付）
15	都島病院争議事件	建造物侵入・威力業務妨害事件		無罪 破棄自判有罪
16	国労尼崎駅事件	威力業務妨害、組合役員7名		無罪 1名棄却、6名破棄自判（3名4～6月猶予付、3名罰金5万円）

判決日	裁判所	裁判官	掲載号
昭42.5.18	大阪地裁	松浦、小河、安藤	判タ210号
昭38.3.29	神戸地裁		
昭42.8.5	大阪高裁	山田近之助、藤原啓一郎、岡本健	判例時報506号
昭45.12.22	最高裁三小	田中二、下村、松本、飯村、関根	判例時報618号
昭43.2.23	京都地裁	橋本盛三郎、阿蘇成人、長浜忠次	判例時報423号
昭44.5.9	大阪高裁		
昭43.8.26	大阪地裁	角敬	判例時報536号
昭43.10.3	大阪地裁	山本久己、武智保之介、和田日出光	判例時報535号
昭44.4.25	最高裁二小	草鹿、城戸、色川、村上	判例時報554号
昭49.3.22	大阪地裁	浅野芳朗、西田元彦、島田清次郎	判タ316号
昭45.5.13	大阪簡裁		
昭49.5.17	大阪高裁		
昭48.6	大阪地裁	(単独)	
昭47.4.11	大阪地裁	浅野、和田忠義、重吉孝一郎	判例時報665号
昭51.10.5	大阪高裁	藤原啓一郎、野間礼二、加藤光康	判例時報841号
昭49.6.6	吹田簡裁		
昭49.11.14	大阪簡裁		
昭53.3.20	松江地裁出雲支部	小川国男	判例時報923号
昭55.4.28	広島高裁松江支部	藤原吉備彦、前川鉄郎、瀬戸正議	判例時報964号
昭56.6.15	最高裁二小	宮崎、栗本、木下、塩野	判例時報1003号
	広島高裁(差戻審)		
	最高裁		
昭60.6.3	大阪地裁	田中正人	
昭62.11.10	大阪高裁	石田登良夫ほか	
昭61.2.6	大阪地裁	(単独)	
平1.6.23	大阪高裁	近藤暁、梨岡輝彦、片岡博	判例時報1330号
昭63.4.18	大阪地裁	湯川哲嗣	
平2.11.28	大阪高裁	近藤暁、梨岡輝彦、安原浩	
平22.11.12	大阪地裁堺支部	飯島健太郎	裁判所ウェブサイト、下級審判例
平23.7.8	大阪高裁	吉川博、佐藤洋幸、竹尾信道	
平18.3.27	大津地裁	長井秀典、伊藤寛樹、山田哲也	
平23.3.30	大阪高裁	的場純男、田中聖浩、野口卓志	
平30.7.11	大津地裁	今井輝幸、湯浅徳恵、加藤靖之	判例時報2389号
	大阪高裁		
昭42.3.29	札幌地裁	辻三雄、角谷三千夫、猪瀬俊雄	判例時報476号

石川元也　無罪（免訴・再審開始を含む）判決一覧表（2/2）

番号	事件名	罪名など	無罪確定事件	判示内容
17	平和タクシー争議事件	威力業務妨害	無罪確定	無罪
18	国鉄東灘事件	公務執行妨害・傷害事件(国労分会役員)	無罪確定	有罪 公務妨害無罪、傷害罰金 弁護人・検察官上告棄却（口頭弁論を開く）
19	京教組勤評事件	地公法違反	無罪確定	無罪 検察官控訴取下げ・無罪確定
20	タクシー運転手交通事件	業務上過失致死・道交法(救護義務)違反	無罪確定	無罪・確定
21	都島民商事件	公務執行妨害	無罪確定	証拠開示命令 特別抗告棄却 無罪・確定
22	三浦ビラ貼り弾圧事件	大阪府広告物条例違反	免訴確定	無罪 免訴(条例改正)
23	自動車教習所労組ラサ分会事件	傷害(労組オルグ)	無罪確定	無罪・確定
24	国労宮原操車場日韓条約反対闘争事件	威力業務妨害		無罪 破棄自判・有罪
25	吹田ビラ貼り弾圧事件	大阪府広告物条例違反	免訴確定	免訴(条例改正)
26	「3・20 集会」ビラ貼り弾圧事件	大阪府広告物条例違反	免訴確定	免訴(条例改正)
27	戸別訪問事件	公選法違反		無罪(石川・不参加) 控訴棄脚 破棄差戻し 有罪 上告棄却
28	東大阪市全解連交渉弾圧事件	傷害(全解連役員)	無罪確定	一部無罪、一部有罪 破棄自判、無罪、確定
29	勝共連合辻事件	傷害	無罪確定	有罪 破棄自判、無罪、確定
30	大阪電通大高校事件	恐喝・逮捕、組合員５名	無罪確定	有罪 破棄自判、無罪、確定
31	痴漢冤罪事件	大阪府迷惑防止条例違反	無罪確定	無罪 控訴棄却・無罪確定
32	再審請求・日野町事件	強盗殺人・無期懲役確定事件・第１次請求(本人請求)		請求棄却 即時抗告中、本人死亡(平 23. 3. 18)により終了宣告決定
		遺族による第２次再審請求		再審開始決定 大阪高裁に係属中(検察官の即時抗告申立てによる)
＊	恵庭事件、自衛隊通信線切断事件、自衛隊法違反（出廷回数少なく無番号）		無罪(憲法判断回避)確定	

石川元也　年譜

	石川経歴	事件その他
一九三一年	二月九日　長野県松本市に生まれる	
一九三七年	四月　松本市立田川小学校入学	
一九四三年	四月　長野県立松本第二中学校入学	
一九四五年		一〇月　自由法曹団再建
一九四六年		関西自由弁護士団結成
一九四八年	四月　旧制松本高等学校入学（学制改革・一年修了）	
一九四九年	七月　東京教育大学法文学部入学（一年中退）	八月　松川事件起こる
一九五〇年	四月　東京大学文科一類入学（一九歳）	
一九五二年		五月　メーデー事件（石川逮捕される） 六月　吹田事件、宮原操車場事件起こる
一九五四年	三月　東京大学法学部卒業 四月　東京大学大学院法学研究科（労働法専攻）入学 一〇月　司法試験合格	四月　青年法律家協会結成
一九五五年	四月　司法研修所入所（九期）（二四歳）	
一九五六年		八月　民主法律協会（民法協）結成
一九五七年	三月　司法研修所・修習修了 四月　弁護士登録（大阪弁護士会、東中法律事務所［現在、関西合同法律事務所］）（二六歳）	六月　総評弁護団結成 六月　国際法律家協会（前身団体）結成 秋頃　日教組の勤評闘争始まる
一九五八年		七月　白山丸事件起こる 国労実力行使始まる

一九五九年		八月　松川事件最高裁判決（原審有罪判決を破棄差戻し） 一〇月　全逓大阪中郵事件で証拠開示命令（大阪地裁）
一九六〇年		四月　徴税トラの巻事件大阪地裁無罪判決
一九六一年		八月　松川事件無罪判決（仙台高裁差戻審）
一九六二年		一月　大阪証券労組デモ事件大阪地裁無罪判決 五月　大阪学芸大学スパイ摘発事件大阪地裁無罪判決
一九六三年		六月　吹田事件大阪地裁無罪判決
一九六四年		三月　大教組勤評事件大阪地裁無罪判決
一九六五年		四月　全逓大阪中郵事件大阪地裁無罪判決
一九六六年	自由法曹団大阪支部結成（幹事長）（三五歳）	一二月　宮操事件最高裁判決（原審有罪判決破棄差戻し）
一九六九年		四月　都島民商事件最高裁決定（証拠開示命令容認） 四月　矢田事件起こる、解同の糾弾路線始まる 七月　ビラ貼り事件公判で法廷秩序維持法違反で処分通告を受け撤回させる
一九七二年	『人権と民主主義の破壊に抗して——解同大阪府連との闘い』（編著、汐文社）出版（同和問題）	

一九七四年	三月　日弁連刑法「改正」阻止実行委員会発足（委員）（四三歳）	三月　都島民商事件大阪地裁無罪判決 一一月　八鹿高校事件起こる
一九七五年		九月　宮操事件大阪高裁　爆発物取締罰則無罪判決
一九七六年	自由法曹団本部幹事長就任（四五歳）	六月　弁護人抜き裁判法案廃案
一九七九年	『吹田事件と大衆的裁判闘争』（自由法曹団大阪支部）発行	七月　浪速「窓口一本化」事件大阪高裁判決（窓口一本化は違法） 一〇月　矢田民事事件大阪地裁判決（配転、研修命令無効）
一九八〇年		五月　吹田二中事件大阪高裁判決（配転無効）
一九八一年		三月　矢田刑事事件大阪高裁判決（有罪） 七月　刑法改正問題で日弁連・法務省の意見交換会始まる
一九八二年	一月　毛利与一先生死去（偲ぶ会事務局長） 日弁連刑法「改正」阻止実行委員会委員長代行（以後一四年間）（五一歳）	
一九八四年	自由法曹団大阪支部長就任（七年間）（五三歳）	六月　日弁連・法務省意見交換会二三回で終了、法務省草案による刑法改正断念
一九八六年		六月　勝共連合辻事件大阪高裁無罪判決 一〇月　矢田民事事件・吹田二中民事事件最高裁判決

一九八七年	日弁連法廷委員会委員長就任（二年間） 七月　石川元也法律事務所設立	
一九八九年	法制審議会刑事法部会委員就任（三期・六年間）（五八歳）	
一九九〇年	国際法律家協会副会長就任（一二年間）	一一月　大阪電通高校事件大阪高裁無罪判決
一九九一年	『反転攻勢――国労運動45年に学ぶ』（共編著、大月書店）出版	
一九九四年	自由法曹団団長就任（三年間）（六三歳）	
一九九五年	『「解同暴力糾明裁判」勝利の理由』（部落問題研究所）出版	
一九九六年	日弁連刑事法制委員会委員長就任（三年間）（六五歳）	
一九九七年	四月　臓器移植法案で衆議院厚生労働委員会の参考人意見陳述（六六歳）	
二〇〇一年	『ともに世界を頒かつ――たたかう刑事弁護』（日本評論社）出版（七〇歳）	一一月　日野町事件第一次再審請求（弁護団団長）
二〇〇六年	九月　佐伯千仭先生死去（二〇〇七年二月に偲ぶ会世話人）	三月　日野町事件第一次再審請求棄却
二〇一〇年		一一月　痴漢冤罪事件大阪地裁堺支部無罪判決
二〇一四年	八月　東中光雄先生死去（偲ぶ会実行委員長）	
二〇一六年	参議院法務委員会で部落差別解消推進法案につき参考人意見陳述（八五歳）	
二〇一八年		七月　日野町事件大津地裁再審開始決定（第二次再審請求）

インタビューを終えて

——斉藤　豊治

ＥＲＣＪ選書では、関西の第一号として石松竹雄先生のヒアリングが公刊されている。第二号として石川元也先生のオーラルヒストリーを企画したところ、石川先生の後輩で長年の盟友でもある岩田研二郎弁護士が編集を担当し、優れた手腕を発揮されて、公刊に漕ぎ着けることができた。

本書の企画、編集、聞き取りを通じて、私は初めて石川先生の弁護士活動の全体像を見渡すことができた。初期の松川事件をはじめ、数多くの刑事弾圧事件に対する大衆的裁判闘争を先導され、証拠開示や可罰的違法論の展開、弁護士会活動および自由法曹団での活動、刑法全面「改正」阻止の運動、臓器移植問題での取組み、刑法一部改正での罰金刑の拡大等、さらには窓口一本化を介した部落解放同盟の利権とたたかってこられた。日弁連刑事法制委員会の委員長、自由法曹団の団長など、組織者としても優れた手腕を発揮してこられた。石川先生は、米寿とは思えない精力で、現在も日野町事件の再審裁判、刑事弁護の拡大などについて、矍鑠として取り組んでおられる。

弁護士となられた後、人権と民主主義を求める民衆のために、並々ならぬ法的な知識、識見と行動のエネルギーを発揮して、縦横無尽、東奔西走し、大きな結果を残してこられた。

(1) 石川先生との出会いと交流

大阪には、佐伯千仭先生が毛利与一先生とともに立ち上げられた刑事訴訟法研究会がある。私は、石川先生とはこの研究会で四〇数年来お付き合いいただいている。私が入会した一九七〇年代半ばには、裁判官では網田覚一、西尾貢一、児島武雄、下村幸雄、石松竹雄など、弁護士では毛利与一、和島岩吉など、学者では佐伯千仭、平場安治、中山研一、井戸田侃、光藤景皎、鈴木茂嗣などの錚々たる顔ぶれであった。石川先生は、とりわけ毛利先生と佐伯先生から大きな影響を受けられたようである。石川先生は、研究会で実践的に重要な問題を理論的課題として提示されて、私なども大きな刺激を受けてきた。研究会やその後の飲み会では、証拠開示、可罰的違法、刑法全面改正や臓器移植などについて、お話しされていたのが記憶に残っている。

私は、六四歳で大学の現役の教授をしながら弁護士登録を認められた。三年ほどの実務体験の後、自由法曹団に加入したが、石川先生には入団に際し推薦人を引き受けていただいた。私は、近年日弁連刑事法制委員会に幹事として参加するようになったが、これもまた、石川先生の推挙によるものである。弁護士登録後、現在も刑事弁護で私が壁にぶつかるたびに、気軽に相談に乗っていただき、貴重なヒントをいただいており、私にとって、

それは松明となっている。

(2)　いくつかの理論問題

この間のインタビューは、いろいろな問題で意見を交換する機会ともなった。多くの問題で、理論的に石川先生と私の隔たりはない。しかし、バックグラウンドの違いから、私の気がついた範囲でピックアップしてみたい。

国家秘密の概念と証明

石川先生の若いときの活動に、徴税トラの巻事件がある。その概要は本書の第4章Ⅳの2で扱われている。この裁判では、伝統的な形式秘説が否定され、実質秘説が採用された。それは大きな変化であり、国家公務員法の守秘義務違反罪が成立するには、実質的にも秘密に値するものでなければならない、という判例が形成された。その後、判例と学説は、実質秘と形式秘の双方の要件を満たすべきであるという総合説が最も有力となっている。ただ、総合説の中で、実質秘説に重点を置くのか、それとも秘密指定という外形的事実から実質秘性を推認するという形で、形式秘説に近いものまで多様化している。裁判例では、後者も少なくない。

後者の考え方は、公開法廷でも秘密内容の開示を避けたいという発想によるところが大きい。徴税トラの巻事件の一審では網田覚一裁判官が公開法廷で審理できないのであれば、秘密性の証明ができないとして、無罪を宣告した。行政の側に対して、秘密を明らかにするか、それを避けて起訴しないのかという選択を迫ったといえる。

国家秘密の保護は、刑法の全面改正作業、一九八〇年代の国家秘密法案を経て、二〇一三年の特定秘密保護法の制定へと至った。公文書公開で明らかになったことであるが、特定秘密保護法の制定に当たり、立案の初期の段階で法務省や警察庁から疑問や懸念が内閣官房に対して示されていた。最大の懸念は、秘密と裁判公開の矛盾であった。具体的な事件では、検察官は秘密指定の方式や秘密の項目といった間接事実によって秘密内容を推認し、秘密性の推定を主張してきている。しかし、裁判官が直接に秘密内容を知る機会がないまま、有罪を認定させることに関して内心「これでいいのだろうか」と考えている人は、検察や警察の内部でも少なくなかったものと推測される。特定秘密保護法では結局、裁判官が独自に秘密内容を確認できるイン・カメラ手続を用意した。すなわち、間接事実の証明で事足りるとしているわけではない。もっとも、裁判官が秘密の内容を漏らせば、同法の罰則が適用されるという厳しい制約が課されてはいる。徴税トラの巻事件は、その後のこの問題の発展の原点として、重要な意義を持つことを確認しておきたい。

可罰的違法性論

可罰的違法性論は、京都大学の宮本英脩教授が主観的違法論に立って主張され、その弟子である佐伯千仞教授は客観的違法論をもとに発展された。この理論は、刑罰が劇薬ともいうべき強い効果を持つため、刑法で違法とされるには、民法やその他の法領域で違法な行為であるだけでは不十分であり、強度の違法であることが必要であるとする理論である。違法は一元的なものではなく、強弱・濃淡があることを前提にしている。佐伯博士によれば、可罰的違法性は、二つの次元で姿を現すとする。第一は、法定の刑罰の重さはそれぞれの重さに違法性を予定している。当該行為の違法性が軽微であり、罰則に相応しい重さの違法性に達していない、軽微なものである場合には、当該罰則の予定する程度の可罰的違法性がなく、構成要件該当性を阻却するとされる。第二は、行為そのものは違法性が必ずしも軽微とはいえない場合でも、法が保護する利益とともに当該事件で対立する利益の重要性を考量し、違法性が阻却される場合があるとする。この場面では、当該の行為は抽象的には構成要件の予定する違法性を一応は備えるが、具体的には可罰的違法性を軽減し、または阻却するものとなる。

可罰的違法性は、一九六〇年代に国家公務員法および公共企業体等の労働争議の弾圧事件でとりわけ問題となり、判例にも大きな影響を与えた。

第一の領域での可罰的違法性は、とりわけ、国家公務員法（国公法）違反の争議行為に対する刑事罰の適用で問題となった。国公法は、争議行為を禁止するとともに、「共謀、あおり、そそのかし」について罰則を定めている。可罰的違法性の理論は、この罰則の限定解釈を支える役割を果たした。都教組判決で、最高裁は、可罰的違法性の理論により、罰則の限定解釈をして、無罪を認めた。しかし、全農林警職法事件では、限定解釈の範囲を縮小して、有罪とした。

第二の領域での可罰的違法性が問題となった領域として、公共企業体等労働関係法（公労法）違反の争議行為がある。公共企業体の労働者に関しては、争議行為が禁止されている。当該の争議行為で建造物侵入や威力業務妨害等に該当する行為が行われた場合に、一方で公労法の争議禁止の根拠となっている争議によって生活上の支障を受ける国民の利益が存在し、他方で公共企業体の労働者に対しても憲法の労働基本権の保障が対立する。可罰的違法性の理論は、公労法に反する争議行為であっても、憲法および労組法によって可罰的違法性が阻却され、刑事免責が認められる余地があるとする。最高裁の全逓中郵事件で可罰的違法性の理論により違法性阻却を認めたが、後に、名古屋中郵事件で違法阻却の範囲を限定し、有罪としている。

石川先生は、佐伯先生とともに大阪中郵事件、京教組事件、大教組事件など一連の事件で公判闘争の中心として活動され、大きな足跡を残している。特に、争議行為の全面禁止の違憲性を主張しつつ、可罰的違法論による限定解釈を主張されたが、それは、全逓中郵判決、都教組判決の先駆となるものであり、判例の展開に大きな影響を及ぼした。

当時の佐藤内閣は最高裁がこうした限定解釈を行ったことに衝撃を受け、リベラル派の裁判官が定年に達すると、政権よりの裁判官を任命するというやり方で、変容させた。しかし、最高裁の逆転判決も基本的には、可罰的違法論の全面的排斥ではなく、その適用範囲を縮小するという性質を持つものであった。しかし、その後は国の公共企業体などが解体、民営化され、争議権が保障されることになったが、労働組合運動自体が弱体化している。国家公務員法による争議禁止と罰則は存続しているが、争議の件数も激減している。こうした中で、可罰的違法性の理論による刑事罰からの解放が課題となる事件はほとんどなくなっている。争議行為が全面的に刑事免責される法状態になったが、皮肉なことに争議権の行使そのものが少なくなっている。

しかし、可罰的違法論の発想は、争議行為への刑事弾圧とは離れて、一般の刑事事件においては、現在も構成要件の限定解釈を支えるものとなっており、判例に今なお影響を与えている。

証拠開示

石川先生は、松川事件の弁護の中で証拠開示の重要性を痛感し、佐伯先生らとともに、一連の事件を通じて、検察官手持ち証拠の全面的開示を主張して、奮闘された。裁判所は、全面開示は退けつつ、訴訟指揮に基づく個別的開示を認めるようになった。しかし、石川先生は、個別的開示を広げる活動を弁護士や裁判官に期待したが、思うように広がらなくなったと述懐している。その後、公判前整理手続制度等が導入されて、証拠開示の範囲が大幅に拡大された。しかし、公判前整理手続に付されない事件においては、依然として証拠開示は限られている。差し当たり、手持ち証拠の一覧表を交付する手続の制度化が望まれる。

刑法全面改正と一部改正

刑法の全面改正に関して、全国の弁護士たちは対策本部に結集して、精力的な活動を展開した。法務省は、国家主義を基調とする改正刑法草案に基づく全面改正を断念するに至った。日本刑法学会でも、平野龍一先生、平場安治先生といった学会の中心にいた人々が刑法研究会を組織し、当時の全面改正作業に対して正面から批判をしていった。刑法研究会は、「対案グループ」とも呼ばれたが、対案の完成には至らなかった。この活動は、刑法の中堅・若手の間に大きな影響を与えるようになった。対案グループは、法制審議会刑法特別部会委員を辞したメンバーが中心となった。この辞任をめぐって、刑法研究者の評価は肯定的意見が強いが、佐伯先生は「辞任するのではなく、最後まで反対を貫くべきである」と批判をしており、石川先生もこの意見に賛成しておられる。

その後、石川先生は、刑法の現代用語化を課題として一部改正作業で法制審議会刑事法部会の一員として関与され、窃盗罪および公務執行妨害罪における罰金刑の導入を推し進めた。後者は、公務員への刑事弾圧が懲戒解雇等の処分に至ることを食い止めることを意図したものであった。

(3) おわりに

石川先生は、今回のインタビューに当たって、単に思い出話をするのではなく、正確な記録として残したいと考えられた。先生は記憶力に優れているだけではなく、これまでの記録や情報を整理、保存されていた。創意と工夫をこらし、法律で禁止されたこと以外は許されているはずだ、ということで、既成の観念にとらわれず、ゼロベースで考え直すことで、あらゆる可能性を汲み取り、実現しようとされた。そうした石川先生の姿勢は、後進の人々への力強いエールである。

石川先生は、理論やイデオロギー分析に流れようとする私の考え方に対して釘をさし、「自分は、常に事実と道理に基づいて考える」といわれている。教えられるところが多々あった。

人権弁護士の先駆者

——岩田研二郎

私は司法修習二三期で、九期の石川先生とは二四期の違いがあるが、国労西日本弁護団、大阪電通大高校刑事事件弁護団の事件活動のほか、自由法曹団、日弁連刑事法制委員会の活動で長くご指導いただいたご縁で、本書の編集に参加させていただいた。石川先生は『ともに世界を頒かつ——たたかう刑事弁護』（日本評論社、二〇〇一年）のほか、自由法曹団大阪支部ニュースに連載された「私の弁護士会活動物語」（一九八八〜一九八九年、一二回連載）、「人権と部落問題」（部落問題研究所発行）に連載された「解放同盟裁判四〇年——到達点と課題」（二〇〇八〜二〇〇九年、一三回連載）など多くのまとまった執筆でその活動を記録されてきた。

二〇一七年夏頃の編集作業開始の当初は、石川先生がさまざまな資料に基づいて書き下ろすことも検討されたが、分野が多岐にわたるので、分野ごとのインタビューを反訳したほうが作業ははかどるということになり、二〇一八年春から一〇回のインタビューを重ねて、六〇年に及ぶ石川先生の活動の実績を記録した。石川先生は、事前準備もきちんとされるが、何十年も前の事件の弁護活動について実に詳細に記憶されていることが多く驚いた。また日野町冤罪再審事件では第一次弁護団長も務められていたので、今なお現役の弁護団員として、二〇一八年に出された再審開始決定の意義について熱い思いを語っていただいている。

また石川先生が若い時に指導を仰がれ、生き生きとした刑事公判を身をもって体験された毛利与

一弁護士や佐伯千仭弁護士の事績についても、ぜひとも残しておきたいとのご希望で、お二人についての思い出も語っていただいた。
石川先生の活動を振り返ると、第一に、人権と民主主義の擁護という戦後の弁護士の社会的活動の先頭をいかれた弁護士であるとともに、第二に、新刑事訴訟法を憲法に基づき実質化していく実践活動に尽力し数々の新判例を引き出した傑出した先駆者といえる。また、個人の力だけではなく、弁護士会や自由法曹団という組織をリードして、社会的に大きな力をつくっていく活動に注力されたことがさらに大きな成果を生み出したことを実感する。
石川先生は、弁護団でも委員会でも理念的な論争には加わることなく、常に具体的な事実に則して、筋を通しながら、実践的な意見を述べられ、落ち着きどころを探られる。結論や先が早く見え過ぎるという声も聞くが、歳をとられるにつれて、じっと聞いておられることも多くなったように思う。

石川先生が先輩から何を「継承」したか、その上に立って柔軟な発想で、何を「創意工夫」して、新しい判例を勝ち取ったかなどを考えながらの編集作業であった。まだまだ言い足りないこともおありのようだが、石川先生のお歳と体力も考えて、戦後の日本の人権弁護士を代表する人物の歩みを記録する作業を終え、みなさまに読んでいただくこととする。

あとがき

ここまで、生い立ちから弁護士となって後の諸活動をお話ししてきた。

本書では、一般刑事事件について触れることができていない。無罪判決はそう多くはないけれども、思い出に残る事件もあるが、すべての事件の判決や、弁論要旨など、保存しておくことにも欠けていた。「判例時報」に比較的多く掲載されていたのは幸いであった。

これらの事件活動の経験を、日弁連刑事法制委員会や法制審議会刑事法部会でも活かすことができたと思う。

刑事実体法では、刑法改正問題で樹立した、重罰化、処罰範囲の拡大、保安処分に反対という三本柱が、その後の個別刑事立法で破られていったことは残念である。

しかし、刑事訴訟法分野では、憲法上の適正手続の保障は、多くの弁護人たちの努力によって具体的事件を通じて、大きな前進を勝ち取りつつあると思う。刑事訴訟法の根本的改革を求める時期にきているともいえるであろう。

今振り返って、多くの方々のお世話になって今日があることをつくづく実感している。それを、私は、「天、地、人の恩恵を受けたもの」と記してみたいと思う。

「天」とは、時代のことである。私が弁護士登録をした一九五七年というのは、占領下ならびにその終了期に発生した大型の事件、松川事件、吹田事件、宮原操車場事件の審理が続いていて、それらに参加することができ、刑事弁護の骨格を形作ることができた。一方、一九五四年頃からの労働者、市民の民主主義的運動が昂揚期を迎え、それに対する新たな弾圧事件が起こされた。徴税トラの巻事件に始まる新たな公安事件の発生があり、さらには、全逓、国労、日教組などの官公労働者の実力行使、争議権回復を目指す新しいたたかいで、その当初から弁護活動を展開できた。司法修習が一年遅れていたら、その醍醐味の味わい方にも相当大きな違いがあったと感じているところである。

「地」とは、私が、大阪で弁護士活動を始めたことによるものである。大阪は、古くから町人の街、明治以後も、反東京、反権力の街でもある。早い段階から、東京での全国的なたたかいや運動に大阪から参加し、いつの間にか大阪の若手代表のような形になっていった。東西の弁護の流儀の違いにも接することができた。

「人」とは、母校の先生方に進学の道をつけていただいたこと、弁護士となってからは、毛利与一先生や佐伯千仭先生、菅原昌人先生、東中光雄さんらに、そして、網田覚一さん、西尾貢一さんらの戦前派の裁判官、石松竹雄さんや児島武雄さんなど戦後派の裁判官にもかわいがっていただいた。また、大塚一男さん、上田誠吉さんら東京の先輩弁護士たちにも鍛えられた。

佐伯先生には、早くから関西で開かれる日本刑法学会での報告の機会を与えられ、大阪刑事訴訟法研究会のメンバーにも加えられた。刑法「改正」阻止のたたかい以降は、刑法学会にも出席し研究者のみなさんとも親しくお付合いできるようになった。


本書の刊行に当たっては、斉藤豊治さんが理事を務められるＥＲＣＪにその機会を与えられ、斉藤さんには研究者の立場からの問題提起やご意見もいただいた。また、岩田研二郎さんは、弁護団活動や日弁連活動、自由法曹団活動と多くの活動をともに行う盟友で、インタビューの収録、編集や原稿整理等で多大なお世話になった。心からお二人に感謝申し上げる。

日本評論社の串崎浩さんには、編集作業の仕上げに丁寧なご指導をいただき、ありがたく思っている。

米寿のこの年に本書の刊行に漕ぎ着けられたことを喜び、永年支えてくれた妻總江にも心からの感謝を捧げたい。

石川元也

二〇一九年一一月吉日

ＥＲＣＪ選書発刊の辞

ＥＲＣＪ選書は、わが国の刑事司法や少年司法の時宜的なテーマに関する研究や、これらの分野に関わってこられた実務家、研究者及び市民の方々のドキュメンタリーを、ハンディな読み物として、読者に提示しようという目的で企画された。

刑事事件の捜査、裁判及び少年審判は、国家の統治作用の核心を占める権力作用である。わが国においても、成文法に基づいて、捜査、裁判あるいは審判とその執行にあたる矯正あるいは保護の分野に及ぶ膨大な機構が形作られ、公共の福祉の維持と個人の基本的人権の保障とを全うしながら事案の真相を明らかにし、刑罰法令を適正かつ迅速に適用実現（刑事訴訟法一条）し、また、非行のある少年に対して、健全な育成を期して、性格の矯正及び環境の調整に関する保護処分を行う（少年法一条）という理念に基づいて、運用がなされている。

このような法の運用は、かつては、警察官、検察官あるいは裁判官など、法律の専門家や国家公務員などの専門領域と認識され、国民の側からの批判や提言も行き届かなかったという印象がある。しかし、近年、裁判員制度の発足もあって、国民主権という視点からの見直しの雰囲気も生じてきた。例えば、冤罪の原因となる取調べの在り方や裁判の運営に対する批判的検討、選挙年齢の引き下げに関連して一八歳以上の者の犯罪に対する少年法の適用の有無、さらには裁判員裁判による死刑選択の当否など、刑事裁判や少年審判を取り巻く重要な論点について、広く議論が行われるようになってきたように思う。

このような状況を考えるとき、刑事法・少年法の領域を目指そうとする若い学徒の方々や裁判員になる可能性を持つ市民の人々に対して、その時々のテーマに関する研究の紹介をしたり、これらの分野に関わってきた実務家、研究者、さらには市民の方々の生きた姿をドキュメンタリーとして提示したりすることは、必要であり、また意義のあることであるように思う。たとえハンデイなものであるにしても、問題の核心を的確に捉える内容であり、また共感を呼ぶドキュメンタリーであれば、そこで得られた問題関心が、必ずや、将来に向かって、この国の刑事司法及び少年司法を取り巻く文化の内容を豊かにしていくことにつながるであろうと考えるからである。

NPO法人ERCJ（正式名称は、特定非営利活動法人 刑事司法及び少年司法に関する教育・学術研究推進センター）は、二〇一三年六月二〇日、東京都から設立認可を受けた。ささやかながら、日本の刑事司法及び少年司法のレベルアップを目指して、法人自体で研究・出版等を行うほか、優れた研究業績の顕彰、出版助成、各種研究会・講演会等の企画援助などを行ってきた。

今回の企画は、そのような事業の一環として考えられたものである。今後も、手軽に読めて、内実が豊かであるような書物を送り出したいと願っているので、読者のご支援をお願いする次第である。

二〇一六年八月一五日

特定非営利活動法人 刑事司法及び少年司法に関する教育・学術研究推進センター

特定非営利活動法人（NPO法人）

刑事司法及び少年司法に関する教育・学術研究推進センター

Education and Research Center for Criminal Justice and Juvenile Justice

略称：刑事・少年司法研究センター（**ERCJ**）

入会のお願い

本NPO法人は、刑事司法と少年司法が適正かつ健全に運営されるためには、学術的にも、実務的にも、長期的な展望と広い視野に基づいた研究や提言が必要な時代が到来しているということを踏まえて、刑事司法および少年司法に関わる教育と学術研究の振興を目的として設立されました（2013年6月20日認証）。

本NPO法人は、以下のような取り組みを行います。

(1) 研究会活動：刑事司法、少年司法に関する研究会を定期的に行う。
(2) 啓蒙活動　：具体的なテーマ（たとえば、裁判員裁判）での講演活動を行う。
(3) 顕彰活動　：優れた研究、研究成果や教育成果に対して、顕彰する活動を行う。
(4) 広報活動　：ＨＰや広報紙などを通じての広報活動を行う。　など

◆理事（順不同）
石塚章夫【理事長】(元裁判官、弁護士)
村井敏邦（一橋大学名誉教授）、齊藤豊治（弁護士）、
川崎英明（関西学院大学名誉教授、弁護士）、
安原　浩（元裁判官、弁護士）、　大出良知（九州大学名誉教授）、
後藤　昭（青山学院大学教授）、土井政和（九州大学名誉教授）、
白取祐司（神奈川大学教授）、　四宮　啓（弁護士）、
佐々木光明（神戸学院大学教授）、徳永　光（獨協大学教授）、
串崎　浩（(株)日本評論社）
◆監事
神山啓史（弁護士）

ぜひ、本NPO法人の設立趣旨と活動内容にご賛同いただき、会員になっていただくようお願いいたします。
※なお、入会金、会費は下記口座にお振り込みいただき、下記申込書をFAXにてお送りください。

【入会申込書】

□ **正会員になります。**

正会員	入会金1,000円・年会費2,000円	（計　3,000円）
団体正会員	入会金1,000円・年会費2,000円	（計　3,000円）

□ **賛助会員になります。**

賛助会員	入会金1,000円・年会費2,000円	（計　3,000円）
団体賛助会員	入会金5,000円・年会費30,000円	（計 35,000円）

□ **寄付をします。**　（　　　　円）

■ご住所 〒

■お名前（フリガナ）

■連絡先　（　　　）　　■メール

■ご職業

■銀行口座■ みずほ銀行
大塚支店（店番号：193）
口座番号：普通　2225049
口座名義：特定非営利活動法人
刑事司法及び少年司法に関する
教育・学術研究推進センター

FAX：03-6744-0354

刑事司法及び少年司法に関する
教育・学術研究推進センター
http://www.ercj.org/
Education and Research Center for Criminal Justice and Juvenile Justice
170-8474 東京都豊島区南大塚3-12-4
(株)日本評論社内
TEL：03-6744-0353（FAX：0354）
Mail：ercj@ercj.org

【石川　元也（いしかわ・もとや）経歴】

1931年長野県松本市生まれ。1954年東京大学法学部卒業。第9期司法修習生。1957年弁護士登録（大阪弁護士会）、現在に至る。日弁連刑事法制委員会委員長（1987～1990年）、法務省法制審議会刑事法部会委員（1989～1995年）、自由法曹団団長（1994～1997年）などを歴任。戦後の「人権と民主主義の擁護」という弁護士活動の陣頭に立ち、現在も日野町事件再審裁判、刑事弁護の拡大等、精力的に取り組んでいる。

【岩田研二郎（いわた・けんじろう）——インタビュアー】

弁護士（大阪弁護士会）、自由法曹団大阪支部支部長。

【斉藤　豊治（さいとう・とよじ）——インタビュアー】

甲南大学名誉教授、弁護士（大阪弁護士会）、日弁連刑事法制委員会幹事。

■ERCJ選書5■

創意《そうい》——事実《じじつ》と道理《どうり》に即《そく》して
刑事弁護《けいじべんご》六〇年余《ろくじゅうねんよ》

二〇二〇年一月六日　第一版第一刷発行

著　者——石川　元也、インタビュアー　岩田研二郎
　　　　　　　　　　　　　　　　　　　斉藤　豊治

発行者——特定非営利活動法人
　　　　刑事司法及び少年司法に関する
　　　　教育・学術研究推進センター

発売所——株式会社　日本評論社
　　　　〒一七〇—八四七四　東京都豊島区南大塚三—一二—四
　　　　電話：〇三（三九八七）八六二一
　　　　https://www.nippyo.co.jp/

印刷・製本——倉敷印刷 株式会社

装　幀——百駱駝工房

DTP——ギンゾウ工房

ERCJ

検印省略

ISBN978-4-535-52483-5　Printed in Japan

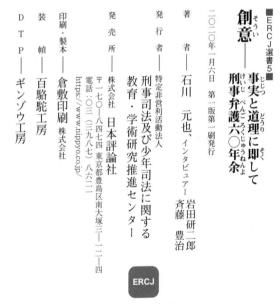